Faltenweise
Lesben und Alter

••

Traude Bührmann

Faltenweise

Lesben und Alter

Krug & Schadenberg

Inhalt

Vorwort   7

*Die beste Möglichkeit, Träume zu verwirklichen,
ist aufzuwachen*   13
Inge Krause, 59 Jahre

Lust und Genuß als Lebensenergie   45
Ayaya, 48 Jahre

Heiter und weise sei denn das Alter   72
Elisabeth Heitkamp, 81 Jahre

Warum klingt der Ton, wie er klingt?   104
Nina Rossi, 61 Jahre

Ich bin ein Bohemien, und ich bleibe ein Bohemien   131
Rachel Cohen, 58 Jahre

*Wenn du Glück hast, kannst du dich mit neunzig
noch verlieben*   159
Adaku Gerlach, 70 Jahre

Die Kunst des Kicherns   189
Frieda Fröhlich, 59 Jahre

Nichts ist so beständig wie der Wandel   216
Anita Feuerbach, 53 Jahre

Vorwort

Wie eine lebt, so altert sie

„Ich könnte mich mit neunzig noch verlieben ...“
„... eine Frau, die älter ist als ich, nein danke ...“
*„Schweren Herzens hab ich mit neunundsiebzig die Skier
in den Keller gestellt ...“*
*„Mit vierzig hab ich die Auftritte als Bauchtänzerin aufgegeben –
meine Knochen wollten nicht mehr so ...“*
„Ich habe keine Zeit, übers Alter nachzudenken ...“
*„Falten? Große Trauertage hab ich deswegen bestimmt nicht
eingelegt.“*
„Alter gibt es für mich nicht ...“

Aus diesen Worten geht hervor, daß Alter sehr relativ und sehr subjektiv ist, daß jede von uns ihr Alter/n unterschiedlich erlebt.

„Ich wünschte, ich wäre alt", sagte mir eine Freundin mit dreiunddreißig. „Dann könnte ich endlich nach meinem Rhythmus leben und müßte mich nicht immer so anstrengen, um mithalten zu können." In den Genuß, eine alte Frau zu sein, kam sie nicht. Sie starb mit dreiundvierzig.

Für meine Mutter brach die Welt zusammen, als sie mit achtzig feststellen mußte, daß sie keine Zwanzig mehr war: Durch eine Krankheit mußte sie sich von ihren Aktivitäten, die ihr Lebenselixier waren, verabschieden. Anscheinend trete ich in die Fußstapfen meiner Mutter: Mit meinen siebenundfünfzig Jahren bin ich keine ausgesprochene Freundin des Älterwerdens, sondern wünsche mir, noch mal zwanzig, dreißig, zumindest vierzig zu sein, um die Endlichkeit hinausschieben zu können. Ich finde das Leben zu reichhaltig, um mit Gelassenheit hinzunehmen, daß das Ende unausweichlich näher rückt. Von daher war ich sehr gespannt, wie andere ihr Älterwerden beschreiben, welche Bedeutung sie dieser Lebensphase geben, wie sie ihr Alter gestalten.

Immer wieder hat es mich bei den Interviews fasziniert, wie wenig das Alter in Jahren gemessen eine Rolle spielt, wie neugierig die Porträtierten sind, zu entdecken, was es noch alles im Leben gibt, und wie bereitwillig sie ihr Leben oft radikal verändern, ja wie erpicht sie geradezu darauf sind, etwas Neues auszuprobieren, sei es, mit fünfzig einen anderen Beruf zu ergreifen, im Rentenalter ein Studium zu beginnen, eine Fernreise zu planen oder schlicht etwas zu tun, was sie schon immer tun wollten, aber bis heute nicht geschafft haben: zum Beispiel mit dem Bus zur Endstation zu fahren.

Nachhaltig beeindruckt haben mich die Biographien, die mit jeder Altersgeschichte verbunden sind. Jede für sich ein Roman! Ein Detail, untergründiger Humor, die Gelassenheit gegenüber dem Altern oder auch dessen Zurückweisung, eine besondere Formulierung brachten mich zum Nachdenken, Schmunzeln oder Lachen. Manche Ausführungen allerdings, besonders wenn sie die Endlichkeit des Lebens betrafen, sprich: das Thema Sterben, gingen mir unter die Haut. Und so mußte ich immer wieder Distanz schaffen.

Die Porträtierten haben bestätigt, daß es weder *die* Altersfrage gibt, noch allgemeingültige Antworten darauf. Zusammenfassend kann bestenfalls gesagt werden: So wie eine lebt, so altert sie. Das Alter ist ja nicht plötzlich da. Es erscheint höchstens plötzlich, irgendwann zum ersten Mal: mit den Fältchen in Mund- und Augenwinkeln, einem Fluch auf Kleingedrucktes, nächtlichen Schweißausbrüchen, mit einem langsameren Schritt, dem Erstaunen, daß der Rentenantrag auszufüllen ist. Und wenn eine ihr fortgeschrittenes Alter selbst nicht wahrnimmt, bemerken es die anderen: Sie bieten ihr in der U-Bahn einen Sitzplatz an, siezen sie in Lesbenkreisen oder machen Komplimente wie „Du bist aber fit ...", wobei sie sich „in deinem Alter" gerade noch verkneifen. Oder es wird unmißverständlich angesprochen: „Willst du nicht bald deinen Führerschein abgeben?" Und selbst wenn eine ihr Alter immer wieder vergißt, kann sie beim besten Willen nicht übersehen, daß der Sohn dreißig ist, und wenn die Tochter Mutter wird, *ist* sie Großmutter.

Auch wenn das Alter für die einzelnen kaum je Thema ist, so verschieben sich für die meisten der Porträtierten in dieser Lebensphase doch die Prioritäten, vielleicht zugunsten eines besonderen Engagements, eines kreativen Prozesses, einer Liebesbeziehung, der Selbstfindung, Reisen ... Was auch immer, auf jeden Fall gilt es, intensiv zu leben, wagemutig. Mit Lust und Spaß. Sich konzentrieren auf den gegenwärtigen Moment. Was haben sie schon zu verlieren, angesichts der Zukunft, die gnadenlos kürzer wird? „Wenn nicht jetzt, wann dann?"

Weitgreifende Visionen und Utopien, die manche von ihnen mit Vehemenz in jungen Jahren verfochten haben mögen, rücken in den Hintergrund; die Wünsche richten sich aufs Hier und Jetzt: auf Überschaubares, Machbares, Mögliches. Die eine will das weite Feld der Sexualität erkunden, die andere will Philosophie studieren, eine dritte ihren Wohnsitz nach Hawaii verlegen. Die Möglichkeiten sind für alle unterschiedlich, entsprechend ihren Lebenszusammenhängen. Sie kommen aus unterschiedlichen Regionen, aus der Stadt und vom Land, aus Ost- und Westberlin, aus verschiedenen Milieus und Berufen. Sie leben offen lesbisch, halb offen, und manche erwähnen es lieber nicht. Sie sind zwischen achtundvierzig und einundachtzig Jahre alt oder jung.

Da gibt es Frieda Fröhlich, die Zahnärztin aus dem Oberbergischen, die mit dreiundfünfzig ihre Praxis an den Nagel gehängt hat und Clownin geworden ist; Ayaya, die Psychotherapeutin und Tantra-Lehrerin, die „mehr Lust in die Welt bringen möchte"; Inge Krause, Krankenschwester aus Berlin-Hellersdorf, die in der Wendezeit mit über Fünfzig ihr Coming-out hatte; die österreichische Künstlerin Nina Rossi, die sich weit jenseits der Lebensmitte der Liebe wegen in Deutschland ansiedelt; die jüdische Religionslehrerin Rachel Cohen, die ihren Beruf als Berufung sieht und sich dennoch vorzeitig berenten läßt; Adaku Gerlach, die afrodeutsche Berlinerin, die mit Beginn ihrer Rentenzeit endlich anfängt, ihre eigenen Wege zu gehen; die pensionierte Berufsschullehrerin Elisabeth Heitkamp, die immer lesbisch war, dieses Wort aber erst mit fünfzig zum ersten Mal hört und mit siebzig ihr Soziologiediplom macht; die Sozialwissenschaftlerin und Heilerin Anita Feuerbach, die mit ihren beiden Freundinnen seit fünfzehn Jahren zusammen lebt und arbeitet und als „Dreier-Combo" alt werden möchte.

Allen Porträtierten möchte ich für das Vertrauen danken, das sie mir entgegengebracht haben, sowie für den Mut und die Offenheit, mit denen sie sich in zum Teil sehr persönlicher Weise zum Thema Alter/n geäußert und von ihren Erfahrungen erzählt haben.

Allen Leserinnen wünsche ich viel Vergnügen beim Entdecken und Wiedererkennen, was Alter in seiner Vielfältigkeit bedeuten kann – viel Vergnügen beim Lesen in den mehr oder weniger faltigen Gesichtern.

Traude Bührmann
Berlin, im August 2000

Die beste Möglichkeit, Träume zu verwirklichen, ist aufzuwachen

Inge Krause, 59 Jahre, Krankenschwester, Altenpflegerin

So kann es nicht weitergehen, denkt Inge Krause, du bist jetzt einundfünfzig. Wenn das alles gewesen sein soll, kannst du Schluß machen. Abschließen mit dem Leben. Damit meint sie nicht, sich das Leben zu nehmen, sondern ihre Lebensvorstellungen zu begraben. Das ist dasselbe. Fast. Sie verkümmert in ihrer Ehe. Ändert sie nichts, wird sich ihre Tochter Bettina zurückziehen. Sie kann sich das Elend nicht länger mit ansehen, versteht auch nicht, wieso ihre Mutter, die sonst so aktiv ist, die überall ihre Meinung vertritt, in ihrem Arbeitsleben immer entscheidungsfreudig ist und nicht so vermuffelt wie die Verwandtschaft, wieso sie an diesem Punkt stehenbleibt und eingeht wie eine Primel.

An Trennung denkt Inge Krause nicht. Doch: Ich gehe weg. Und überlegt, was ihr dieses Zuhause wert ist, Haus und Garten in Berlin-Hellersdorf, ihr herzkranker Mann, ihr Sohn im schwierigen Pubertätsalter. Die Heirat, das war sowieso ein Fehler gewesen. Als sie vor dem Altar ja sagte, hatte sie es gewußt. Wegen ihrer Tochter hatte sie eingewilligt, wollte der Kleinen einen Vater geben, die alle Männer auf der Straße mit Vati ansprach.

Mit achtzehn brachte Bettina ihr vorsichtig bei, daß sie sich nichts aus Männern mache. Sie interessiere sich für

13

Frauen. Inge Krause, zweiundvierzig, fiel nicht aus allen Wolken, nein, diese Worte waren der Auslöser, darüber nachzudenken, wofür *sie* sich eigentlich interessierte, warum sie mit ihrer Ehe, ihrem Leben nicht zufrieden war.

Schwule und lesbische Paare waren ihr nichts Neues, unter ihren Arbeitskolleginnen und Kollegen im Krankenhaus gab es einige, doch sie lebten ihre Beziehung nicht offen. Alle anderen dachten, na, die haben wohl was miteinander, und damit war es erledigt. Inge Krause guckte manchmal erstaunt hoch: „Ja, diese Lebensform wäre vielleicht auch möglich." Sie fühlte sich in Gesellschaft von Frauen wohler, ging aber gelegentlichen Annäherungsversuchen in ihrem Berufsleben aus dem Weg. Nur keine Komplikationen in ihrer Ehe! „Diesen Streß machst du dir nicht."

Zum zwanzigsten Hochzeitstag schenkt Bettina ihr fünf Tage „Kreativsein" auf einem Frauenhof. Inge Krause ist begeistert über die Aussicht, nach Jahren endlich mal etwas allein zu machen. Malen, Musik hören, wandern, über Probleme reden, sich in der Natur erholen, unter Frauen sein. Das klingt verlockend. Doch zwei Tage vor Kursbeginn gerät sie ins Schwanken: Was mag dort aufgebrochen werden, was mag ihr entgleiten? Ob das wohl was bringt? Am liebsten würde sie absagen, doch sie tut es nicht bei dem Gedanken an den Wäscheberg, der sie während dieser Urlaubswoche zu Hause erwarten würde, an das tägliche Mittagessenkochen und Abwaschen ... Sie packt ihre Sachen. Zwiespältig. Ihre innere Stimme setzt sich durch: „Wenn du das jetzt nicht machst, verpaßt du die Chance deines Lebens, etwas Neues zu beginnen."

Wortlos fährt ihr Mann sie zum Frauenhof. Ihr Sohn sitzt hinten im Auto. Je näher sie kommen, desto leichter wird es Inge Krause. Eine wunderschöne Strecke.

„Wir kamen an dem Tor an. Der Hof völlig verwildert, noch dieses Kopfsteinpflaster, dieses verbrannte Grün, die Scheune, alles sah wirklich urwüchsig aus. Und plötzlich läuft da 'ne nackte Frau mit zwei Eimern quer über den Hof. Hier willst du bleiben? sagte mein Mann, aber in einem Ton! Und ich: Ja, hier möchte ich bleiben. Mein Sohn grinste nur."

Alle Zweifel sind wie weggeblasen. Wobei Inge Krause nun nicht gedenkt, fünf Tage lang nackt durch die Gegend zu laufen. Vom ersten Augenblick an fühlt sie sich wohl. Ist nicht gehemmt wie sonst, wenn sie in eine ungewohnte Umgebung kommt. Malen, spazierengehen, abends mit den fünf anderen Teilnehmerinnen und zwei Kursleiterinnen in der Runde sitzen, sich kennenlernen, anfreunden, endlose Gespräche, eine ganz neue Erfahrung. Der Lebensstil eine Offenbarung: „Bei mir ging alles nach der Uhr, schon durch den Krankenhausbetrieb, sämtliche Tassen im Schrank mit dem Henkel nach rechts, und die Kannen mit dem Henkel nach links – sagenhaft, was man so entwickeln kann; ein Funktionalismus, der überhaupt keinen Sinn hat. Und hier das absolute Chaos. Kein Wasser zum Duschen, die Toilette wurde mit unserem Waschwasser oder dem Abwaschwasser gespült; der Brunnen hatte versagt." Inge Krause kann sich mit dieser ihr ungewohnten Lebensform völlig identifizieren, spürt, das ist, was sie eigentlich immer wollte und was sie bis dato versäumt hat. Es ist wunderschön. Manchmal allerdings sitzt sie auf ihrem Bett und denkt, wenn du jetzt weitergehst, verlierst du dich. Aber die Betreuerinnen achten darauf, daß es nicht so weit kommt, daß niemand ausrastet und damit allein nach Hause fährt.

Inge Krause fragt sich: Was habe ich überhaupt die ganzen Jahre mit mir gemacht? Meine Bedürfnisse immer wieder in eine Schublade gepackt, sie fest verschlossen und gedacht, was nicht sein kann, darf nicht sein, gibt es nicht. Und hätte sie den Fehler auf dem Standesamt nicht gemacht – vielleicht war es auch nur ein schlechter Griff –, wäre alles anders geworden, wäre sie vielleicht viel eher darauf gekommen, daß sie, wenn sie A sagt, nicht auch B sagen muß. Dieses verdammte Verantwortungsgefühl durch Erziehung und Beruf: Das ziehst du durch.

Anscheinend hat ihre Tochter sie richtig eingeschätzt. Inge Krause fühlt sich so wohl unter den Frauen, daß sie überlegt, ob Bettina erblich belastet ist oder ob sie durch ihre Tochter „drauf gekommen ist". Am Ende der fünf Tage verabschieden sich alle: Bis nächstes Jahr auf dem Frauenhof!

Wieder zu Hause beginnt Inge Krause zu lesen, kauft sich alle empfohlenen Bücher, faßt ihrem Mann und ihrer Verwandtschaft gegenüber ihre Bedürfnisse verstärkt in Worte, sagt vor allem, was sie nicht mehr will. Schon immer galt sie in der Krause-Verwandtschaft als Exotin und aufsässig, wenn sie ihrem Humor freien Lauf ließ. Und noch dazu mit einem unehelichen Kind. „Bei denen muß nach außen stimmen, was innen nicht stimmt." Ihr Mann akzeptierte das Kind, versuchte, Bettina ein guter Vater zu sein – sonst hätte er bei Inge Krause auch keine Chance gehabt –, wollte aber, wie er später zugab, in erster Linie die Krankenschwester haben, die außerdem gut kochen und einwecken kann, mit der er ein Haus bauen kann. Nicht selten kontrollierte die Schwiegermutter, was in den Töpfen war: „Was? Du kannst doch dem armen Mann, der schwer gearbeitet hat, heute keinen Eintopf anbieten – der braucht Fleisch, ein richtiges Kotelett."

Dieses, ihr zweiundfünfzigstes Jahr, wird Inge Krauses Überbrückungsjahr. Sie schlägt eine Brücke zwischen ihrem alten und ihrem neuen Leben, zwischen jener und dieser Welt. Überdenkt nicht nur ihre heikle Familiensituation mit krankem Mann, schwierigem Sohn, immer fordender werdender alter Mutter, sondern auch ihre materielle Lage mit allem Wenn und Aber. Sie weiß, daß sie völlig mittellos sein wird, wenn sie geht; daß sie nichts mitnehmen kann, es auch gar nicht will. Sie ist eine „Pragmatische", muß immer alles vorher klären. Sie springt nicht gern ins kalte Wasser. Man würde es in ihrer Verwandtschaft auch nicht verstehen. Aber ihre Tochter wird es verstehen. Inge Krause hat keine Freundinnen oder Bekannten, mit denen sie über diesen Schritt und die Konsequenzen reden könnte. Aber den Frauenhof. Im August.

Sie fiebert dem sommerlichen Treffen entgegen. Fühlt sich wie siebzehn. Schweigend sitzt ihr Mann wieder hinter dem Steuer. Eine wunderschöne Landschaft. Inge Krause ist fröhlich und gelöst. Sie weiß, dieses Treffen bringt die Entscheidung. Sie will mit dem für sie charakteristischen „analytischen Denken" aufhören und die Dinge laufen lassen. „Es wird sich schon regeln."

Auf dem Hof sind schließlich andere Frauen als im Vorjahr – jüngere. Inge Krause ist die Älteste in der Gruppe und empfindet ihr Alter zunächst als Handikap: „Hoffentlich denken die nicht: Ogottogott, die Alte – jetzt kommt die in unseren Kreis." Dabei ist sie viel lieber mit Jüngeren zusammen. Die Jungen haben eine andere Art, miteinander umzugehen, und andere Themen als Krankheit und Tod, Medikamente und Arztbesuche. Alles, was älter ist als sie: nein, danke. Es sei denn, es sind interessante Frauen, die „das gewisse Etwas haben, die frei von alten Zöpfen sind, die zuhören, die lustig sein und sich mit sich selbst beschäftigen können, die mit Leichtigkeit leben." Dann kann Inge Krause uralte Frauen mit vielen Falten schön finden. Auf die Ausstrahlung kommt es ihr an. Eine einzige gute Freundin hatte sie, die über siebzig war. „Die war jung geblieben."

Vielleicht ist sie auch durch ihre Arbeit in der Altenpflege vorbelastet. „Die Alten sind so verbittert, so störrisch, so fordernd, nehmen alles nur persönlich." Kurz vor der Wende hat sie im Krankenhaus aufgehört, wollte keinen Streß mehr im Kopf, sondern nur noch in den Beinen. „In der Altenpflege habe ich nun beides."

Inge Krause ist es gewohnt, überall die Älteste zu sein, auch in ihrem jetzigen Mitarbeiterinnenkreis in der Abteilung für psychisch Kranke eines Altenwohnheims. Sie wird aber nicht als die Älteste gesehen. „Ich bin integriert." Bis auf die Wohnbereichsleiterin und eine Kollegin, die die Fünfzig weit überschritten haben, arbeitet sie mit Zwanzig- bis Vierzigjährigen, ein zwölfköpfiges Frauenteam. „Unser Kollektiv", rutschte es Inge Krause kürzlich heraus. In den Ohren des Teams völlig daneben, total veraltet.

Auch hier, auf dem Frauenhof, spielt ihr Alter keine Rolle. Über das Thema Arbeitslosigkeit kommen sie darauf zu sprechen, stellen fest – ohne wieder davon anfangen zu wol-

len, wie toll es in der DDR war –, daß das Alter im Berufsleben nicht so bedeutsam war. Eine Frau konnte auch über
das Rentenalter hinaus arbeiten, vorausgesetzt, sie brachte
die Leistung wie zuvor. Sie mußte eben geistig und körperlich fit sein, beweglich, voll einsatzfähig. So konnte eine End-
fünfzigerin noch Oberschwester werden. „Ich bin's nie geworden, weil ich nie in die Partei eingetreten bin. War nie
scharf drauf, weder auf das eine noch auf das andere." Für
Inge Krause stand nach der Wende eine Zusatzausbildung
als Sozialarbeiterin zur Debatte, doch gleichzeitig wurde ihr
klargemacht: aussichtslos, sich mit vierundfünfzig noch als
Sozialarbeiterin zu bewerben. „Das erschütterte mich zutiefst."

Auf dem inzwischen weniger verwilderten Frauenhof stehen die Linden in voller Blüte. Der Duft ist berauschend. Das
Leben spielt sich im Freien ab. Lautes Lachen, gebräunte
Haut. Eine Kursteilnehmerin, Marlies Monte, arbeitet an
einer Skulptur, und manchmal zeichnet sie, manchmal foto-
grafiert sie. Auf den ersten Blick ein herber Typ. Doch da
sind Bruchteile von Sekunden, in denen Inge Krause auch
„was ganzes Weiches" in ihr sieht. Sind es diese Augenblicke, die Inge Krause keine Chance lassen, verschlossen zu
bleiben?

„Ich weiß nicht, wie es kam, ich guckte hoch und dachte:
Was ist das jetzt? Du hast dich ja richtig verknallt. Ich fand
kein anderes Wort dafür. Es war das erste Mal in meinem Leben, daß ich mich nicht nur verknallt hatte, ich hatte mich unglaublich verliebt. Es war Liebe. Hört sich ganz blöd an. Es
war 'ne irre Zuneigung, die ich zu einem anderen Menschen
gefaßt hatte – ein Gefühl, das ich in meinem ganzen Leben

noch nie so hatte. Aber es war so unvorbereitet, ich konnte überhaupt nicht intelligent darauf reagieren. Konnte ich nicht. Ich reagierte, ich weiß nicht wie, aber es war verrückt."

Bisher hatte Inge Krause in ähnlichen Situationen dicht gemacht. Nur keine Komplikationen! Auch jetzt denkt sie: Das kann nicht sein, das darf nicht sein. Für das, was du vorhast, zieht es dir den Boden unter den Füßen weg. Sie hat Angst, sich in das sie überwältigende Begehren fallen zu lassen. Sie könnte ihr Gesicht verlieren, außer Kontrolle geraten.

Steinböcken fehlt eben die Leichtigkeit des Seins, wird ihr gedeutet. Sterne, unausweichliche Planetentransite und Göttinnen begegnen ihr auf Schritt und Tritt unter den duftenden Linden. Dabei hält sie, die sich als sehr kritischen Menschen bezeichnet, Realistin durch und durch, nicht viel von „Metaphysik und solchen mystischen Sachen". Die sind ihr geradezu unheimlich. Schwarze Mondin, Mondjahre und Mondphasen. „Bei mir sind es die verspäteten Phasen. Vielleicht treffen sie jetzt zu", kontert sie amüsiert.

Und der Altersunterschied von fünfzehn Jahren erschreckt sie. Sie blickt in den Spiegel, in ihre von Fältchen umgebenen blaugrauen Augen, auf ihre von Fältchen durchzogenen Wangen: Besonders jung bist du ja nicht mehr, und du hast nichts zu bieten. Unmöglich, daß so 'ne Junge sich mit dir abgibt. Sie wirft ihr mittelblondes Haar zurück, wendet sich vom Spiegel ab. Sie ist mittelgroß, ihr Rock ist mittellang; leichtfüßig läuft sie über den Hof, manchmal ein wenig irritiert von „dieser anderen Welt", in der sie ein Neuling ist.

Es bleibt beim verhaltenen Flirt in dieser Sommerwoche. Inge Krause und Marlies Monte verabschieden sich voneinander. Ohne Verabredung. Kaum zu Hause, greift Inge Krau-

se zum Telefon und weiht ihre Tochter ein. „Stell dir vor ... "
Bettina ist weniger enthusiastisch; die Angebetete gehört zu
ihrem Freundinnenkreis. Sie warnt ihre Mutter: Erwarte
nicht zuviel!

„Wie wär's mit einem Flohmarktbummel?" schlägt Marlies
Monte für den kommenden Sonntag vor. Es ist Mittwoch, als
Inge Krause den Brief erhält. Sie greift sofort zum Mantel
und macht sich auf den Weg. Nach kurzem Zögern, schließ-
lich stehen zwei Namen auf dem Klingelschild, läutet sie.
Marlies Monte ist nicht mal überrascht, bietet Kaffee an, sie
rauchen und reden. Reden. Inge Krause denkt an anderes.
Marlies Monte behauptet später, Inge Krause habe sie ver-
führt. Sie sei die Aktive gewesen, nach dem Flohmarkt-
Rendezvous.

Die beiden sehen sich täglich, reden stundenlang, diskutie-
ren, plaudern, lachen viel. In diesen Momenten, „wenn wir
frei waren", kann sich Inge Krause in „die intime Nähe" fallen lassen. Sie genießen. Auch das ist neu für sie.

Inge Krause zieht von zu Hause aus. Mit Pappkartons. Erst
zur Untermiete nach Friedrichshain, dann in ihre „erste richtige Wohnung" ein paar Straßen weiter. Monatlich zahlt sie
Unterhalt für ihren Sohn. Sie fühlt sich dazu verpflichtet, hat
ihn schließlich verlassen. Und ihr Mann fordert es, er will ihr
das Leben so schwer wie möglich machen. Sie soll auf keinen grünen Zweig mehr kommen. Vielleicht kehrt sie dann
zu ihm zurück? Er gibt der Tochter die Schuld, die selbst
überrascht ist von dem plötzlichen Auszug ihrer Mutter,
überrascht auch, daß sich ihre Mutter so absolut, von einer
Sekunde zur anderen, Hals über Kopf in diese Liebesbeziehung stürzt.

Marlies Monte, die Künstlerin, führt Inge Krause in „diese andere Welt" ein. Nicht daß Inge Krause die Frauenorte in Friedrichshain, in Kreuzberg und am Prenzlauer Berg unbekannt wären – Bettina hatte sie gelegentlich dorthin mitgenommen; sie kannte deren Freundinnen, war zu Geburtstagen eingeladen. Aber jetzt ist sie nicht mehr aufzuhalten, saugt alles auf. „Ich war ja wie ausgetrocknet. Ich war ja wie ausgehungert. Ich wollte alles auf einmal machen. Ich wollte immer alles sofort. So ist das, wenn man jung ist."

Mit dem Gefühl, nicht genug Zeit zu haben, hält sie Tochter und Freundin auf Trab: Nun zeigt mir mal, wo's lang geht! Wollen sie Luft holen, hat Inge Krause immer noch Energie – es könnte endlos weitergehen. Inge Krause überfordert die anderen nicht nur mit ihrem Tatendrang, ihrem Elan, ihrer unbändigen Neugier, sondern auch mit der Illusion, daß „diese andere Welt" eine heile Welt ist. Denn: Frauen sind mutig, stark und schön. Sie wird „furchtbar enttäuscht", weil es unter Frauen eben nicht immer fair zugeht. Gern würde sie im Unabhängigen Frauenverband für die Sache mitstreiten, doch die Konkurrenzkämpfe, das Hickhack und der Gebrauch der Ellenbogen halten sie davon ab. Mechanismen wie bei Männern, denkt sie, traut sich aber nicht, etwas zu sagen. Was versteht sie schon davon? Sie war so lange völlig außerhalb, fühlt sich als Fremdkörper, hat einen „furchtbaren Minderwertigkeitskomplex". Doch andererseits, überlegt sie, geht es ohne Durchsetzungsvermögen nicht. „Es war ja diese schlimme Zeit, in diesem Umbruch, alle beharkten sich, und nun kam ich mit meinen rosaroten Vorstellungen." „Chaotisch" wird das Wort, mit dem Inge Krause „diese Jahre" charakterisiert.

Das Friedrichshainer Frauenzentrum wird ihr ein wichtiger Ort. Es ist überschaubar. Sporadisch, wann immer ihr Dienstplan es erlaubt, ist sie dort aktiv, nimmt teil an einer Veranstaltung, an einem Frühstück. Lieber würde sie sich kontinuierlich irgendwo engagieren, doch davon wird sie durch „diese sehr intensive Beziehung" abgelenkt. Und umgekehrt hat sie den Eindruck, sich wegen ihrer Aktivitäten nicht genug auf diese Beziehung konzentrieren zu können.

„Natürlich hatte ich mir 'ne unglaublich schwierige Frau ausgesucht. Es wäre vielleicht einfacher gewesen, wenn ich mir so 'ne ganz Liebe genommen hätte, aber es ging eben nicht. Ich liebe das Schwierige. Hinzu kommt, daß wir uns zu einem denkbar ungünstigen Zeitpunkt kennengelernt haben, wo ich auf der Suche war und meine Partnerin oder meine Beziehungsfrau, oder wie immer ich sie nennen soll, selber ziemlich am Boden. Es war alles furchtbar kompliziert, und ich wurde mit Verhaltensweisen konfrontiert, mit denen ich nicht umgehen konnte. Ich hatte eine Vorstellung von dem, wie es sein könnte, und habe immer wieder den Bezug zur Wirklichkeit verloren."

Nähe und Distanz werden zum unausgesprochenen Beziehungsthema. Marlies Monte, die Künstlerin, braucht mehr Zeit und Raum für sich. Kann das aber nur in plötzlichen Ausbrüchen vermitteln. Inge Krause versteht die Explosionen nicht – gerade dann, wenn sie sich im Schwebezustand befindet. „Nach einem Augenblick oder Stunden oder einer Nacht schöner Nähe konnte das geschehen. Keine Wünsche waren bei mir offen, da steht Marlies frühmorgens verheult da und sagt: Wir werden uns jetzt drei Wochen nicht sehen. Dann kannst du mich zum Essen einladen."

Inge Krause blickt auf den Kalender, wieviel drei Wochen sind. Sie möchte Erklärungen, die sie nicht bekommt. Immer wieder gibt es solche Momente, die sie aus dem Gleichgewicht bringen. Jedes Wort wird zum falschen, kann die Situation zum Explodieren bringen. Dabei will sie immer alles richtig machen. Sagt zu vielem ja. Die andere mit ihrer Erfahrung muß es besser wissen, sie selbst ist doch ein absoluter Neuling auf diesem Gebiet. Sie schreibt endlose Briefe in den sich wiederholenden Trennungsphasen, fühlt sich als Nervensäge. Von wegen Weisheit des Alters! „Wieso hast du dich so durcheinanderbringen lassen?" fragt ihre Tochter später. „Ganz einfach, ich war immer ein Kopfmensch gewesen, und nun reagierte der Bauch." Und Marlies Monte scherzt heute: „Ich war ein gutes Übungsobjekt."

Ursprünglich wollte Inge Krause von zu Hause fort, um ein neues Leben *für sich* anzufangen, „ganz viel lesen, ganz viel ins Theater, ins Konzert gehen, nach Hause kommen und alles liegen lassen, nichts muß mehr ordentlich sein, ich kann jetzt alles tun, was ich will."

Es geht alles sehr schnell, viel zu schnell. Nachwendezeit, diese neue Welt, diese Beziehung. Wir haben uns zum falschen Zeitpunkt kennengelernt, wird sie im nachhinein oft sagen, ebenso „hätte" und „wäre": „Wäre mir das passiert, nachdem ich alles erst mal geordnet gehabt hätte, wäre das wahrscheinlich völlig anders gelaufen. Ich hätte viel souveräner reagieren können ... Wäre ich ausgezogen und hätte mich erst mal etabliert und nur geguckt, einfach geguckt."

In dem Bemühen, die Beziehung aufrechtzuerhalten, zu retten, guckt sie auf Marlies Monte, reagiert auf deren Befindlichkeit und beschäftigt sich nur damit, warum es mit ihnen beiden nicht klappt. Sie kommt zu keinem Punkt. Sucht die Schuld für das Scheitern der Beziehung bei sich, versucht sich laufend zu ändern und weiß nicht mehr, wie sie sich noch verändern soll. Sie verliert sich selbst aus dem Blick. „Ich habe gelitten, gelitten, gelitten."

Nach zwei Jahren beschließt sie, nicht mehr zu leiden. Sie stellt fest, daß sie eine Pause einlegen muß, zur Ruhe kommen. Eine Zeit des Suchens folgt, alles mögliche anfangen, wieder lassen, wieder etwas Neues ausprobieren. Sie dreht sich im Kreis. Sie fühlt sich niemandem verpflichtet. Und leidet. Und beschwört das Telefon.

Bettina und ihre Freundinnen nehmen sie unter ihre Fittiche, laden sie ein, helfen ihr beim Umziehen, beim Einrichten. Allein geht Inge Krause nirgends hin. Traut sich nicht, hat immer das Gefühl, angestarrt zu werden. Wer ist denn das? Bemerkungen fallen gegenüber ihrer Tochter: „Was, deine Mutter? Was will die denn hier?" Das verletzt beide. Tochter und Mutter.

Die Tochter zieht sich zurück. Die Mutter zieht sich zurück. Sie fängt an zu lesen. Stürzt sich auf Kate Millett, Simone de Beauvoir, ist tief bewegt und begeistert und frißt sich durch. Rita Mae Brown als kurzweilige Lektüre zwischendurch. In den Siebzigern hat Inge Krause die Frauenbewegung so gut es ging über Berichte und Nachrichten verfolgt und wäre sicher „mit dem Fähnlein der Aufrechten immer vorneweg" und hätte sich für die Rechte der Frau stark gemacht, wenn ... ja wenn sie nicht verheiratet gewesen wäre, wenn sie nicht in der DDR gelebt hätte, wo ihnen eingeredet wurde, alle Rechte zu haben.

Sie macht ihren Führerschein, kauft sich ein Auto, fährt hin und wieder zum Frauenhof, durch die wunderschöne Landschaft, findet dort Unterstützung in Gesprächen, besucht ihre zweitälteste Schwester in Marzahn. In der Stadt fährt sie ungern, hier ist der Verkehr zu hektisch, ihr fehlt die Sicherheit. Nachdem ihr erst einer hinten ins Auto fährt, dann vorn, steht der Wagen fast nur noch vor der Tür. Vor allem ist er zu teuer. Sie gibt ihn ab. Kann sich ja jederzeit wieder ein altes Ding kaufen.

Eigentlich hat sie alles erreicht, wovon sie in ihrer Ehe geträumt hatte: ein Zimmer für sich allein, mehr Zeit für sich. Doch wie all das gestalten? Bevor sie Antworten findet, bevor sie ihr Single-Dasein ausschöpfen kann, wird sie gezwungen, ihr Leben nochmals zu überdenken. Eine Krebsdiagnose wirft sie völlig auf sich selbst zurück. Operieren lassen will sie sich nicht. Sie kommt aus dem beruflichen Umfeld, „wo gesagt wird, wenn man erst das Messer ansetzt und Luft an irgendwelche Dinge kommt, dann geht alles noch viel schneller." Sie fällt in ein Loch. Läßt sich zum ersten Mal bewußt hineinfallen. Aus den Löchern, in denen sie zuvor gewesen ist, ist sie möglichst schnell wieder hervorgeklettert – niemand hatte etwas von ihrer Stimmung merken sollen. Aufrecht stand sie immer da. Jetzt steigt sie freiwillig hinab. Sie hat zufällig Urlaub, dann wird sie krank geschrieben, muß also kein freundliches Gesicht im Dienst zeigen.

„Ich hab mir endlich mal erlaubt, mich gehen zu lassen. Man nennt das passive Erholung. Und passive Beschäftigung, wenn man tagelang durch die Straßen rennt. Ich bin zu Hause geblieben, hab versucht zu lesen, hab's dann wieder weggepackt, hab mir keine schweren Sachen zugemutet, hab geschlafen, das Denken weggeschoben. Und wenn das Analytische wieder losging, bin ich einfach raus. In Wald und Feld, ich weiß gar nicht, wo ich überall war, nicht nur durch Berlin, ich hab alles mögliche gemacht, völlig planlos, ziellos, mir nie etwas vorgenommen. Bin einfach losgegangen oder losgefahren und hab's einfach laufen lassen. Und sicher nicht sehr stimmungshebend auf Mitmenschen gewirkt. Wer mir begegnet ist, wird bestimmt gesehen haben, entweder hat die Kummer oder die ist verbittert oder sonstwas. Ich hab mir auch nicht die Mühe gemacht, mich irgendwo zu melden. Ich wollte und mußte entscheiden, entweder ich lass mich operieren oder ich schaffe es mit meinem Willen."

Ihr wird eine orthopädische Kur für ihre Knochen bewilligt. Osteoporose. Sie genießt das Schwimmbad, die Gymnastik, folgt ihrem Lauftrieb, kennt bald jeden Baum und Strauch in der Umgebung von Bad Pyrmont, sieht die „armen Menschen in der Krebsklinik", und immer wieder stellt sie sich die Frage nach der Schuld in bezug auf ihre gescheiterte Liebesbeziehung. Widerwillig kommt sie der Aufforderung einer Psychologin zu einem Gruppentermin nach. Erste Entspannungsübungen. So entspannend, daß Inge Krause einschläft, und als sie aufwacht, ist sie mit der Psychologin allein im Raum. Sie blickt sie an: offensichtlich eine Lesbe. Auch das noch!

„Wir sprachen nicht über unsere Neigungen, sondern sie bearbeitete mich, aber nicht nach schulmedizinischen Vorstellungen. Sie sagte mir sehr hart Dinge, die ich vorher gar nicht gewagt habe anzudenken, um mir nicht weh zu tun, aber auch den Menschen, die ich mochte. Sie lockte viel aus mir heraus; ich sprach, wie mir der Schnabel gewachsen war; zum ersten Mal war da jemand, der mir klarmachte, daß das nicht alles nur an mir liegt. Das bestärkte mich." Eine Offenbarung, daß sie nicht allein die Verantwortung für die gescheiterte Beziehung trägt. Das Ende tut zwar immer noch weh, doch sie betrachtet es aus einer anderen Sicht.

Auch der Brustkrebs wird Thema. Inge Krause will seinen Verlauf nicht mehr der Natur oder ihrem Willen überlassen. Sie möchte weiterleben. Läßt sich röntgen. Trotz ihrer „Phobie vor der Röhre". Es stellt sich heraus, daß die Krebsdiagnose ihrer Ärztin „weit vorgegriffen war". Nach einigen Bestrahlungen sind die Knoten verschwunden. Oder hat die Heilung auch etwas mit dem Glück zu tun, dieser Frau begegnet zu sein? Die sie drei Wochen lang begleitet hat, die zum richtigen Zeitpunkt wußte, was sie wie sagen mußte, die ihr den Weg wies, wenn sie sich verlor. „Wir haben die Knoten so rausgeholt", sagt Inge Krause heute. „Ohne Operation. Und das nach der niederschmetternden Diagnose, derzufolge ich mir schon einen Platz auf dem Friedhof hätte suchen können."

Inge Krause achtet jetzt mehr auf sich, will aufhören, sich laufend Sorgen um andere zu machen. Warum meldet sich Marlies Monte nicht? Geht es ihr schlecht? Muß ich mich melden? Ihr wird klar: Sie muß sich nicht melden.

Sie paßt auf, daß sie sich „nicht mehr ausheben läßt. Manche brauchen ihr ganzes Leben, um an diesen Punkt zu kommen. Das hat bestimmt auch etwas mit meinem Alter und der Erfahrung zu tun." Ist sie wieder mal am Boden, merkt sie, wie schwer es ihr fällt, auf andere zuzugehen, ihre Tochter oder Freundinnen anzurufen. Krankenschwester-Syndrom oder die Angst, nicht willkommen zu sein, zurückgewiesen zu werden? Wie früher in ihrer Kindheit.

Sie war die Jüngste von vier Geschwistern, der Vater im russischen Internierungslager gestorben, die Mutter immer überfordert, immer ein bißchen kränklich. Eine Frauengemeinschaft. Inge, ein Nachkömmling zwischen ihren acht bis sechzehn Jahre älteren Schwestern. Der Altersunterschied war zu groß, als daß sie in die Runde mit einbezogen worden wäre. Es sei denn, die Schwestern brauchten die Kleine für einen Botengang. Dann war Inge ganz stolz. Sie war dankbar für jegliche Zuwendung. Wurde sie nicht mehr gebraucht, lief sie wieder als Anhängsel hinterher und wartete darauf, daß sich eine der Schwestern oder die Mutter umdrehte und sagte: Komm.

In „dieser anderen Welt" will sie auf keinen Fall ein Anhängsel sein, muß sie allein laufen lernen. Der Schritt in die Redaktion einer Lesbenzeitschrift ist für sie ein Sprung. Sie macht dort die Post, schreibt kleine Beiträge und läßt es wieder nach dem Motto: „Das überlasse ich den anderen, die können es besser."

Statt dessen nimmt sie die Dinge in Angriff, die sie schon immer hatte tun wollen. Wie gern hätte sie als Kind Klavierspielen gelernt! Doch die Mutter hätte nie das Geld aufgebracht. Inge Krause beneidet Pianistinnen um ihre Kunst, kauft sich ein Klavier, nimmt Unterricht. Pianistin will sie natürlich nicht werden. Klavierarbeit ist wie Therapie für sie: üben, kleine Stücke spielen, das Gehör schulen, sich mit Noten auseinandersetzen. Anderthalb Jahre gibt sie ihre Zeit hinein, dann muß sie wegen einer Entzündung im Arm aufhören. „Klavierspielen ist was unglaublich Schönes, aber es hat mich auch furchtbar angestrengt. Ich habe neulich bitterlich geheult – nach langer Zeit mal wieder –, weil ich das nicht auf die Reihe kriege." Inge Krause tauscht das Klavier gegen ein Keyboard – bei dem liegen die Tasten dichter beieinander –, und beginnt einen Keyboard-Kurs. Sie ist die Älteste „unter lauter jungen Kerlchen".

Gleichzeitig fängt sie an, sich mit Philosophie zu beschäftigen, auch etwas, das sie schon immer tun wollte. Richtig in Angriff nehmen kann sie das allerdings erst, wenn sie mit einundsechzig in Rente geht. Wegen ihres Schichtdienstes kann sie jetzt noch keine fortlaufenden Seminare an der Humboldt-Universität belegen. Einen Abschluß machen will sie nicht, einfach zuhören und Fragen stellen, Antworten bekommen. Sie könnte auch „furchtbar schlaue Bücher" lesen, doch das wäre ihr zu anstrengend.

Wenn sie aufhört zu arbeiten, kann sie ja nicht die Hände in den Schoß legen! Sie muß doch irgendwas tun. „Vielleicht sitze ich dann mit siebzig im Offenen Kanal und halte Vorträge über den Sinn des Lebens. Dann kann ich vielleicht Mathilde Selbach ablösen, die mich unglaublich amüsiert mit ihren Betrachtungen im Sinne von ‚Das ganze Leben ist ein Chaos, und wir sind ein Teil davon.‘ Sie wird mir immer sympathischer, ein bißchen hektisch, so wie ich."

Und Inge Krause beginnt zu reisen. Früher wollte sie Archäologin werden, aber das wäre zu DDR-Zeiten unmöglich gewesen. Ihre Ausbildung hätte nicht gereicht, sie hatte kein Abitur. „Und was hätte ich in der DDR ausgraben wollen?" Außerdem hätten ihre Mutter und ihr Stiefvater nicht mitgespielt. Schließlich war sie ein Mädchen. Und wo das Geld hernehmen?

Sie reist allein. Immer mit dem Bus. Nach Sizilien, England, Marokko. Sie könnte auch fliegen, wie bei ihrer ersten

Reise nach Kreta. Nicht ihre Angst vor dem Fliegen hält sie davon ab, nein, sie bevorzugt ganz einfach die langsame Annäherung, den Bezug zur Landschaft. „Alle sagen, bist du denn verrückt, was nimmst du für Strapazen auf dich."

„Ich habe immer hinten im Bus gesessen, für Raucher, ganz alleine mit meiner Tasche, mit Walkman und mit meinen Stullen. Das war so was von schön, und dann rausgucken, und das erste Mal über den Brenner rüber nach Italien, ich hab noch nie solche Berge gesehen. Mit dem Flugzeug hätte ich so was nicht erlebt. Aus dem Bus raus konnte ich schon mal ein bißchen Land und Leute in mich aufnehmen. Und diese Reise nach Sizilien war ja nun der absolute Wahnsinn, drei Tage im Bus, aber nachts im Hotel."

Die hintere Bank ist ihre. Und wehe, es setzt sich jemand dazu. Einmal hat sie einer älteren Dame erlaubt, neben ihr Platz zu nehmen. „Ich merkte manchmal, wie sie sich näherte. Wenn sie sah, daß ich gerade nicht bereit war, mich auf sie einzulassen, zog sie sich ganz schnell wieder zurück. Ich hab noch nie einen Menschen erlebt, der so unaufdringlich war. Sie war mir wie eine verständnisvolle Freundin und machte mit ihren fünfundsiebzig Jahren drei Wochen lang diese beschwerliche Reise. Wir waren auf dem Ätna oben; diese Frau machte alles mit, außer den Aufstieg zum Krater selbst, der ist zwar nicht hoch, aber 35 Grad, es war unglaublich, aber ich wollte rauf. Und ich war da oben, und ich guck in diesen Krater, und ich wußte endlich mal, wie so ein brodelndes Etwas aussieht, hatte ich vorher noch nie gesehen, und die anderen zweiundzwanzig Leute standen alle unten. Außer mir und zwei anderen ist keiner raufgeklettert. Das sind so Energien, die einfach rausmüssen."

Ansonsten läuft Inge Krause auf ihren Reisen am liebsten allein herum, meidet den Massentourismus. Es geht ihr nicht darum, sich geschichtsträchtige Bauwerke anzusehen wie Kathedralen oder Tempel, zu wissen, wann und von wem sie erbaut wurden. Ihr reicht es, „den Umriß der Geschichte des Landes" zu entdecken. Wenn sie die Farben und Strukturen sieht, würde sie gern malen können, irgendwie kreativ sein: Sie bewundert Menschen, die sich künstlerisch ausdrücken. Skulpturen ziehen sie an. Farben und Formen inspirieren sie. Inge Krause lernt fotografieren.

Sie ist immer die erste, die aus dem Bus aussteigt, die letzte, die einsteigt, und läßt sich von den Busfahrern Tips geben, weg von den Touristinnen und Touristen. Entdeckt Orte, die sie nie erwartet hätte. Wegen ihrer einzelgängerischen Streifzüge wird sie von den anderen Reisenden als eingebildet angesehen. Doch sie hat keine Lust, sich das Gezanke von Ehepaaren und die Banalitäten in der Gruppe anzuhören, „guck mal das Reh, guck mal der Baum, komm, wir müssen jetzt Mittag essen".

Ihre Reiselust hat Inge Krause fürs erste befriedigt. Irgendwann wird sie noch ein paar Städtereisen machen. Kurzreisen. Strandurlaub ist ihre Sache nicht. Sie muß auch nicht alles haben, wie zum Beispiel Fernreisen nach Kanada, wo ihre Tochter in diesem Jahr gewesen ist. Eigentlich hatte sie für diesen Winter Israel geplant – Bettina hatte sie bereits mit Literatur versorgt –, doch dann hielten der erneute Umzug, der entzündete Arm sie davon ab, und den Rummel um den Jahreswechsel 2000 hatte sie auch vergessen. Israel also vielleicht im nächsten Jahr. „Und dann wird mir sicher noch was Außergewöhnliches einfallen."

Vorläufig ist Ruhe eingekehrt. Inge Krause genießt ihre vier Wände, in der neuen Wohnung, im freundlich gelb renovierten Plattenbau, fünf Minuten von U- und S-Bahn entfernt, bis zur Kaufhalle, einem kleinen Markt, der Schwimmhalle nur wenige Schritte. Es ist noch nicht alles so eingerichtet, wie es soll. Sechs Mal ist sie in den letzten Jahren umgezogen. Zum ersten Mal hat sie den Umzug durch eine Firma machen lassen, auch wegen ihres Armes. Eine Wohnung im Parterre. Lieber wäre ihr der erste Stock gewesen, aber noch höher, da wird ihr schwindelig, wenn sie aus dem Fenster sieht, wie in ihrer letzten Wohnung im dritten Stock. Auch hat sie zum ersten Mal an eine altersgerechte Wohnung gedacht, daran, daß sie nicht mehr schleppen kann, den Katzensand und die Getränke. Sie braucht die Erde, Erdnähe und schließlich das Grün vor dem Haus. Die kleine Lärche vor dem Balkon. Die bekommt jeden Tag ein paar gute Worte von ihr. „Sie steht nicht unter Naturschutz, sie steht unter meinem Schutz." Hätte sie gefällt werden sollen, hätte sich Inge Krause angekettet. Den Bauarbeitern, die die letzten Renovierungen am Haus vornahmen, hat sie auf Füße und Finger geguckt, hat sie ermahnt, „nicht an der Lärche rumzusägen und da rumzutrampeln". Sie haben sich daran gehalten.

Inge Krause hat Jalousien anbringen und eine Sicherheitstür einbauen lassen. Der Balkon fast ein weiteres Zimmer, mit Pflanzen, die alle noch nicht an der Stelle stehen, wo sie hingehören, mit zwei rotgemusterten Läufern im persischen Stil. Ein Wintergarten, wäre er verglast. Der Wohnblock auf der anderen Straßenseite ist zum Glück nicht hoch, versperrt nicht die Nachmittagssonne, und zwei Straßen weiter fängt das Wuhletal an, ein Katzensprung mit dem Fahrrad.

In der Zweiraumwohnung hat Inge Krause zum ersten Mal, seit sie allein wohnt, ein richtiges Wohnzimmer mit Couchgarnitur und Schrank, „richtig bürgerlich". Halbe Gardinen sind ihr Kompromiß zwischen nackten Scheiben und „richtigen Gardinen". Der wohnliche Schlafraum ist auch Musikraum. Hier steht das Keyboard. Eine Duftlampe verströmt Frische. „Lemon, dieser Duft gehört zu mir." Und natürlich Klaviermusik, im Moment meditative. Inge Krause macht es sich gemütlich. Kaffee, eine Zigarette und hört ihr Lieblingsstück. „Sternenglanz", Thema aus einem Klavierkonzert von Chopin. Tilly, die graugetigerte ältere Dame, streift um ihre Beine.

Die „wunderschöne Fontäne" auf der nahegelegenen Grünfläche kommt Inge Krause in den Sinn. Wenn sie das gewußt hätte, hätte sie sich lieber eine Wohnung im angrenzenden Block gesucht, nur um auf die Fontäne zu blicken. Aber dort gibt es nur Dreiraumwohnungen, und darin würde sie sich verlaufen.

Sie hat auch schon mal daran gedacht, in einem Haus mit anderen Frauen zu wohnen. Allerdings müßte sie ihren Raum für sich haben. „Wenn ich meine Insel habe, kann draußen herum alles mögliche passieren. Wenn ich mich in Gesellschaft begeben möchte, verlasse ich die Insel. Aber auf meiner Insel muß nicht ständig Verkehr herrschen, und so ist es auch mit Beziehungen. Ich wollte nicht mit einer Frau zusammenwohnen, das wäre zu dicht. Was später wird, weiß ich nicht. Kann sein, daß mir irgendwann noch eine begegnet, mit der ich Tag und Nacht zusammensein will. Anfangs ist es ja immer so, daß man permanent zusammensein will."

Eine kurze Affäre, das wäre für Inge Krause unmöglich. Sie bewundert aber die Menschen, die das können. „Ich kann es nicht und denke: Na ja, bist auch nicht jung genug. Vielleicht läuft mir mit siebzig oder achtzig eine Frau über den Weg, die sechzig ist, auf jeden Fall ist sie jünger."

Drei Jahre jünger ist Karin Jansen, mit der sie eine Freundschaft nach ihrem Geschmack verbindet, „mal ein bißchen enger, mal weniger, eine sehr leise, lockere Angelegenheit; sie verpflichtet zu nichts, das tut mir im Augenblick sehr gut. Was daraus wird, weiß ich nicht." Sie sehen sich vielleicht einmal die Woche, unternehmen etwas, reden. Die Freundschaft steht im Vordergrund. „Sie schließt die intime Beziehung ein." Etwas sehr Ruhiges.

Manchmal ist es Inge Krause in dieser Beziehung allerdings zu ruhig. Es fehlt ihr das gewisse Etwas, das Prickeln. Sie könnte ohne große Dramatik aussteigen, sagt sie, auch wenn es weh tun würde. Karin Jansen und sie leben nicht offen lesbisch. Lesbisch ja oder nein, darüber denkt Inge Krause nicht nach. Es ist so. Sie würde nicht im Fernsehen auftreten und sagen: Ich bin lesbisch. Das würde sie ihrem Sohn und ihrem Mann – mit denen sie regelmäßig Kontakt hat – nicht antun wollen. Das würden sie nicht verkraften, wenn sie zusähen, vor allem wegen der Krause-Verwandtschaft. Sie wissen es nicht, sie hatten schon genug mit Bettinas Lesbischsein zu tun. Und mit ihrem Auszug habe sie ihnen weh getan. Bei allem, was vorher war. Die Schuldgefühle gegenüber ihrem Sohn kann sie nicht verwinden. Sie hätte ihn ja mitgenommen, aber sie wollte ihm nicht sein Zuhause nehmen. Deshalb hat sie sich auch nicht scheiden lassen. Wegen der hohen Scheidungskosten wäre wahrscheinlich alles verkauft und geteilt worden.

Eine Beziehung, in der nichts passiert, in der sich angeschwiegen wird, kann sich Inge Krause nicht vorstellen. Sie denkt dabei an zwei Freundinnen, die sie früher sehr beneidet hat. Sie haben zusammen ein Haus gebaut, alles gemeinsam gemacht, arbeitsteilig, die eine war zuständig für die technischen Dinge, die andere für den Haushalt. „Wahrscheinlich waren die beiden ein Pärchen, in dem Haus tauchten nie Männer auf. Doch darüber wurde nie gesprochen." Irgendwann kam eine dritte dazu. Heute sind sie achtundsechzig, einundsechzig, fünfundsechzig und haben sich nichts mehr zu sagen. Inge Krause macht dieses Leben, wo alles in eingefahrenen Bahnen läuft, traurig. Alles ist getan, und nun im Rentenalter wollen sie nur noch ihre Ruhe haben. Alles dreht sich um warme Füße, um Rückeneinreiben, um Kreuzschmerzen, Kopfweh und Ohrensausen. Und Inge Krause, die Fachfrau, wird angerufen, um dieses oder jenes Medikament zu erklären. Nein, das macht sie nicht mehr. Von diesen Freundinnen hat sie sich zurückgezogen. Sie beneidet diese Frauen auch nicht mehr. Solch ein Zusammenleben ist für sie Stillstand. Und Stillstand ist so etwas wie das Ende. Ende des Lebens.

Auch wenn sie sich manchmal allein fühlt – einsam ist sie nicht. Das Alleinsein aber will gelernt sein. Früher, während ihrer Ehe, hat sie die knapp bemessene Freizeit nur so aufgesogen, hat sich manchmal hingesetzt und gar nichts getan, die Stille genossen, einfach mal durchatmen. So manches Buch hat sie wieder beiseite gelegt, weil sie es nie zu Ende lesen konnte, ein paar Seiten, dann gingen die nächsten Pflichten los. Und dann hatte sie plötzlich Freizeit und Ruhe und mußte lernen, die Mußestunden auszufüllen. Das ging anfangs nur schwer. Heute, sechs Jahre später, genießt sie diese Ruhe, auch weil sie merkt, daß die Kräfte nachlassen. Das bedauert sie beim Älterwerden – nicht die Falten, die sie im Spiegel sieht, da denkt sie einfach: Ach, bist auch nicht mehr die Jüngste. „Große Trauertage hab ich deswegen bestimmt nicht eingelegt." Sie kommt schon manchmal an ihre Grenzen, spürt die nachlassende körperliche Belastbarkeit im Beruf, auf der Station mit dreißig kranken BewohnerInnen. Ist oft erschöpft, noch bevor der Dienst zu Ende ist. Es fällt ihr auch schwerer, den Schichtdienst durchzuhalten, und die Regeneration dauert länger. Sie braucht mehr Pausen. „Ich stürze mich deshalb aber nicht in Verzweiflung. Hab's akzeptiert und finde Strategien, das auszugleichen. Ruh dich aus! Noch vor zwei Jahren hätte ich mir nie zugestanden, zu entspannen, um Kraft zu schöpfen."

Noch anstrengender als die körperliche Arbeit ist die psychische Belastung. „Diese Erschöpfung kann ich nicht immer durch Schlaf ausgleichen. Die permanente Konzentration, immer in Habachtstellung, daß Situationen nicht eskalieren, und ständig das eigene Verhalten kontrollieren, abwägen, was machen, wenn jemand durchdreht." Ihr Team aus Krankenschwestern und Altenpflegerinnen versucht, eine Einweisung in die Psychiatrie so lange wie möglich zu verhindern, durch Zuwendung, Musik, Streicheleinheiten. Sie haben alle keine psychosoziale Fachausbildung, ziehen ihre Kenntnisse aus Erfahrung und Selbststudium und Einfühlungsvermögen. In der Klinik würden die Kranken doch nur mit Medikamenten neu eingestellt. Das käme einer Kapitulation gleich.

Insgesamt versucht Inge Krause, Streß und Hektik zu meiden. Zieht sich zurück, wenn es ihr zuviel wird. Und schielt zum Telefon. Nach zwei Tagen könnte es doch mal wieder klingeln! Ihre Freundschaft zu Marlies Monte könnte wunderbar sein, wenn sie häufiger etwas voneinander hören würden. Aber Inge Krause will sich ja nicht pausenlos in Erinnerung bringen. Marlies Monte weiß, daß sie da ist.

Und ihre Tochter könnte sich auch mal wieder melden. Doch schnell erinnert sich Inge Krause an ihren Vorsatz, es nicht so zu machen wie ihre Mutter: permanent fordern, die Kinder mit großer Selbstverständlichkeit in Anspruch nehmen. Die Kinder haben schließlich ihr eigenes Leben. Ihre Beziehung soll auf Freiwilligkeit beruhen. Und dennoch ertappt sich Inge Krause manchmal bei dem stillen Vorwurf: Na, eigentlich könnte sie mal nachfragen, wie es ihrer Mutter geht. Und wenn sich die Tochter nach längerer Zeit meldet, möchte sie den Vorwurfston gern aus Hinterkopf und Stimme verlieren: „Weißt du überhaupt noch, wer ich bin?" Eine Art Erpressung.

Sie hängt besonders an ihrer Tochter, vielleicht weil sie die ersten drei Jahre allein mit ihr gelebt hat. Ja, Bettina hat schon einiges vermissen müssen, als sie klein war. Da hatte es ihr Sohn später leichter. Auf jeden Fall weiß Inge Krause, daß ihre Tochter für sie da ist, wenn es ihr mal nicht gut geht. So wie vor ein paar Jahren, nach ihrem ersten Zusammenbruch, dem ersten Kummer „in dieser Beziehung". Bettina machte nicht viele Worte, sie kam.

Doch falls sie einmal gebrechlich und pflegebedürftig wird – niemand ist vor einem Schlaganfall gefeit –, würde sie von ihren Kindern nicht verlangen, sich Tag und Nacht um sie zu kümmern. Sie will keine Belastung werden, hat keinen Schrecken vor einem Altenheim. Das hat sie mit ihrer Tochter schon besprochen. Es wäre die beste Lösung für die Kinder. Aber sie würde verlangen, daß ihre Kinder sich darum kümmern, *wo* sie hinkäme. Das Altenheim in der Nähe zum Beispiel könnte sie akzeptieren, ein Ort, den sie kennt. Natürlich würde sie nicht erwarten, daß ihre Kinder sie jedes Wochenende besuchen. Wahrscheinlich würde sie am Fenster stehen und auf die Straße blicken oder auf die Tür. So lange wie möglich möchte sie allerdings in ihren vier Wänden und aktiv bleiben.

In den ruhigen Stunden denkt Inge Krause oft über ihr Leben nach. Ihr Leben – das sind die letzten sechs Jahre. Die einundzwanzig Ehejahre zählen nicht. Da ist so wenig passiert, die sind an ihr vorbeigelaufen.

Und dann kam alles zusammen, es kam zu viel zusammen. Wechseljahre. Persönlich wie allgemein. Zuerst die Wende. Dann der Tod ihrer Schwester Eva, sechsundsechzig, Herzinfarkt, das erschütterndste Ereignis in ihrem Leben. Sie war ihr wie eine Beichtmutter gewesen, von Anfang an ein Mutterersatz, sechzehn Jahre älter, lebte im Erzgebirge, wo Inge große Teile ihrer Kindheit verbrachte. Auch sie war Krankenschwester, eine Seele, wie man sagt, mit viel Humor. In dem ersten Schock, einen geliebten Menschen, eine Vertraute zu verlieren, so schnell und unvorbereitet – „wir beide, die Jüngste und die Älteste, das war so 'ne Einheit" –, machte sie es ihrer Schwester regelrecht zum Vorwurf, daß sie plötzlich nicht mehr da war, bis sie merkte: Das ist ja völlig blödsinnig. Sie ist ja nicht freiwillig aus dem Leben geschieden. Seitdem hat Inge Krause mehr Verbindung zu ihrer nächstälteren Schwester in Marzahn aufgenommen.

Es ist in dieser Zeit des Wendeumbruchs, des Trauerns, als sie sagt: Ich muß mein Leben ändern. Zur selben Zeit erste Anzeichen der Menopause. Inge Krause leidet furchtbar unter den Hitzewellen, ähnlich wie ihre Schwestern und ihre Mutter, ganz besonders „in dieser Zeit", der Zeit ihres persönlichen Aufbruchs. Schweißgebadet läuft sie durch die Gegend; es ist ihr unangenehm, wenn sie von der aufsteigenden Hitze überfallen wird, klatschnaß und mit hochrotem Kopf bei der Arbeit oder in einer Behörde sitzt. Sie trägt Sprays und Wässerchen mit sich herum, denkt, kein Mensch könne es mit ihr aushalten, läßt sich Hormone spritzen. Die Ärztin sagt, die seien gut für die Knochen und schützen gegen Herzinfarkt. Inge Krause nimmt furchtbar zu, setzt die Hormone wieder ab, erneute Hitzewellen, wieder Tabletten, erwägt Für und Wider von Hormonen, nimmt sie konsequent, setzt sie konsequent ab. Die Depressionen versucht sie mit Naturheilmitteln in den Griff zu bekommen. Vergebens. Sie weiß sich keinen anderen Rat. Wieder Hormone. Sie denkt, die Depressionen kämen von all dem, was ihr widerfährt. Weiß es aber nicht genau, vergleicht sich mit einer Person, die mehrere Krankheiten hat und viele Symptome, bei der man nicht mehr sagen kann, welche Krankheit die Ursache für welches Symptom ist. Ein Teufelskreis.

„Ich entschloß mich ja zum ungünstigsten Zeitpunkt, mein Leben zu verändern. Diese Wechseljahrezeit hätte ja auch ganz wunderbar sein können, wenn nicht alles andere dazugekommen wäre. Es ist ja ein Abschnitt, der aufhört, und was Neues fängt an. Aber so kam es als sehr ungünstiger Punkt hinzu, das i-Tüpfelchen."

Mit der Krebsdiagnose setzt sie die Hormone wieder ab. Und sagt sich heute, daß durch diese vielleicht sogar die Knoten gewachsen sind. Und was die Osteoporose betrifft, könne sie sich entsprechend ernähren. Sport treiben. Doch statt dessen geht sie lieber bummeln. Sie liebt die Straßencafés am Ku'damm, in Mitte, am Hackeschen Markt, am Prenzlauer Berg. Sie beobachtet gern Menschen, das, was rundherum passiert. „Ich bin eine Voyeurin. Nicht im negativen Sinne, es macht mir einfach Spaß." Ein runder Zeitungskiosk am Alex schwebt ihr vor, der nach allen Seiten offen ist, aus dem sie dem Treiben draußen zusehen kann und gleichzeitig drinnen geschützt ist. Sie ist nicht nur neugierig auf das, was sie rundherum sieht, sondern auch auf das, was ihr künftig „zustößt". Sie läßt sich überraschen und hofft, daß kein Stillstand eintritt. „Das wäre zu früh, ja, es wäre alles zu kurz gewesen. Ich möchte schon noch einige Dinge erleben. Ich fange ja erst richtig an, meine Unabhängigkeit zu genießen. Meine innere Unabhängigkeit. Sie ist wie ein Geschenk, das ich wiedergefunden habe."

Materiell gesehen blickt Inge Krause relativ ruhig in die Zukunft. Von ihrem Gehalt versucht sie etwas zu sparen. Um ihre Rente ein bißchen aufzustocken. Wenn es um die Rente und damit um Politik geht, empört sie sich, spricht noch schneller als gewöhnlich. „Seitdem wir aus dem öffentlichen Dienst raus sind, die Heime privatisiert wurden, sind alle Angestellten auf fünfunddreißig Stunden gedrückt worden, ob wir wollten oder nicht, auch die Zuschläge wurden verringert. Ich verdiene netto rund gerechnet fünfhundert Mark weniger. Habe dreißig statt vierunddreißig Urlaubstage. Und das alles kurz vor der Rente. Bei der Rentenberechnung werden unsere alten Gehälter zugrundegelegt. Ich hab zum Beispiel 1959 dreihundert Mark im Monat verdient, eine Krankenschwester im Westen sechshundert Mark. Wenn eine Westfrau fünfundvierzig Arbeitsjahre in meinem Beruf hinter sich hat, kriegt die das Doppelte von meiner Rente. Und da fallen viele hier aus den Wolken."

Das Leben in der DDR und das Leben heute – für sie zwei verschiedene Welten. „Es war nicht alles schlecht, und es war nicht alles gut. Mehr habe ich dazu nicht zu sagen. Manche Dinge waren einfach besser organisiert. Jetzt muß jeder sehen, wie er zurechtkommt. Und da hab ich schon viel zu meckern."

Auf die großen Worte der Politiker, denen keine Taten folgen, kann sie gut und gern verzichten. Vor allem das Gefetze in den Fraktionen, alles Theater. Dennoch ist sie neugierig, was den Worten folgt. „Aber so geht es ja in der Familie, in der kleinsten Zelle zu, daß sich die Leute nicht einig sind, wenn sie irgendwas durchsetzen wollen. Vielleicht liegt es auch daran, daß alle die augenblickliche Wirklichkeit, die Realität unterschiedlich erleben." Wenn Menschen besser miteinander reden, respektvoller miteinander umgehen würden, kämen sicherlich andere Dinge dabei heraus.

Da packt Inge Krause schon mal die Lust, irgendwo hinzugehen, „Volkspark Corner vielleicht", sich hinzustellen und eine mitreißende Rede zu halten, zu irgendeinem Thema, um die Leute wachzurütteln. „Aber das sind dann so augenblickliche Anwandlungen, dann beruhige ich mich wieder." Außerdem würden die Leute sie sowieso zerpflücken, weil ihr das Hintergrundwissen fehle. Immer diese Bedenken, nicht zu genügen. Im nächsten Leben wird sich das ändern! Als Schriftstellerin zum Beispiel könnte sie ihren Utopien freien Lauf lassen. Was die Zukunft tatsächlich bringen wird, weiß sie nicht, aber sie ist zuversichtlich, daß sie „noch 'ne Weile mitmeckern" wird.

Manchmal überkommen Inge Krause auch Ängste, ihre Arbeit in den letzten Jahren noch zu verlieren. Dann wieder hat sie fast ein schlechtes Gewissen, wenn sie die vielen Frauen sieht, die arbeitslos sind oder sich von einer ABM-Stelle zur nächsten hangeln. Da ist sie noch gut dran, kann ihre Wohnung für knappe siebenhundert Mark auch halten, wenn sie in Rente ist. „Ich muß mich sowieso einschränken, das fällt mir nicht schwer. Aber ich möchte mir nicht überlegen müssen, ob ich diesen Monat ins Kino gehe oder lieber einmal U-Bahn fahre in die Stadt rein und zurück, weil ich mir Kino *und* U-Bahn nicht leisten kann. Vielleicht kann ich dann nicht mehr verreisen und manch andere Dinge nicht mehr tun, oder ich muß mir wirklich das Rauchen abgewöhnen. Aber das ist nicht das, worüber ich jammere, das ist es nicht."

Jammern tut sie über das Verhältnis der Menschen zueinander, das sich immer mehr abkühlt. Das Füreinander interessiert sie: Früher, als es kein Telefon gab, waren die Beziehungen persönlicher. Man mußte sich aufs Fahrrad setzen, um eine Nachricht zu überbringen. Freunde, Bekannte und Verwandtschaft sahen sich viel öfter. Heute gehen die Informationen, die Gespräche übers Telefon, und man sieht den Menschen, den man eigentlich sehen wollte, nicht. Und denkt manchmal, nun könnten sie sich mal wieder melden, sie brauchen ja nur anzurufen. Aber auch dazu braucht es

Zeit. Und Lust. Die meisten haben keine Zeit. Sind lustlos gestimmt.

Inge Krause hat heute mehr Zeit. Sie nimmt sie sich einfach. Deshalb stimmt es für sie nicht, daß die Zeit mit dem Älterwerden schneller läuft. Manchmal guckt sie hoch und denkt: Wirst du jetzt faul oder phlegmatisch? Aber es ist nur eine Verschnaufpause; da gibt es all die Dinge, die sie noch tun will. Musik, Philosophie, Städtereisen. Nur manchmal wundert sie sich, wo die Zeit geblieben ist, ach Herrje, schon wieder Neujahr, doch das habe nichts mit dem Alter zu tun. „Wenn jemand sagt, manchmal ist ein Jahr wie ein Tag, hängt es mit der Angst vor dem Altern zusammen, vor der Endlichkeit, dem Sterben."

Vor ein paar Jahren noch ist sie in Panik geraten, hat gedacht, mit sechzig ist alles vorbei. Mit Sorge hat sie auf ihr Älterwerden geblickt: Was wird werden? Sie hatte das Gefühl, nicht mehr genug Zeit zu haben, vor allem als ihr „unruhiges, wildes Leben begann"; sie kam sich furchtbar alt vor, wollte auch deshalb alles so intensiv wie möglich leben. Und jetzt, mit neunundfünfzig, spielt es keine Rolle mehr. Sie denkt nicht mehr: Ich habe keine Zeit. „Wenn ich etwas anfange, interessiert mich nicht, ob ich es zu Ende führen kann oder nicht. Wichtig ist, daß ich es tue. Im Augenblick sammle ich mich, lasse mich durchhängen für den nächsten Anlauf. Sechzig ist wie ein Meilenstein, eine magische Zahl, und ich hoffe, bis dahin noch viel geklärt zu haben."

Lust und Genuß als Lebensenergie

Ayaya, 48 Jahre, Psychotherapeutin, Tantra-Lehrerin

Ayaya, diesen Namen hat sie sich als Bauchtänzerin gegeben, nach der griechischen Insel, auf der Circe lebte. Circe, die Zauberin. Sie bezauberte und verzauberte, bezirzte die Männer, die auf ihre Insel kamen, verwandelte sie in Steine und Schweine.

Auch Ayaya liebt das Spiel des Zaubers, des Zauberns. Mit Stoffen, Hülle und Fülle. Mit ihrem Körper, mit Erotik. Schwelgen in Sinnlichkeit. Der Bauchtanz entspricht ihrem Körper und ihrem Faible fürs Ambiente. Festlich gekleidet sind immer alle auf einem Bauchtanzfest, die Frauen schmücken sich, und wenn es nur ein schimmerndes Accessoire ist, ein schwarzer, golddurchwirkter Schal. Auch die Speisen sind reichhaltig und bunt. Geschmack des Orients, rosenwasserbesprenkelt, honigsüß.

Ayaya spielt oft mit Humor, wo exakte Bewegungen angesagt wären. Aus Spaß am Spiel. Und weil sie merkt: Die Knochen wollen nicht mehr so. Nie wird sie so akrobatisch sein wie die Achtzehn- bis Zwanzigjährigen, hat sie doch erst mit dreißig angefangen. Auch das nächtliche Umherschwirren, die Nachtarbeit hält sie, die Vierzigjährige, nicht mehr so gut aus.

Bauchtänzerinnen treten meistens zuletzt im Programm auf, nach Mitternacht, wie es sich für eine Königin der Nacht gehört. Und danach ist sie aufgedreht, von Schlafen kann noch lange keine Rede sein. „Jede Bauchtänzerin sieht am nächsten Morgen aus wie ausgespuckt." Auf die Vormittage kann Ayaya aber nicht verzichten, weil sie zu dieser Tageszeit als Psychotherapeutin arbeitet, ihr „eigentlicher" Beruf, den sie seit mehr als einem Jahrzehnt ausübt. Ihr Broterwerb. Sie ist eine gefragte Therapeutin. Auch liebt sie die Vormittage.

Und die Bedingungen für Bauchtänzerinnen werden schlechter. Der Bauchtanz ist immer weniger gefragt; er wird mehr und mehr zu einer amerikanischen Show entwickelt, die Tänzerinnen werden gegeneinander ausgespielt, die Verhandlungen mit Kneipenbesitzern, die möglichst viel Bauch sehen wollen, kosten Nerven – für sie ist jede Bauchtänzerin eine Nutte. Der Status einer Bauchtänzerin variiert von Land zu Land. In Ägypten wird sie als Königin angesehen, in der Türkei als Hure. Nicht nur, daß Ayaya lieber die Königin ist – der ägyptische Bauchtanz mit seinem Hauch von Melancholie berührt sie auch mehr; sie würde gern die Lieder der ägyptischen Sängerin Oum Kalsoum choreografisch umsetzen: den Schmerz, die politische, die spirituelle Ebene. Doch einen hohen Unterhaltungswert hat ein solcher Tanz im hinteren Saal einer Bremer Eckkneipe, als Einlage bei einem Betriebsfest, einer Hochzeit nicht. Er wird auch nicht unbedingt mit nacktem Bauch getanzt. Selbst bei Frauenfesten sind die Ladies enttäuscht, wenn sie nicht genug Haut zu sehen bekommen. Leben könnte Ayaya also vom Bauchtanz nicht. Selbst wenn ein Auftritt gut bezahlt ist, die Ausgaben für die Kleider in Hülle und Fülle, für die Trainingsstunden sind hoch.

Ayaya fällt die Entscheidung schwer, nicht Profi-Bauchtänzerin zu werden. Noch konsequenter: mit den Bauchtanz-Auftritten ganz aufzuhören. Zuerst kämpft sie dagegen an, versucht es immer mal wieder, bis sie kapiert: Es geht nicht mehr. Nicht so, wie sie will. Es ist ihre Bauchtanzlehrerin, die ihr in dieser Zeit Tantra nahebringt, eine indische Lehre, die Sexualität mit Spiritualität verbindet. Dadurch könne Ayaya die nach innen gekehrte Bauchtanzenergie entfalten, die Feuerenergie in den Hüften. Eine ganze Weile macht Ayaya beides, Bauchtanz und Tantra. Dann, nach zwei Jahren, stimmt die Entscheidung. Sie spürt, sie will mehr nach innen. „Das Wesentliche für mich ist, den Lebensraum zu nutzen, den ich habe." Neben ihrem Beruf als Therapeutin läßt sie sich zur Tantra-Lehrerin ausbilden.

Ayaya fühlt sich den Cherokee-Frauen verbunden, die sagen, mit fünfundvierzig bist du am westlichsten Punkt deines Lebens angelangt, eine Zeit, wo du voll mit deinem Körper beschäftigt bist; dann geht es auf den Weg nach Norden, zum Geist, zur Spiritualität. Ayayas Weg zur feinstofflichen Energie geht über Schwelgen und Genießen. Fülle bestimmt auch ihr privates Ambiente. Ich liebe Kitsch, sagt sie. Engel, Herzen, Glitzer. Die dunkelroten Samtvorhänge werden von einer Brokatkordel zusammengehalten. Geschnitzte Herzen zieren die Stuhllehnen. Herzförmige Weihnachtskekse von einer Klientin. Vor dem rückenfreundlichen Meditationsstuhl ein rotes Kissenherz für die Füße, damit es sich bequemer sitzt. Vor allem Rot, nicht irgendein Rot, ein pastellenes oder lichtes, nein, ein tiefes Rot, ein dunkles, eine großformatige pralle rote Blüte über dem Eßtisch, eine rote transparente Decke auf dem Glastisch. Goldgerahmte Spiegel. Zwischen vielen Bildern ein Foto ihrer Nichte. Füllig ruht Ayaya auf dem Sofa, wohlig, die Beine auf dem schwarzweißen Leopardenmuster ausgestreckt. Ihr Haar ist kupferrot. Schulterlang. „Genießen fällt älteren Frauen leichter, weil sie weniger in das System von Leistung und Streß eingebunden sind."

Gern nahm Ayaya deshalb das Angebot an, einen Tantrakurs für Frauen ab Vierzig zu geben. Die waren begeistert, flüsterten mit verzücktem Gesicht ihren Freundinnen zu: Du mußt ... sonst verpaßt du etwas im Leben. Die Älteren, stellte Ayaya fest, die Sechzig- bis Siebzigjährigen und aufwärts – die bisher älteste Teilnehmerin war dreiundsiebzig –, haben erst einmal eine höhere Schwelle, sich mit ihrem gealterten Körper zu zeigen. Haben sie die überwunden, wollen sie es wissen. „Dann sind sie voll motiviert, alles zu probieren. Sie haben generell mehr Mut, tiefer zu gehen, haben nicht mehr diese Ängste – Wie wirke ich? Bin ich gut genug? – oder dieses Leistungsdenken, wie es bei Jüngeren ausgeprägter ist. Dadurch haben sie einen leichteren Zugang zur spirituellen Dimension. Die Jüngeren sind oft zu Beginn unbefangener mit dem eigenen Körper. Die Widerstände tauchen später auf."

Nicht umsonst richtet sich Tantra IV an Frauen über Vierzig. Je fortgeschrittener die Kurse, desto spiritueller werden sie, desto sichtbarer das Nordlicht. Die Äußerlichkeiten werden weniger bedeutend. Es wird weniger gegessen, der Raum weniger dekoriert, die Frauen schmücken sich weniger. Dinge, die am Anfang ganz wichtig sind, werden weniger genutzt. Dinge, die Ayaya mit ihrem Faible für ein wohliges Ambiente bewußt gegen die Ängste und Widerstände einsetzt; Dinge, mit denen sie auf ihre Insel lockt: azurblaue Seide, Neroliblütenduft, sinnliche Kost. Die spricht sie mit den Köchinnen genau ab: Bitte nicht soviel Pupsträchtiges!

Die lustorientierten Übungen könnten zur Tortur werden. Das Verdauungssystem der Älteren reagiert besonders empfindlich auf Kohl und Körnerkost.

Bewußtseinsminimierung nennt es Ayaya, wenn die Fortgeschrittenen erstaunt feststellen, daß sie gar keinen Hunger haben, weil sie anders satt geworden sind. In diesen Kursen weht Ayaya ein Hauch dessen entgegen, wie die alten Tantrikas Rituale auf Grabstätten zelebriert haben mögen – Tod und sexuelle Ekstase gehörten zusammen. „Es gab die Widersprüche nicht: Lebendigkeit ganz toll und Tod ganz schrecklich."

Trotz aller Ernsthaftigkeit entbehren manche Situationen nicht der Komik. Wenn alle nackt im Kreis sitzen und sich ansehen sollen, genau ansehen, steht die Hälfte der Frauen auf und holt ihre Brille. Eine schaltet ihr Hörgerät ein, oder sie schaltet es aus, wenn sie nichts hören will. „Diese Art von Behinderungen wiegt so gering, verglichen mit den Ängsten als Behinderung." Die Probleme sind eher technischer Art, wie der Stuhl gestellt oder das Kissen gelegt wird. Und wenn eine meint, sie schaffe es nicht, auf den Knien die andere zu massieren, kann sie von einer Assistentin abgelöst werden. Es kann aber auch passieren, daß die Zweifelnde es sich schließlich doch nicht nehmen läßt, die Massage selbst zu machen, weil es ihr so gut gefällt. Von Knieproblemen keine Rede mehr. Und was die indischen Tantra-Sitzhaltungen auf dem Boden angeht, sieht Ayaya es nicht so eng: die stimmten für uns, die Stuhlgenerationen, ohnehin nicht.

Die fernöstliche Mythologie, die mit Tantra verbunden ist, lag Ayaya anfangs fern. Nach ihrem ersten spirituellen Orgasmus – mit neunzehn – macht sie sich auf die Suche nach

Literatur und findet nur „dieses Shiva/Shakti-Zeug". Gerade dem Christentum entfleucht, will sie sich nicht in eine männerbeherrschte Spiritualität begeben, mit Über- und Unterordnung. Ihr Blick verändert sich mit dem ersten Tantrakurs, den ihre Bauchtanzlehrerin für Frauen anbietet. Und später, als sie selbst Tantrakurse gibt, sucht Ayaya ein Sinnbild für lustvolle, starke Frauen. Eine Symbolfigur, die mehr umfaßt als konkrete Frauen. Irgendwo sieht sie Tara. „Die will ich haben. Das ist die Figur, die zu mir paßt." Da kennt sie noch nicht ihren Namen, forscht nach ihr, kommt ihr auf die Spur, nimmt an Seminaren zu Tara teil, nähert sich ihr allmählich an. „Das war nichts Rationales im Sinne von: Jetzt suche ich und finde. Sie fand mich."

Tara sei eine aktive Göttin, die ganz entspannt im Hier und Jetzt sitzt, mitten im Saal, meditiert und auch in die Welt geht. In ihren zahlreichen Aspekten könnten sich viele Frauen wiederfinden. Zufall, daß sie aus Indien käme. Tara heiße auch die freie Frau, die befreite Frau, die Befreierin. Es könnte also genausogut eine Miniatur der New Yorker Freiheitsstatue mitten im Saal stehen. Wenn sie nicht so geschichtsbelastet wäre, sagt Ayaya, die den Millenniumswechsel zu ihren Füßen verbracht hat. „Ich war zu Tränen gerührt, weil ich den Eindruck hatte, meine Freiheit hab ich mir selbst erarbeitet – die ist mir nicht in den Schoß gelegt worden, sondern ich hab viel getan, um diese innere Freiheit zu erlangen. Ja, ich möchte von freien Frauen umgeben sein."

Natürlich ist Tantra nicht so ohne weiteres ins Westliche zu übertragen. Bei den Umsetzungsformen probiert Ayaya seit Jahren aus, was von den traditionellen Ritualen uns angemessen ist. „Das Bhakti-Dasein zum Beispiel, also Dienerin zu sein, geht nur, wenn du auch herrschen kannst, wenn die Rolle wechselbar ist. Nur Bhakti zu sein, das verweist eher auf die Auswüchse, die deutlich machen, daß die Mönche die Frauen auch benutzt haben." Es müsse nicht zwangsläufig frauenfeindlich oder schrecklich sein, das eigene Ego für eine begrenzte Zeit zurückzustellen. Es sei ein Unterschied, aus freier Entscheidung einer Frau zu dienen oder aus dem Gefühl, nicht mehr wert zu sein.

So hat Ayaya ein eigenes Konzept „für das Wachstum und die Kultivierung weiblicher Sexualität" entwickelt: das Tara-Tantra eben. Dazu gehört auch die Kunst der Selbstliebe für Singles und die Sexualmagie für weit Fortgeschrittene. Lesbenpaartantra liegt Ayaya besonders am Herzen; da sitzt sie nachts stundenlang am Computer und denkt sich Übungen aus, ohne müde zu werden. Ein höchster Grad von Intimität ermögliche es den Paaren, mehr und mehr zu probieren, allerdings müßten sie frei sein von festgefahrenen Beziehungsstrukturen oder Eifersuchtsgeschichten. Die Würdigung des lesbischen Paarsystems ist das, was Ayaya immer wieder berührt. „Da kommen mir manchmal selber die Tränen, wenn sie zusammen in den Raum geführt werden, einfach nur als Paar. Es gibt ja keine Hochzeit, keine ausreichenden Rituale für Lesben, ihr Zusammensein zu zelebrieren. Das Paartantra ist für mich so etwas. Die Würdigung und Segnung von Paaren durch die Gruppe."

Ayaya bezeichnet sich selbst als „Beziehungstante". Sie hat nur ein volles, besserwissendes Lachen übrig, wenn es heißt, daß es in Langzeitbeziehungen oder mit dem Älterwerden keinen Sex mehr gebe. „Ich lebe seit vierzehn Jahren mit meiner Süßen, und wir haben wunderschönen Sex, den ich nicht missen möchte."

Für sie ist es eine Frage der Kultivierung. Eine Frage der Entscheidung. Wenn eine sich keine Zeit zum Kultivieren von Sex nehme, liege das Feld natürlich irgendwann brach, unabhängig davon, wie alt sie ist. Verändert hat sich ihre eigene Sexualität mit dem Älterwerden, das ja. Ähnlich wie beim Bauchtanz habe sie mehr Lust auf Innerlichkeit, „auf das feine Innere, weniger auf das große Expansive."

Das weite Feld der Sexualität auszukundschaften ist Ayayas Hobby. Zum Glück ist auch ihre Freundin sehr experimentierfreudig. Sie würde zwar keine Tantrakurse besuchen, davor habe sie „viel zuviel Schiß", aber sie sei immer ausreichend neidisch auf das, was Ayaya dort erlebt, um es selbst ausprobieren zu wollen.

Als Forscherin und begeisterte Entdeckungsreisende auf diesem Gebiet reicht Ayaya der Sex in der Paarbeziehung nicht. Sie braucht auch „ihre Sorte Selbstliebe", denn manchmal ist es ihr einfach zu kompliziert, dauert es ihr zu lange, bis sich beide aufeinander eingestimmt haben, „auf dieses sensible Spiel".

Ebenso braucht sie sexuelle Begegnungen mit anderen. Daraus entstehen aber keine Affären oder Nebenbeziehungen. „Dafür ist mir meine Beziehung zu wichtig. Ich finde es auch zu kränkend und zu chaotisierend. Außerdem habe ich zuviel zu tun, um das nebenbei auch noch hinzukriegen." Im Unterschied zu einer Beziehung oder Affäre ist für sie eine sexuelle Begegnung ein klares Ritual mit Anfang und Ende, ohne Versprechen. „Es kann dabei wunderbar orgiastisch werden zwischen zweien; die können sich wunderbar bedienen und beglücken, aber es ist nicht mit Verlieben verbunden. Ein tiefes Einlassen im Moment, aber nicht auf längere Zeit. Damit frustriere ich schon mal die eine oder andere, die sich Dauerhafteres erhofft."

Beate, ihre Süße, weiß, daß sie Ayaya besser an der langen Leine hält. Es gibt so etwas wie ein Abkommen zwischen ihnen: Was ich nicht weiß, macht mich nicht heiß. Solange es die Beziehung nicht tangiert. Beate wohnt zwei Etagen höher in dem dreistöckigen Altstadthaus nahe der Weser. So hat jede ihren eigenen Bereich und lädt die andere ein. Sie besuchen sich gegenseitig. Treffen sich am Wochenende eher in Ayayas Wohnung, unter der Woche in Beates. Ayayas Praxis, ganz in Gelb gehalten, liegt in der mittleren Etage. „Ein Puffer zwischen uns; so kriegen wir nicht alles von der anderen mit." Bei ihrem unterschiedlichen Ordnungssinn gäbe es sicher Ärger, wenn sie in einer Wohnung lebten. Ayaya mag es voll und üppig, aber klar strukturiert; Beate hat es lieber chaotisch. Und das als Juristin, wundert sich Ayaya, eigentlich ein ordentlicher Beruf.

Manchmal wünschte sich Ayaya eine Hausfrau, oder einen Hausmann. In Ermangelung dessen haben sie Karl erfunden, der für die Schlampigkeiten verantwortlich gemacht wird – der die Schlüssel verlegt und das Licht nicht ausschaltet. „Ich hätte gern noch mehr Verwöhnung auf dieser Ebene."

Immer schon hat Ayaya in Paarbeziehungen gelebt und möchte das auch weiterhin. Sie will mit ihrer Süßen alt werden. Doch genauso wichtig sind ihr gute Freundinnen; später, als Alte, sollten sie in erreichbarer Nähe sein. Ohne die Freundinnennetze, die sie sich im Lauf der Jahre geschaffen hat, kann sie sich ihr Leben nicht vorstellen.

Beate ist sechs Jahre älter. Der Altersunterschied macht sich bemerkbar, wenn sie körperlich nicht mehr so kann. Ayaya bedauert, daß sie sich zum Standardtanz andere Partnerinnen suchen mußte, weil ihre Freundin Probleme mit den Knien bekam. Und Beates Gedanken kreisen schon häufiger um einen schönen Alterssitz. Florida ist ihr liebstes Ziel. Schreiben, schwimmen, golfen. Am Green-Card-Verfahren beteiligen sich die beiden regelmäßig.

Während Beate also den Ruhestand plant, plant Ayaya enthusiastisch ihre Vorhaben. Sie hat noch so viel vor: ihr begonnenes Tantra-Buch zu Ende bringen, Paartantra mehr etablieren, Assistentinnen zu Kursleiterinnen ausbilden, die Selbstliebe noch mehr „in die Welt bringen". Und vielleicht wieder aus dem sozialpsychiatrischen Dienst aussteigen, wo sie momentan eine Teilzeitstelle als Psychologin hat. Das hängt davon ab, wie die Tantrakurse laufen. Vielleicht sind sie nur vorübergehend im Trend. Doch das glaubt Ayaya nicht. Eine aufsteigende Tendenz sieht sie vor allem auch beim Paartantra. Bei der Vielzahl der allgemeinen Tantra-Angebote auf dem Markt gibt es nur wenige speziell für Lesben. Und für lesbische Paare noch weniger.

Auf breiterer Ebene schwebt ihr eine Tantra-Vernetzung von Lesben vor: Frauen, die Düfte herstellen, bunte Batiktücher, Gleitgels, Herzkissen, pelzige Mösen, alles, was zum Ambiente, zum Spielen, zu Hülle und Fülle gehört, zu Fluß und Genuß. Ihr Lieblingsprojekt: eine Liebesschule für Frauen. Eingebunden in ein Altenkurhaus mit Sex-Angeboten für rekonvaleszente Frauen. Und für behinderte Frauen. Eine MS-kranke und eine parkinsonkranke Frau haben sie darüber aufgeklärt, welche Bedingungen für sie in einem

Kurs erfüllt sein müssen. Ayaya findet es spannend, wieviel doch geht, wenn angeblich nichts geht. Es reizt sie, zu sehen, inwieweit und welche sexuelle Verwöhnung mit den verschiedenen Behinderungen möglich ist. Oder sehr behutsam, sehr vorsichtig Tantra mit Frauen zu machen, die sexuelle Gewalt erfahren haben. „Es berührt mich, wie autonom diese Frauen mit dem Thema umgehen."

Während es in ihren Therapiestunden beim gleichen Thema viel um Schmerz und das Nacherleben alter Situationen geht, steht beim Tantra deutlich der Lustaspekt im Vordergrund, und das macht diese Arbeit sehr viel freudvoller für sie. Tantra könne aber keine Therapie ersetzen, sagt die Therapeutin. Tantra setze an der Breitschaft an, Lust zu leben. Und dafür müßten Blockaden aufgearbeitet, gelöst werden. Manchmal brauche eine Frau allerdings nach dem Tantra eine Therapie, um sich mit dem zu befassen, was bei der Lust hochgekommen ist.

Irgendwann, wenn sie dem Norden näher ist, möchte Ayaya eine „tiefere tantrische Einweihung" bekommen. Sie weiß aber von keiner weiblichen Guru, die ihr Wissen an Frauen weitergibt. Sich von einem Mann einweihen lassen? „Es gibt Einweihungswege, die sind lang, mit durchaus beängstigenden Teilen, und danach habe ich ziemliche Sehnsucht." Aber dafür müßte sie sich auf eine andere Lebensweise einlassen, nach Tibet reisen. Ob sie das wirklich will? Dort würde sie wahrscheinlich auch eine Einweihungsfrau finden. Doch sie hat ja gerade erst die Fünfundvierzig überschritten, den Höhepunkt der bewußten Körperlichkeit, ist noch mittendrin, das Lustvolle in die Welt zu bringen.

Bei all diesen Vorhaben ist Ayaya ein erholsames Leben in Florida noch fern. Sie könnte dort in aller Ausführlichkeit sinnieren und schreiben, aber keine Tantrakurse geben. Die Amerikanerinnen gehen ganz anders vor, machen eine Übung nach der anderen. „Das geht alles zack, zack, zack. Wir brauchen viel mehr Zeit, müssen alles ergründen." Ayaya liegt aber gerade am praktischen Teil ihrer Arbeit. Bisher haben sich noch keine Ermüdungserscheinungen beim Auskundschaften dieses Gebietes gezeigt. Die Hauptanstrengung ist immer wieder, die Kursteilnehmerinnen zu locken, ihre Hemmschwellen und Blockaden zu überwinden. Da kommt sie sich manchmal wie eine Animierdame vor. Schon komisch: Die Frauen kommen, um ihre Lust zu entdecken oder weiterzuentwickeln, tun aber erst mal alles, um sie zu behindern.

In den Fortgeschrittenenkursen fällt das Animieren so gut wie weg. Bei irgendwelchen Ängsten atmen die Frauen einmal tief durch und machen weiter. „Da bin ich schon voller Achtung, wie die sich einlassen. Da brauche ich nicht mehr viel an den Widerständen zu arbeiten. Ein ganz anderer Tiefgang. Die wissen, was sie wollen, sind mehr auf Lust aus." Diese Erlebnisse stärken Ayaya, vor allem anschließend, wenn es ganz still wird, sie eine wohlige Stille spürt. „Dann bin ich ganz glücklich."

Als ungemein stärkend für alle Beteiligten empfindet sie die Kreisrituale von Frauen, die sich alle selbst lieben. Sternförmig liegen sie da, Köpfe in der Mitte, Füße nach außen, eine jede liebt sich maximal und alle gleichzeitig. Ein enormer Lärmpegel. Von Grunzen über Schluchzen bis Stöhnen und Kichern kommt alles zusammen, kegelartig, die unterschiedlichen Klänge und Energien. „Danach sind die Frauen wie ausgewechselt, sind liebevoller miteinander, können sich mehr Individualität leisten, und jede weiß, wie jede keucht und schneucht." Das verbinde die einzelnen ganz anders miteinander als die üblichen Gruppen- oder politischen Zusammenhänge. Es sei an der Zeit, sagt Ayaya, den Rückzug in die Intimität aufzuweichen, diesen patriarchalen Fluchteffekt, sich auf den privaten Futon zurückzuziehen – die einzige Art, die wir gelernt haben, wie Sexualität gut und richtig ist. Um Sex aus der Privatheit herauszuholen, brauche es aber klare Rituale und Regeln: Wie schaffe ich die Basis für eine Gegenkultur – dafür, daß die Frauen sich würdigen, keine falschen Komplimente, keine geheuchelte Sympathie, und sich gegen die Abwertung disziplinieren. „So viele Therapien kann man gar nicht machen, daß die Abwertungen aufhören."

Eine andere Normalität herzustellen erfordere Zeit, gehe weit in das neue Jahrhundert hinein, über unser Leben hinaus. Langfristig ist es für Ayaya aber vorstellbar. Wieder denkt sie dabei an Kulturen, in denen es selbstverständlich ist, daß sich die Alten, egal welchen Alters, eine oder zwei Bhaktis geholt haben. „Die würden doch ein tagelanges sexuelles Ritual nicht allein machen, sich das Wasser selber holen und die Früchte. Das wird ihnen gereicht. Die weiten oft die Intimität auf Dienerinnen aus, die nichts anderes zu tun haben, als ihnen das Liebesleben komfortabel zu gestalten." Was ist also daran auszusetzen, wenn eine Frau des Vertrauens dir das Kissen zurechtlegt, eine weitere dir Luft zufächelt und dir eine Litschi in den Mund schiebt, die dritte dir eine klitorale Heil- und Lustmassage gibt?

Langeweile während der Tantrakurse ist bei Ayaya noch nie aufgekommen. Die Kurse sind für sie immer wieder hochspannend, weil jeder anders ist. Sie hat noch keinen erlebt, bei dem sie sich einfach an ihr Programm halten konnte. „Das einzige, was ich leid bin, ist das Schleppen." Das Schleppen der Hüllen und Füllen. Die bronzene Tara hat ihr Gewicht. Ebenso die Obsidiane und Opale.

Schon wieder so eine perverse Reklame. Ayaya ist verärgert. Neuerdings werden die Alten in der Werbung benutzt. „Ob es nun die Oma ist, die sich irgendwie erfreut und 'nen Hamburger geil findet, oder ob es die Mittfünfzigerin ist, die 'ne Creme anpreist, die ihre Haut jugendlich glatt machen soll – da wird uns ein Frauenbild vorgegaukelt, bei dem jede Komplexe entwickeln muß." Als Therapeutin kenne sie Frauen, die wunderschön aussehen, als hübsch und attraktiv gelten, sich selbst jedoch absolut schrecklich finden. Und das habe viel mit der Werbung zu tun. Für dieses Frauenbild hat Ayaya nur müde Verachtung übrig. „Gerade auch als runde Frau, die nicht in dieses vorgegaukelte Bild paßt."

Dabei haben viele ältere Frauen eine grundschöne Ausstrahlung, und zwar nicht nur geistig-seelisch, sondern auch körperlich. „Das hat für mich etwas mit Weichheit zu tun, mit gelebtem Fleisch, belebtem Fleisch. Die Dreiundsiebzigjährige in dem Tantrakurs zum Beispiel hat ganz viel positive Rückmeldung zu ihrem Körper bekommen – wegen ihrer lebendigen Ausstrahlung."

Auch bei Ayaya geht der Schönheitsbegriff über das Begreifen, das Taktile und Bewegungsmäßige. Weg vom stromlinienförmigen Jugendlichen, weg vom Alles-muß-glatt-sein, kein Leben darf sich als Falte bemerkbar machen. „Nun habe ich ja nie in dieses übliche Schönheitsideal reingepaßt und wollte irgendwann auch nicht mehr passen. So daß ich jetzt dieses Älterwerden und Mehr-Falten-Kriegen gar nicht als allzu dramatisch erlebe, nicht als etwas, was mich fertig macht. Früher, als Dreizehnjährige, habe ich ziemlich alt ausgesehen, so völlig verbarrikadiert. Kein Gefühl sichtbar – das wäre für mich im negativen Sinne alt; gelebtes Leben, das sich in der Haut abzeichnet, positiv. Und ich gehe davon aus, daß Lesben eher eine Chance haben als Heterofrauen, diesen positiven Schönheitsbegriff mehr zu entwickeln. Der Jugendlichkeitswahn paßt zu der pflegeleichten Frau, und viele Lesben sind nicht pflegeleicht, sie gestatten sich mehr Unterschiedlichkeit."

So haben ältere Lesben, die „wirklich gelebt und ihr Leben nicht nur halb besoffen durchgemacht haben", für Jüngere etwas sehr Attraktives. Ein deutlicher Unterschied zur Heterowelt, wo der Druck, jung und attraktiv zu bleiben, vorherrsche, nach dem Schema: älterer Mann sucht sich jugendliche Frau, und die Frauen werden um so jünger, je älter die Männer sind. Bei Lesben seien es oft die Jüngeren, die die Älteren wählen.

„In früheren Kulten im indischen Raum war es selbstverständlich, daß wichtige Praktiken von älteren Frauen an die jüngeren weitergegeben wurden, beim Kochen, beim Sex, überall im Alltag. Bei unserer Mütterverachtung, die viele Frauen immer noch drauf haben, ist viel von den Wurzeln kaputt gegangen. Wenn Frauenliebe aber wirklich ernst gemeint ist, werden diese Wurzeln wieder wichtiger genommen, und die sind bei den Alten und nicht bei den Jungen."

Ältere Lesben würden zwar zunehmend gewürdigt, aber noch nicht genug. Ayaya wünscht sich, daß alte Lesben in Projekten mehr das Sagen haben, vergleichbar dem Großmütterrat bei den Cherokee, die ihre Macht aus der Lebenserfahrung ziehen. So könnten die Arten und Weisen lesbischen Lebens an junge Frauen weitergegeben werden.

Allerdings machten viele Lesben ihre Attraktivität zu wenig deutlich. In den siebziger Jahren – sie war noch Studentin – wollte Ayaya nicht lesbisch werden. Auf keinen Fall. Sie fand diese Frauen häßlich, laut und irgendwie mackermäßig. Krachlederne Jacken, Einheitshaarschnitt, hart. Und dann verliebte sie sich in eine Frau und lief selbst mit Bürstenschnitt herum, in schwarzem Leder und fühlte sich sehr stark. Das brauchte sie in ihrer Coming-out-Phase, als sie aus dem provinziellen Münster in die „sehr uniforme und harte Bremer Lesbenszene" kam. Doch bald lernte sie gemischtere Szenen kennen und konnte sich ein Outfit geben, das ihr gefiel. Weicher und wehender.

Ayaya, erst am Anfang der Wechseljahre mit unregelmäßigen Blutungen und gelegentlichen nächtlichen Schweißausbrüchen, meint, daß sie nicht zwangsläufig negative körperliche Erfahrungen durchmachen muß: „Ist ja ein gesellschaftliches Vorurteil, daß die Menopause wie eine Krankheit sein soll." Und es sei schließlich auch kein Naturgesetz, daß Älterwerden mit Krankheit verbunden ist. Wenn Ayaya etwas beim Älterwerden Sorge bereitet, so ist es der körperliche Verschleiß, das Nicht-mehr-Können. Die Wochen, die sie nach mehreren Fußoperationen im Rollstuhl verbracht hat, haben ihr gereicht. Das auf Dauer zu erleben, mag sie sich nicht vorstellen. Deshalb versucht sie, sich fit zu halten, wobei das auch kein Garantieschein ist. Auf fitte Art alt werden, ein feministisch engagierter Zeitungsartikel, eröffnete ihr den Weg in ein Fitneßstudio. Ayaya überwand ihre Abneigung gegen „all das Metallische" und findet es heute toll, sich an den Apparaten zu verausgaben. Das bringe auch ihre Phantasie in Schwung.

Und natürlich verausgabt sie sich auch beim Tanzen. Mehr als das – durch eine Überdosis Discofox zog sie sich einen Meniskusschaden zu. Schlimmer als die Schmerzen war ihre Beunruhigung: Wenn sie nun ihre Lieblingstänze nicht mehr tanzen könnte? Europäischer Tango und Rumba. „Eine schöne schmelzende Rumba, und wenn eine gut führt, auch einen Wiener Walzer." Die lateinamerikanischen Tänze führt im allgemeinen sie. Aus dem Bremer Frauentanzkreis ist sie nicht wegzudenken; von Anfang an, seit zehn Jahren, ist sie dabei. Absoluter Fan der Tanzlehrerin. Der jährliche Hamburger Frauenball ist für sie ein lustvolles Muß.

In den Golfclub ist sie auf Drängen ihrer Süßen eingetreten, wobei sich der sportliche Charakter für sie in Grenzen hält. Golfen ist für Ayaya eine Verschnaufpause. „Du läufst langsam einem Ball hinterher. Es kommt mehr auf gezielte Technik an."

Siechtum, eventuelles Leiden, das ist es, was sie beim Gedanken an den Tod schreckt. Nicht der Tod selbst. Im Sauerland, wo sie aufgewachsen ist, wurde „kein großes Brimborium" gemacht, wenn Verwandte starben. Der Beerdigung folgte der Leichenschmaus, der Tod gehörte mit zum Leben.

Den plötzlichen Tod ihres Vaters, Herzinfarkt, konnte sie allerdings nur schwer akzeptieren, fing er doch gerade an, etwas mehr zu leben. Der Tod ihrer Mutter nach langem Leiden war eher erleichternd. Sie war eine herrische, schwierige Kranke, die hauptsächlich von Ayayas Schwester gepflegt wurde.

Nach ihrem Tod kamen sich die Schwestern näher, merkten, wie sehr sie sich von der Mutter hatten spalten lassen. Doch länger als ein paar Stunden hält Ayaya es bei ihrer Schwester nicht aus; sie ist so ganz anders, etabliert, verheiratet, Lehrerin. Der Nichte wegen, deren Bild über Ayayas Sofa hängt, bleibt sie einen Nachmittag lang. Als Patentante wurde sie damals nicht gewählt, weil sie aus der Kirche ausgetreten war.

In ihrem Beruf als Therapeutin ist der Tod ein häufiges Thema – bei selbstmordgefährdeten und krebskranken Frauen, oder das Sterben von Angehörigen, von Freundinnen. Zum Glück, sagt Ayaya, hat sie selbst bisher noch keine ihr Nahestehende verloren.

Auf der Suche nach Ritualen für diesen Lebensbereich hat ein Seminar über Myrologia, griechische Trauerrituale, einen nachhaltigen Eindruck bei ihr hinterlassen. Sie beinhalten mehr als Klagelieder, seien gesellschaftliche Rituale, um Tod, Abschied und Trennung von Angehörigen zu verkraften. Das Leben der Toten und die Gefühle ihnen gegenüber werden in Worte gefaßt und besungen. Auch Wut, böse Gedanken und selbst schmutzige Witze kämen darin vor. „Das hat mich friedlich gestimmt – daß alles sein darf."

So kann Ayaya ihre Art von Abschied am Grab ihres Vaters nehmen. Sie ist froh, beim Sterben ihrer Mutter dabeigewe-

sen zu sein. „Da hab ich alles Wichtige noch mal sagen können, obwohl sie längst im Koma lag, aber ich bin sicher, sie
hat es mitgekriegt. Und nachdem ich das letzte gesagt hatte,
Mama, jetzt ist gut, jetzt habe ich alles gesagt, tat sie noch
einen Schnaufer und weg war sie. Das war unser Abschied.
Das war für mich ganz wichtig."

Gern hätte Ayaya eine lesbische Abschiedskultur – nicht
nur in bezug auf den Tod, sondern auch beim Verlassen von
Hausgemeinschaften und Arbeitszusammenhängen, bei Trennungen. „Lesben haben eine lausige Abschiedskultur: Sie
sind einfach weg." Wenn der Abschied mit Ritualen zelebriert würde, wäre auch ein anderes Weggehen möglich.
Oder eine Trauerkultur. Ayaya denkt an die lesbische Pasto-
rin, Trauerrednerin in Bremen, die „eine wunderbare und
kreative Beerdigung ausgerichtet hat" – die ganze Person
der Toten lebte bei dieser Feier noch mal auf.

So etwas wünscht sich Ayaya nach ihrem Tod: daß aus
ihrem Leben vorgelesen wird, einzelne Frauen etwas über
ihre Beziehung zu ihr sagen. In ihrem Testament hat sie diese Wünsche festgelegt. Sie möchte verbrannt werden und
hält ihre Freundinnen für kreativ und mutig genug, die Urne
illegalerweise zu öffnen und die Asche ins Meer zu streuen.
Eine Freundin soll beim Ritual am Ufer einen orientalischen
Trauertanz tanzen – eine Freundin, von der sie genau weiß,
daß die nicht nur Trauer hineinlegt, sondern auch ihre
„Späßkes einbaut", denn das ist Ayaya auch. Das Grab mit
der leeren Urne sollen ein großes Foto von ihr schmücken
und Objekte, die zu ihrem Leben und ihrer Persönlichkeit
gehören. Zwei Engel aus Porzellan, ein blinkendes rotes Pla-
stikherz vielleicht.

Ayaya hat auch festgelegt, wer was bekommen und was bestimmen soll. „Das war ein gutes Gefühl. Ich geb nicht alles aus der Hand, ich geleite noch mein eigenes Weggehen. Ob es dann wirklich so gemacht wird, ist ein zweites Paar Schuhe." Sie hat ihr Testament auch schon wieder verändert, hat einer neuen Freundin ihre umfangreiche CD-Sammlung vermacht.

Auf keinen Fall möchte sie, daß ihre Herkunftsfamilie, sprich ihre Schwester, etwas von ihrem Hab und Gut bekommt, auch deshalb ist ihr das Testament so wichtig. Daß ihre Schwester nach dem Tod der Mutter mehr bekam, war klar, schließlich hatte sie sie gepflegt, aber daß Ayayas Erbe auf den Pflichtteil hinauslief, sprich Enterbung, das hat sie getroffen. Geld war in ihrer Familie eben immer an „gutes Verhalten" gebunden. „Sehr moralisch, tierisch katholisch, deshalb mußte ich irgendwann mit Bravour nacktbäuchig auftreten."

In ihrem Patiententestament hat Ayaya alles in Beates Hände gegeben. Bei einer kürzlichen Halsoperation war sie sehr erstaunt, wie lesbenfreundlich das Krankenhauspersonal war; da hätte sie diese Verfügung gar nicht gebraucht. Doch das kann eine vorher nicht wissen. Schwierig war eher, die Formulare zu bekommen.

Ayaya geht davon aus, daß Lebensformen sich weiterentwickeln und auch ihr Leben nicht einfach mit dem letzten Atemzug vorbei ist. Theorien von Wiedergeburtserlebnissen findet sie sympathisch, aber im Grunde genommen unwichtig; sie entbinden Ayaya nicht davon, in diesem Leben Verantwortung zu übernehmen. Und die Rückführungen in frühere Leben, die sie gemacht hat, fand sie ganz spannend, meint aber, „es können auch Phantasiereisen gewesen sein."

Sphärisches Licht und Klänge begleiteten sie bei einer Nahtoderfahrung, die sie nie vergessen wird. Das prägendste Ereignis ihres Lebens. Nach einem akuten Herzversagen als Sechzehnjährige sah sie sich schon im Jenseits über allem schweben, sah, wie sie mit viel Brimborium in den Sanitätsraum der Schule, dann ins Krankenhaus gebracht wurde, „wo es mir doch eigentlich so gut ging. Ich hab den Aufstand, mich wieder ins Leben zu holen, ein wenig belächelt. Aber als ich dann wieder da war, war auch der Entschluß da, jetzt will ich leben. Seitdem hab ich einen enormen Lebensdrang, und ich habe den Schrecken vor dem Tod verloren. Ähnliches hat sich in sexuellen Ekstasen wiederholt, und von daher kann das Sterben auch etwas Ekstatisches sein." Wie es real sein wird, weiß sie natürlich nicht, aber sie geht davon aus: So wie du lebst, so stirbst du auch. Wenn du dir ein gutes Leben machst, ein lustvolles Leben, wirst du nicht schrecklich sterben.

Das Nahtoderlebnis hat für sie auch noch einen weiteren Sinn. „Ich mußte mich noch mal selbst gebären. Ich mußte noch mal ja zum Leben sagen." Vorher war sie ein depressives Mädchen, leistungsbezogen, ohne hohe Lebensqualität, ohne viele Gefühle, ab und zu ein Weinkrampf. Mit zwölf, die erste Fußoperation hinter sich, schlimme Krücken- und Rollstuhlzeiten, erwartete sie nichts mehr vom Leben. Es gab so wenig Hoffnung. Keine Aussicht auf Besserung, immer nur Schmerzen und Schmerzen. „Und durch diesen Entschluß, ich will jetzt leben, hat sich sehr viel verändert."

Vollgepumpt mit Betablockern lief sie nach dem Herzversagen „wie ein Langarmaffe" herum, erinnerte sich an ihren Entschluß und trat zum ersten Mal für sich selbst ein: Sie setzte die Medikamente ab, und es ging ihr besser. Sie war mutiger geworden. Hat Widerstand gelernt. Erzählte ihren Eltern – „diesen überflüssigen Weggenossen, die nur körperlich für mich präsent waren" –, nichts mehr, wenn sie sie mit Fragen und Vorwürfen quälten. Später in der Therapie merkt sie, wieviel Selbständigkeit ihr das eingebracht hat. Viele selbständige Lesben, sagt sie, sind innerlich früh verlassene Mädchen.

Sie vergleicht das Nahtoderlebnis mit ihrem ersten Tantra-Erlebnis: Klarheit habe es ihr gebracht. „Diese andere Dimension von Wahrheit, die das Alltagsleben relativiert hat. Eine Hoffnung auf ein anderes Sein."

Andere Klarheiten tauchen mit dem Älterwerden auf: Die Endlichkeit wird deutlicher, und dadurch auch die Zeitabschnitte. „Ich habe früher oft gelebt, als sei alles unendlich. Es ging immer weiter, immer weiter, und jetzt gibt es mehr Zäsuren. Ich kann mir plötzlich Jahreszahlen merken. Und weiß auch klarer, was ist, wenn ich nicht entscheide: Dann entscheiden andere für mich. Die Zeitbegrenzung gibt mir ein Gefühl für den Zeitraum, einen Raum, in dem ich Bestimmtes tun kann und Bestimmtes nicht mehr. Sie eröffnet den Raum." Und wenn für bestimmte Dinge die Zeit abgelaufen ist, so ergibt sich etwas anderes. Und was sich nicht ergibt, hat Sinn. „Als Mädchen wollte ich immer zum Ballett, wollen ja viele Mädchen. Ein unsolider Beruf, das gibt es nicht, hieß es, und außerdem ist das Kind so dick. Heute sage ich: drei Kreuze, zum Glück, sie hätten mich da nur verbogen."

Schwierig fände Ayaya, wenn Alter bedeuten würde, keine Liebesbeziehung mehr zu haben. Sie erholt sich in ihrer Liebesbeziehung. Es stärkt sie, daß da eine ist, mit der sie ihre Sorgen und Nöte teilen oder einfach Spaß haben kann. Das merkt sie besonders, wenn sie von ihrer Süßen getrennt ist, was selten vorkommt. Und wenn Frauen als Single gut leben, meint Ayaya, dann meist deshalb, weil sie „so was mit sich haben." Wie Brigitte, mit dreiundsechzig ihre älteste Freundin; sie sagt zum Beispiel immer: „Nachmittags brauche ich meine Zeit für mich. Da will ich nicht gestört werden." Wenn doch jemand in dieser Zeit anruft, ist sie schlecht gelaunt und kurz angebunden. Genauso bei Tiersendungen: besser nicht anrufen.

„Die hat einfach ihre Zeit, wo sie wohlig, erholsam mit sich ist. Und nach zehn Uhr geht sie auch nirgends mehr hin. Die geht nicht sofort ins Bett. Die hat ihre Zeit der Tagesnachsinnierung. Die hat so 'ne Kultur mit sich entwickelt, die ähnlich ist wie eine Beziehung. Wo wir gemeinsam abhängen, hängt sie wohlig mit sich ab. Und so eine Art Single-Dasein ist ähnlich wie eine Beziehung leben."

Lange Jahre hat Brigitte allerdings dafür gebraucht, nicht hinter einer Beziehung herzujagen. Früher als geplant, mit achtundfünfzig, ist sie in Rente gegangen, war Spitzenpolitikerin, Streß hoch drei. Ayaya fand es sehr mutig, als Brigitte sagte: Diese Legislaturperiode noch, und dann hör ich auf. Hat sich nicht überreden lassen. Ich hör hier auf, und das ist richtig so. Und jetzt sitzt sie auf ihrem Sofa und denkt *Ph! Ph!* – denkt immer nur *Ph!*. Eine ganze Haltung kommt da zum Ausdruck. Und wenn die Genossen sie fragen, was machst du denn jetzt, wo du nicht mehr arbeitest? „Ich lebe." Das können die sich nicht vorstellen. „Sie ist für mich wirklich ein Vorbild, wie eine gut mit sich alt wird. Von solchen Vorbildern könnte ich noch mehr gebrauchen."

Erst kürzlich hat Ayaya von ihr geträumt, von Brigittes alt werdendem Bauch. Von dem kleinen Kugelbauch, mit dem die sonst schmale Freundin immer hadert. Der Bauch, der Falten bildet, der Bauch mit der verschiebbaren Haut. Ayaya ist ganz wohlig zumute; sie ist erleichtert, daß sie das schön finden kann. „So geht es mir psychisch auch mit ihr. Da hat Alter eine eigene Schönheit. Zum Beispiel entspannt sie sich zunehmend, und die eher blecherne Stimme wird runder und ausdrucksvoller. Ihr Aussehen verändert sich. Sie wird immer lebendiger. Eine ungeheure Unternehmungslust – was die alles an Reisen macht, das finde ich einfach sehr attraktiv."

Natürlich weiß Brigitte genau, was sie will. Und was nicht. Sie verschwendet ihre Zeit nicht mit Menschen, die ihr nichts geben. Und sie hat sich eine Eselsbrücke in dieses neue Leben gebaut: Sie führte weiter einen Terminkalender, in den sie eintrug, wen sie wann anrufen wollte, ihre Tennisstunden für Anfängerinnen, Verabredungen, wann sie mit der Putzfrau um die Wette putzt. Anhaltspunkte in ihrem Tagesablauf. Die gähnende Leere, die sie zuvor manchmal befürchtet hatte, entstand nicht. Statt dessen Fülle. Ein reichhaltiges Leben, meint Ayaya.

Auch unter ihren Klientinnen gibt es „spannende ältere Frauen". Da bedauert sie, keine persönlichen Kontakte zu ihnen aufbauen zu können. Als „Szene-Therapeutin" überlegt sie sich deshalb heute genau, wen sie als Klientin annimmt oder in welchem Projekt sie Supervision macht. Wenn sie die Frauen persönlich kennenlernen möchte, kann sie nicht die Therapeutin sein. Das vermischt sie nicht.

Geht es um Wohnformen, ist Ayaya eindeutig gegen Alten-Gettos. Lieber sähe sie verschiedene Generationen in einem Haus – jung, mittel, alt –, die nach ihren Interessen, Vorlieben und Gewohnheiten zusammenwohnen. Aber nicht zu dicht aufeinander. „Gerade im Alter weiß jede gern ihre Individualität gewahrt, hat genug von ‚du solltest', ‚du müßtest', ‚du hättest längst' oder ‚besser nicht' und von der Enge und Gleichmacherei in so manchen Frauenprojekten." Wohngemeinschaften seien in den Siebzigern ein feines Modell gewesen, aber heute, in einer Gesellschaft, die auf Individualität baut, völlig out. Viel zu eng. „Unterschiedlichkeit kann ich mit Abstand gut ertragen, aber ich brauche meinen Raum. Den will ich auch im Alter haben." Sie träumt von Räumen, die doppelt so groß sind wie ihre jetzigen, damit all ihre Engel mehr Platz zum Atmen haben. Ein Kramraum wäre wünschenswert für die Hüllen und Füllen. Und ein Tanzraum.

Liegt es an der Weitflächigkeit, der weichen Luft und der strahlenden Sonne, daß Ayaya, die sonst gegen Altengettos das Wort ergreift, von den Seniorenresidenzen in Florida so beeindruckt ist? In denen stehe eben nicht das Altwerden im Mittelpunkt – es können auch Jüngere dort wohnen –, sondern ein Hobby. Wie Golfspielen. Ambulante Dienste übernehmen gegen Bezahlung die Versorgung und Organisation des Alltags – gezielt, nicht pauschal: Die Alten werden nicht hilfsbedürftig gemacht, wenn sie es nicht sind.

So etwas für Lesben! kommt es Ayaya sofort in den Sinn. Das verbindende Hobby: Sex. Gut, ein Hobby wie Sport oder

Tanzen täte es auch. Bei den Bällen, Tanzcafés und Standardkursen gibt es schließlich viele ältere bis alte Frauen, die lernen und sich vergnügen. Vergnügen und echte Kontakte stünden im Vordergrund. Genuß und Fluß. Und für diejenigen, die sich noch nicht oder nicht mehr in der Lage fühlten, Beziehungen einzugehen, gäbe es Sex als bezahlte Dienstleistung. „Bevor sie sexuell nichts haben, könnte das eine Möglichkeit sein, ähnlich wie Selbstliebe. Aber viele Frauen haben ja nicht soviel Selbstliebe." Solch ein Angebot hat auch seine Widersacherinnen: Sex als Ware, das wollen wir nicht. Sex als Ware ist schlecht und verwerflich. Ein Irrtum, findet Ayaya. „Von ihrer Therapeutin denken die doch auch nicht, daß sie sich verkauft. Da kriegen sie ja auch zu spüren, daß die mit ihrem Herz dabei ist. Warum soll das bei der Sexarbeit nicht so sein, wenn eine ihr Handwerk wirklich mit Herz macht." Das heiße nicht, die Prostitution im Heterobereich mit der üblichen beiderseitigen Verachtung nachäffen zu wollen. Es gebe bereits Tantrikerinnen, die sexuelle Massagen für Frauen anbieten, die sich vaginal sehr verspannt fühlen oder gerade keine Beziehung wollen, aber auf Sex nicht verzichten möchten. Diese Massagen haben den Effekt, daß die Frauen sexuell wieder mehr geweckt werden, sich mehr öffnen können. „Selbst wenn die Dienende sich mit ihrer sexuellen Energie zurückhält, kann das wunderschön sein. Es gibt da viele Formen zu erforschen."

Wenn eine solche Dienstleistung in Würde geschieht, sei sie etwas sehr Aufbauendes und gehöre mit zu den Versorgungen, die im Grunde genommen von der Krankenkasse bezahlt werden müßten. „Es gibt keinen besseren Beitrag zur Frauengesundheit. Sexualität ist als Heilkraft und Heilmittel zu sehen. Sexualität bringt die beste ganzkörperliche Durchblutung von allen Sportarten, bringt feinste Bewegung, alle Synapsen werden durchgepustet, die Endorphine im Kopf freigesetzt, es entsteht feinstoffliche Energieentwicklung in der Vertikalen, der Kreislauf wird gefördert, das Herz gestärkt, Depressionen verschwinden – so viel ist mit keinem Fitneßprogramm zu erreichen. Bei den ersten Verhandlungen mit Krankenkassen in den östlichen Bundesländern bekamen die Kassenvertreter rote Öhrchen, fanden es aber durchaus überlegenswert. Im Westen waren die Widerstände größer."

Ayaya ist bei den Überlegungen zu ihrem Lieblingsprojekt in ihrem Element. Ihr Anliegen, mehr Lust unter die Lesben zu bringen, hat sicher etwas mit ihrem sexualfeindlichen Elternhaus zu tun. Eine innere Genugtuung war es ihr, erstmalig als Bauchtänzerin in einem evangelischen Gemeindehaus aufzutreten. Lustvoll schwelgte sie vor der Orgel und stellte sich vor, ihr Vater würde das sehen, ein Organist, dem sie als Mädchen die Partituren in der Kirche umgeblättert hat. Er hätte schon früher einen Herzinfarkt bekommen. Und würde er sie jetzt als Tantra-Lehrerin wissen, drehte er sich im Grabe um.

Lust und Genuß als Lebensenergie ist ihre Devise. Mehr Frauen sollten sich das gönnen. Die Themen sexuelle Gewalt, Mißbrauch und Diskriminierung würden inzwischen öffentlich und individuell gut angegangen. Was zu kurz komme, sei der Lustaspekt, „und da fühle ich mich berufen, den verstärkt in die Welt zu bringen. Das ist meins. Das möchte ich erreichen. Das will ich."

Heiter und weise sei denn das Alter

Elisabeth Heitkamp, 81 Jahre,
pensionierte Berufsschullehrerin

Der Wecker schrillt. 8.50 Uhr. Presseschau. Alle fünf Radios
in Elisabeth Heitkamps Wohnung sind auf Deutschlandfunk
eingestellt, jede volle Stunde Nachrichten, um ja keine zu
versäumen, ob sie sich nun gerade im Wohnzimmer, Schlafzimmer, Arbeitszimmer, in Küche oder Bad befindet. Die
Nachrichten halten sie auf dem neuesten Stand des politischen Geschehens. Zehn bis fünfzehn Mal am Tag Nachrichten hören langweilt Elisabeth Heitkamp nicht, sie verändern
sich von Stunde zu Stunde. Und die Fernsehnachrichten um
19 Uhr im ZDF sind anders als die um 20 Uhr in der ARD,
auch wenn sie dasselbe berichten; sie sind anders in dem,
was gesagt und wie es gesagt und was verschwiegen wird.
Und die Unterschiede erst zwischen Tag und Nacht! Wenn
Elisabeth Heitkamp nicht schlafen kann, schaltet sie das
Radio ein. Sie erfährt Dinge, die sie tagsüber nicht hören
würde. Zum Beispiel, daß zweihundert Polizeibeamte in
Darmstadt gekündigt hätten, weil sie nicht mehr auf die sitz-
streikenden Demonstranten gegen die Startbahn West am
Frankfurter Flughafen einprügeln wollten. „Auch hier bei den
Castor-Umzügen in Lüchow-Dannenberg – *immer* hat die
Polizei zu kloppen angefangen, und dann heißt es am näch-
sten Tag in der Zeitung, ‚wir mußten uns wehren', aber jetzt
wurde das mal nachts in den Nachrichten vom Deutschlandfunk zugegeben. Zwei- oder dreimal kam es durch und mor-

gens in der Presseschau noch einmal. Dann mußte ich in die Stadt, konnte erst nachmittags wieder Nachrichten hören, steh in der Küche, mach mir was zu essen, und da heißt es, der Polizeipräsident von Darmstadt gibt bekannt, die zweihundert Polizeibeamten haben doch nicht gekündigt. Ganz kurze Meldung nur. Ich um fünf wieder eingeschaltet, um sechs, nichts mehr. Also, wenn die es nachts nicht gesagt hätten, hätte ich das nicht erfahren. Und so erfahre ich manche, manche Sache, wie ein Krimi."

Den internationalen Krimi verfolgt Elisabeth Heitkamp mittags, von zehn vor eins bis eins. Vor Jahren, „als die furchtbaren Bilder durch die Presse gingen, Frauen und Kinder unter *elendigsten* Schmerzen durch die Atombombe des kleinen Mannes, die chemischen Waffen, zugrunde gingen, wurde in der internationalen Presseschau bestätigt, daß doch die Deutschen hinter der Chemiewaffenfabrik im Irak steckten. ‚Kohl kann nun nicht weiter lügen', hieß es im BUND aus Bern. Ah, denk ich, bei uns heißt es immer Pressefreiheit, aber das dürften sie bei uns nie schreiben. Mal sehen, was in der HANNOVERSCHEN ZEITUNG steht. Also ich aufs Fahrrad, zu Edeka, kauf die Zeitung, und was war die Headline? Unsere Regierung, also Kohl war schon aus der Schußlinie genommen – ‚unsere Regierung hat jetzt neue Erkenntnisse'. Ich jede Stunde die Nachrichten geguckt. Mindestens vier-, fünfmal kam in den Interviews die Frage: Ja, hat denn unsere Regierung neue Erkenntnisse? Und jedesmal hieß es: Nein, das weiß Kohl schon seit August. Da hat der Kerl uns *fünf Monate* vorgelogen, daß es nicht die deutsche Wirtschaft war."

Auf die gegenwärtige Politik kommt Elisabeth Heitkamp lieber erst gar nicht zu sprechen, denn dann hört sie nicht mehr auf. Nur zu gut versteht sie die Menschen, die ihren Fernseher zertrümmern.

Spannend findet sie es auch, Prognosen über den weiteren Verlauf politischer Geschehen abzugeben. Liebend gern schließt sie mit Freundinnen Wetten ab. Macht einen Sport daraus. Schon vor Monaten, „als die jetzige Regierung ganz unten war, als Schröder in seinem teuren Mantel auftrat, daß die Gewerkschaft verschnupft war", hat sie Wetten abgeschlossen, daß Schröder das Regieren schon noch lernt, daß er noch mal gelobt wird. Und bald sei es soweit. Bei aller Kritik muß sie doch sagen, daß sie als jahrzehntelange Hobbypolitikerin noch nie erlebt hat, daß die Medien zu einer Regierung *so fies* waren wie zu dieser. „Und Schröder wird das Regieren so gut lernen, daß er in vier Jahren wieder drankommt! Wo alle gesagt haben, der übersteht doch nicht mal diese vier Jahre. Ich wette, ich wette." Der Flaschen Wein ist sie sich sicher.

Ja, Politik ist ihre große Leidenschaft geworden. Seit ein paar Jahren, sagt Elisabeth Heitkamp. Seit sie pensioniert ist. Das war vor einundzwanzig Jahren.

Aber eigentlich auch vorher schon. Seit sie nach 1945 begreifen mußte, daß der Führer ein Verbrecher war. Mißbraucht fühlte sie sich, obwohl sie dieses Wort erst zwanzig Jahre später zum ersten Mal hörte. Aber genau das war es gewesen. Genau so kam sie sich vor. Konnte es nur nicht benennen. Nicht noch einmal wollte sie so mißbraucht werden. Dabei hatte sie, sagt sie, nur Gutes im BDM getan, Sport unterrichtet, viel gesungen, gebastelt, ihr Taschengeld hingegeben, nach den Bombenangriffen Butterbrote für die Leute geschmiert. Und dafür wurde sie hinterher verachtet, angespuckt, nein, sie wollte sich nicht einreden lassen, daß sie etwas Böses getan hatte. *Dumm* war sie gewesen. „Hab ja '45 noch an den Endsieg geglaubt, und um das nachher aufzuholen, um nicht mehr so völlig unwissend zu sein, hab ich dann angefangen, mich sehr für Politik zu interessieren."

Furchtbar war die Erkenntnis für sie gewesen, daß die Politik *so verlogen* war. Es hat Jahre gedauert, bis sie darüber sprechen konnte. „Und dann hieß es im Lehrerzimmer: Man muß als Lehrer CDU wählen. Man kann doch keine Arbeiterpartei wählen. Viele, viele Jahre habe ich CDU gewählt. Dann habe ich gemerkt, daß ich als Arbeiterkind und als Berufsschullehrerin gar nicht richtig bin bei diesen Leuten, damals bei Adenauer, der auch in der Bildungspolitik versagte. So langsam bin ich zur SPD übergegangen und hieß dann in meinen alten Bekanntenkreisen, die ich noch vom BDM her kannte, sofort die alte SPD-Lise. Aber das hat mir nichts ausgemacht, ich bin trotzdem dabei geblieben, obwohl ich heute eher die Grünen wähle."

Ihre Weisheit allerdings, sagt Elisabeth Heitkamp, hat sie letztlich nicht aus den Nachrichten, sondern weil sie Werner Höfers FRÜHSCHOPPEN verfolgt hat und heute den PRESSE-CLUB. „Vierzig Jahre FRÜHSCHOPPEN, und du weißt Bescheid." Weisheit an sich, oder das, was so schön Weisheit des Alters genannt wird, heißt für sie, das Wissen, über das man verfügt, nicht wie eine Fackel vor sich her zu tragen, sondern es auch zu nutzen. Gelassener zu werden und ruhiger und die eigene Meinung nicht so fanatisch zu vertreten. „Entschieden schon, das tue ich immer noch. Aber ich würde nicht so 'nen Altersstarrsinn wollen. Man lernt ja im Leben immer dazu und darf nicht vergessen, daß man seinen Standpunkt ändern kann. Man muß ihn sogar ändern, wenn man etwas Neues erfährt." Das hat sie auch immer ihren Schülerinnen und Schülern beibringen wollen.

Heiter und weise sei denn das Alter. Dieses Wort von Hölderlin begleitet Elisabeth Heitkamp seit langem, und sie bemüht sich, danach zu leben. „Es ist nicht wichtig, *daß* man alt wird – wichtig ist, *wie* man alt wird." Weise findet sie sich beileibe noch nicht, möchte es aber gern sein. Und vor allem heiter. „Ich möchte nicht so eine bitterböse Alte werden. Wir wissen ja alle, daß sich die Eigenschaften im Alter verdichten. Wenn man also sparsam ist, wird man im Alter geizig. Wenn man schon immer ein bißchen großzügig war, wird man leichtsinnig." Und die Verdichtung von leichtsinnig? Lebe gefährlich! Alles andere war Elisabeth Heitkamp schon immer zu langweilig. Auch heute noch riskiert sie Dinge, die sich andere in dem Alter nicht mehr trauen. In ihrem einundachtzigsten Jahr fuhr sie zweimal nach Ägypten, machte eine Kreuzfahrt auf dem Nil, strapaziöse Busreisen zu den Pyramiden und ans Rote Meer.

Vierzehn Tage blauer Himmel, so wie heute. Sie hat darauf bestanden, die junge Freundin vom Bahnhof in Hannover abzuholen; das ist einfacher, als ihr den Weg mit Straßenbahn und Bus zu erklären, in ihr Dorf, das heute nahe der Stadtgrenze liegt. Elisabeth Heitkamp trägt eine weiße Angoramütze. Ihr Gesicht: kaum eine Falte, ein zeitloses Gesicht. Flink steigt sie die Stufen hinauf. Sie sei wie ein Wiesel, hat sie oft in ihrem Leben gehört, klein, schlank und wendig. Diese Expo-Baustelle geht ihr langsam auf die Nerven. Letztens hat sie ihren Besuch verpaßt. Mein Auto steht ein paar Straßen weiter, begrüßt sie die vierzigjährige Freundin.

Kannst du so weit laufen? Eine günstige Parkmöglichkeit, die sie vor kurzem entdeckt hat, kostet nichts. Sie zögert, dämpft ihre Stimme, mag es nicht laut sagen: unter den Fenstern eines Puffs.

Mit der Fernbedienung öffnet sie das Garagentor, fährt die abschüssige Einfahrt zur Garage im Souterrain hinunter, öffnet ihrem Besuch die Haustür von innen, weist auf die blauen Krokusse, die Schneeglöckchen im Vorgarten hin, den gelben Strauch an der Hauswand: „Japanischer Jasmin, er blüht von November bis März." Die sechzigjährige Nachbarin grüßt.

„Auch so eine!" sagt Elisabeth Heitkamp beim Hineingehen. „Meinte die neulich: Du mußt doch weit über siebzig sein."

„Ja, einundachtzig."

„Na, und dann gibst du noch nicht deinen Führerschein ab?"

„Nein. Erst nach dir, sag ich. Die wird mich wohl in Zukunft in Ruhe lassen."

Alter ist für Elisabeth Heitkamp im Grunde etwas Zukünftiges – *wenn* ich einmal alt bin. Immer sind es die anderen, die sie darauf ansprechen, und hätte sie diese Blinddarmgeschichte vor sechs Jahren nicht gehabt, wäre sie selbst gar nicht auf die Idee gekommen, alt zu sein. Dadurch ist ihr erst bewußt geworden, daß sie sich in diesem Lebensabschnitt befindet. Sie hat es gespürt, und zum ersten Mal hat sie das Wort Alter gedacht. Seitdem denkt sie auch schon mal an den Tod. „Nicht ängstlich, sondern ganz normal, ganz natürlich. Ich muß nicht extra meinen Mut zusammennehmen.

Aber bis zu meinem fünfundsiebzigsten Geburtstag muß ich das total verdrängt haben, wie meine Mutter."

Von Ärzten hält Elisabeth Heitkamp wenig bis gar nichts. Hundertmal hat sie es in ihrer Umgebung erlebt: „Die können zwar Rezepte ausstellen, aber wenn du selbst nicht weißt, was du hast, finden sie es auch nicht." Keiner von den drei Ärzten, die sie untersuchten, hat die richtige Diagnose gestellt. Sie hat sich selbst das Leben gerettet, indem sie die ihr verschriebenen Medikamente nicht genommen und im Krankenhaus darauf bestanden hat: „Jetzt schneidet ihr den Bauch auf." Sie konnte kaum noch sprechen. Es folgte eine Operation von zwei Stunden; vierzig Zentimeter vom Darm wurden entfernt, „weil alles nekrolog war. Bin also zwei Wochen mit perforiertem Blinddarm rumgelaufen, das ganze Zeug stank in den Bauch rein, und natürlich mußte ich dann statt sieben Tage sieben Wochen im Krankenhaus liegen, mußte ein Jahr am Stock gehen wegen der Bauchfellentzündung. Bin aber heute, sechs Jahre später, wieder fit. Keiner hat geglaubt, daß ich es überstehe. Und seitdem weiß ich, daß es Alter gibt für mich." Ihren fünfundsiebzigsten Geburtstag hat sie dann ganz groß gefeiert, weil „manche schon den Kranz bestellt hatten". Auch der Arzt hatte gesagt, ein Wunder, daß die Alte noch lebt.

Und gerade jetzt hat sie wieder gemerkt, daß sie alt wird. Sie hatte es zwischenzeitlich vergessen. Mußte mit einer „Kleinigkeit" wie Bronchitis ins Krankenhaus, wegen Gefahr auf Lungenentzündung. Als sie zwei Wochen später heimkam, wollte sie sofort wieder mit ihren gewohnten Aktivitäten beginnen: das Haus in Ordnung bringen, schwimmen gehen, in die Sauna, zu einem Geburtstag fahren, einkaufen,

Konzertkarten abholen. Doch nach der kleinsten Besorgung, nach ein paar Schritten ins Dorf zur Apotheke, zur Sparkasse, zu Edeka, das Ganze eine Dreiviertelstunde höchstens, lag sie „auf der Nase". Allein der Friseurtermin brachte sie ans Ende ihrer Kräfte. „Vier, fünf, sechs Wochen hat es gedauert, und in diesen Wochen habe ich zum ersten Mal gemerkt, was Depressionen sind, das kannte ich bis dahin nicht. Ich hatte abends nichts von dem fertig, was ich mir für den Tag vorgenommen hatte. Das hat mich auf die Palme gebracht, da hab ich gedacht: Siehst du, das ist Altwerden. Nichts geht mehr. Am Telefon hab ich allen immer gesagt: Ja, ich *könnte* ganz zufrieden sein, bin ich aber nicht, es geht alles zu langsam. Dann haben mir viele geantwortet – Frauen, die jünger sind als ich –, ja, bei mir geht auch alles schon viel langsamer. Was dann wieder ganz tröstlich ist. Na ja, was heißt tröstlich? Doch dann war ich wieder die alte, war ich wieder *fit.*"

Wenn sich Elisabeth Heitkamp abends sieben Punkte aufschreibt, die sie am nächsten Tag erledigen will und die auch schafft oder sechs oder fünf, dann ist sie zufrieden. Die restlichen kommen eben am folgenden Tag wieder auf die Liste. Zuerst hat dieses Punkte-Verschieben sie traurig und ärgerlich gemacht. Heute versucht sie, es mit Humor zu nehmen – wenn es nicht zu viele sind –, und denkt, davon geht die Welt nicht unter.

Ja, sie ist wieder ganz die alte. Letzte Woche ist sie mit zwei Freundinnen in den Harz gefahren, in den Schnee, und lag nicht am nächsten Tag auf der Nase. Immerhin ist sie selbst Auto gefahren, die hundertdreißig Kilometer hin und zurück. „Ganz schöne Leistung." Die beiden anderen, zehn und zwanzig Jahre jünger als sie, haben sich nicht zugetraut, die Strecke zu fahren. Elisabeth Heitkamp ist eine gute Autofahrerin. Und sie ist für ihr Leben gern Ski gelaufen.

In den letzten zehn Jahren hat sie sich auf Langlauf umgestellt. Zuerst mit ungutem Gefühl: Na, wirst du nun alt? Traf dann auf den Loipen aber nicht die Alten, sondern die Jungen, Anfängerinnen und Anfänger auf Skiern, junge Ehepaare mit Kindern, „Verlobte". Und sie war die Flotteste, durch ihre Übung im Abfahrtslauf, das hat sie gefreut. Zehn Mal war sie zum Langlauf im Kleinwalsertal. Von ihrem dreißigsten Lebensjahr an, oder noch eher, hat sie jedes Jahr zwei Wochen im Hochgebirge verbracht. „Da läuft es sich leichter als im Harz, viel leichter."

Dieses Vergnügen hat sie vor zwei Jahren aufgesteckt, aufstecken müssen, nach einem kleinen Unfall. Sie wußte, daß ihr Skilaufen durch einen Unfall enden würde, womöglich mit Schmerzen bis zum Lebensende – den sechsten Sinn hat sie von ihrer Mutter geerbt –, und so nahm sie ihn als Zeichen, sofort aufzuhören. „Schweren Herzens hab ich darauf verzichtet, mit achtzig noch zu laufen. Mit neunundsiebzig hab ich die Skier in den Keller gestellt."

Leichtsinniger ist sie nicht geworden, hat sie doch immer schon, wie sie sagt, gefährlich gelebt. Aber leichter. Und humorvoller. Spaß machen und Lachen können, das hat sich verstärkt im Alter. Aber sie hatte auch früher schon in ihrem Freundeskreis den Ruf, für Fröhlichkeit zu sorgen, für Unterhaltung. Mit ihr wurde ein Termin zuerst abgestimmt, bevor die anderen eingeladen wurden. „Wenn du nicht dabei bist, ist es viel langweiliger." Von diesem Freundeskreis – sie waren zwanzig, die sich jahrzehntelang regelmäßig einmal im

Monat trafen, sie hatten sich ursprünglich über Geburtstags-
und Silvesterfeiern kennengelernt –, leben heute nur noch
sieben. „Das ist das einzig wirklich Schwere am Älterwerden –
daß du deine Freunde verlierst. Viele, die jünger waren als
ich, sind schon tot." Doch Elisabeth Heitkamp ist immer
wieder offen für neue Freundschaften. Andere bezeichnen es
als Glück: „Was du immer für Leute kennenlernst!" Sie ist
eben neugierig, hört zu, fragt und redet nicht nur von sich
selbst, „wie so viele", auch wenn sie manchmal in ihrem
Redefluß kaum zu bremsen ist.

Zu den monatlichen Treffen kam sie mit ihrer Freundin. Darum wurde kein Aufhebens gemacht. Auch wenn die Freundinnen wechselten. Alle wußten um Elisabeth Heitkamps
Vorliebe. Es wurde akzeptiert, weil sie sich kein Schild um-
gehängt hat: Ich bin lesbisch. Überhaupt hat sie dieses Wort
erst mit fünfzig kennengelernt, Anfang der siebziger Jahre.
Es war ihr damals zuwider. Das erste Mal hat sie es in den
Mund genommen, als eine Frau aus dem Freundeskreis
eifersüchtig auf Elisabeth Heitkamps Begleiterin war. „Stell
dich nicht so an, die Anke ist lesbisch bis in die Knochen. Du
brauchst keine Angst um deinen Mann zu haben."

Es war eben nicht erwünscht, darüber zu sprechen. Selbst
ihrer Schwester Erni gegenüber, die in allem ihre Vertraute
war, durfte sie es nicht ansprechen. „Sie hätte geweint, sich
furchtbar gegrämt."

Und Erni hat sich fruchtbar gegrämt, als ihr Sohn etwas
von seiner schwulen Tante durch den Garten brüllte. Der
Nachbar hörte es und fing an, es im Dorf herumzuerzählen.
Elisabeth Heitkamp brachte „dieses Gerücht" vor den
Schiedsmann – als Beleidigung, als Lüge? Sie wollte ihren

Neffen und seine Frau, die immer frecher wurden, in die Schranken verweisen, befürchtete sie doch, von ihnen in der Schule denunziert zu werden. Der Neffe mußte seine Worte zurücknehmen. „Ich hab auf den Tisch gehauen und gesagt: Ich will nur meine Ruhe haben. Ich verlange, daß die mich in Ruhe lassen, und ich verlange, daß die mich grüßen." Wenn sie nämlich mit ihrem Hund Brötchen holen ging und die angeheiratete Nichte mit zwei anderen Frauen auf der Straße stand und Elisabeth Heitkamp guten Morgen sagte, antworteten die beiden anderen, sie jedoch nicht. „Wenn ich dann aber fünf Schritte vorbei war, fingen alle drei furchtbar an zu lachen. Dann hatte sie ihre dreckigen Bemerkungen über mich gemacht. Und da hab ich gesagt: Ich will, daß so was nicht mehr passiert. Sie muß nicht mit mir reden, aber sie soll mich grüßen."

Heute, drei Jahrzehnte später, ist sie im Dorf besser angesehen. Damals wurde ihrer angeheirateten Nichte geglaubt, die Elisabeth Heitkamp überall, wo sie war, im Gesangverein, im Feuerwehrverein schlecht machte. „Das Dorf glaubt natürlich eher, daß da 'ne böse alte Tante nebenan wohnt, als daß *die schönen jungen Leute* lügen." Die Nachbarinnen wunderten sich, daß Elisabeth Heitkamp sich nicht wehrte. Sie wußten, daß die Anschuldigungen nicht stimmten. „Ich hab immer still geschwiegen, das war vielleicht nicht richtig, aber ich hatte was anderes zu tun. Mit der Zeit sind die Leute dahintergekommen, daß es an *den beiden* lag und nicht an mir. Heute ist das ganze Dorf auf meiner Seite. Inzwischen mögen mich alle, und die jungen Leute sind unten durch. Aber nun sind die ja auch über Fünfzig, nun sind das auch alte Leute. Aber solange man jung ist, hat man das Volk auf seiner Seite."

Ihre Ruhe hat Elisabeth Heitkamp im Dorf. Solange sie nicht *thematisiert,* daß sie lesbisch ist. „Dann würden sie mich nicht mehr grüßen; sie würden vorbeigehen und schnell in die andere Richtung gucken. Und wenn ich morgens in der kurzen Schlange stehe, um Brötchen zu kaufen, würde die Verkäuferin den vor mir bedienen, dann würde sie die Frau hinter mir bedienen, und mich würde sie übersehen. Bin ich ganz sicher."

Zehn Jahre ist es her, daß sie ganz groß mit Foto in der Zeitung stand: *Siebzigjährige Hochschulabsolventin in den Sozialwissenschaften!* Nach ihrer Pensionierung hat sie nämlich noch mal studiert, zwanzig Semester. Niemand aus dem Dorf hat ihr gratuliert, *niemand.* Nur eine Verkäuferin, die aber nicht im Dorf wohnt, brachte ihr einen Blumenstrauß. Selbst der Maurer, der gerade in ihrem Haus arbeitete und ihr die Zeitung zeigte, hat ihr nicht gratuliert. Hat es seinem Enkel erzählt. „Bis dahin hat das Kind immer schön gegrüßt, danach nicht mehr, bis heute nicht, er ist inzwischen neunzehn. Bei so 'ner Gelegenheit wird es dann erwähnt: Die ist ja lesbisch. Und schon entsteht eine Mauer. Und neulich, nach zehn Jahren, hat die Frau, die die Brötchen verkauft, zu mir gesagt: Ja, ich weiß ja, daß Sie noch mal was ganz Großes gemacht haben, nach Ihrer Pensionierung. Unvermittelt. Auf einmal sagt die das so. Sie wissen es alle. Aber keiner hätte damals gesagt, auch nicht die Nachbarn: Gratuliere! Nee, nee, so 'ner alten Lesbe gratuliert man doch nicht."

Trotz allem ist sie nie auf den Gedanken gekommen, zurück in die Stadt zu ziehen. Schließlich hat sie die dörfliche Atmosphäre, bis auf die Geschichte mit dem Neffen, nie sonderlich gestört: „Ich hatte gar keine Zeit, das Gerede wahrzunehmen und mich darüber aufzuregen, ich hatte immer genug zu tun. Es hat mich zu wenig interessiert. Es war eben so. Ich kannte es nicht anders, als mich zu verstecken, und habe nichts Negatives darin gesehen. Daß ich als Lesbe diskriminiert werde, habe ich erst an der Uni mitbekommen. Ich habe es auch nie als Manko erlebt, lesbisch zu sein. War es nicht anders gewohnt, seit meinem vierzehnten Lebensjahr."

Damals in der Berufsschulklasse hörte Elisabeth Heitkamp eine Stimme aus den hinteren Reihen. Stimmen kann sie sich eher merken als Gesichter. Sie hat sich umgedreht und war verblüfft. „Gott, so 'n schönes Mädchen, und so schöne lange blonde Zöpfe, so was hab ich ja noch nie gesehen, und da hab ich mich gleich rangemacht, bin jeden Sonntag nach dem Mittagessen mit dem Fahrrad elf Kilometer zu ihr gefahren. Meine Mutter hat das genehmigt und ihre Eltern auch, weil ich so hartnäckig war. Stand dann da gegenüber, auf dem Fahrradsattel sitzend, einen Fuß auf dem Bürgersteig, einen Fuß auf der Pedale. Wußten die schon, so eins, halb zwei bin ich da, haben schon immer rausgeguckt und holten mich dann ins Haus. Das hat gedauert bis zu meinem neunzehnten Lebensjahr, so fünf Jahre, bis ich aus meinem kleinen Dorf im Weserbergland in ein Pensionat im Rheinland kam. Über den zweiten Bildungsweg bin ich dann Lehrerin geworden. Befreundet bin ich mit ihr noch heute. Sie hat dann viel später den Dorfbriefträger geheiratet. Mit ihm bin ich heute genauso befreundet. Und ihre Kinder, die haben auch schon wieder Kinder und erzählen mir immer wahre Märchen, wenn ich komme: Unsere Mutti hat uns erzählt, daß du selbst im Winter gekommen bist, elf Kilometer über die Dörfer, die Berge, und abends am Friedhof vorbei. Ja, ich hab mich immer gefreut, wenn Vollmond war, schönes, helles Wetter. Das war meine erste große Liebe. Aber es ging nicht weiter als das, was man heute Petting nennt, mit viel Küssen und Händchenhalten. Wir mußten aber immer erst außer Sichtweite ihres Dorfes sein."

Das Versteckspiel hat Elisabeth Heitkamp erst wahrgenommen, als sie Anke Nielsen kennenlernte, die gerade aus Berlin kam und ein paar Wochen in ihrem Haus wohnte, das sie 1967 mit ihrer damaligen Freundin gebaut hatte und in dem sie heute noch lebt. Durch die junge Schwedin kam sie mit der Lesbenzeitschrift UKZ in Kontakt und lernte die Berliner Frauenlokale kennen. Ohne ihr Wissen organisierte Anke Nielsen in Elisabeth Heitkamps geräumigem Wohnzimmer 1978 eine Lesbengruppe, die sich dann L 78 nannte.

Nein, um Himmels willen, hat Elisabeth Heitkamp protestiert, nicht in meinem Wohnzimmer! Warum nicht im Frauenzentrum in Hannover? Aber Anke Nielsen hatte schon alle Lesben aus der Umgebung nach der UKZ-Adressenliste eingeladen. Jahrelang traf sich die Gruppe. In Elisabeth Heitkamps Wohnzimmer. Natürlich sprach sich das im Dorf herum. Aufsehen erregte, daß zwei Frauen, die auf der Terrasse saßen, die eine auf dem Schoß der anderen, ein und dieselbe Zigarette rauchten. Ein und dieselbe Zigarette! *Das* lief durchs Dorf. Irgendwann wählten die L78erinnen ihren Treffpunkt in Hannover. Schließlich ging die Gruppe, wie so viele andere, in die Brüche, weil Frauen sich verliebten, sich trennten, für diese und gegen jene Partei ergriffen. Und, diese Erfahrung hat Elisabeth Heitkamp gemacht: das schönste Frauenzentrum ersetzt nicht den privaten Raum.

Ja, Anke Nielsen habe es damals gut verstanden, sie um den kleinen Finger zu wickeln; sie plante und entschied für sie, organisierte Treffen und Urlaubsreisen. „Ich selber habe eigentlich viel zu wenig geplant. Ob das so gut ist? Ich hab immer in der Gegenwart gelebt. Vielleicht hätte ich doch einen Lebensentwurf haben sollen."

Anke Nielsen war dreißig Jahre jünger, gerade siebzehn, als sie sich kennenlernten. Aber mit ihr verstand sie sich besser als mit der gleichaltrigen Freundin Katrin, die bald aus Eifersucht das Haus verließ. Dreizehn Jahre waren Elisabeth Heitkamp und Anke Nielsen zusammen. „Der Altersunterschied hat *überhaupt* keine Rolle gespielt. Anke sagte eines Tages zu mir: Du magst ja diesen und jenen Fehler haben, wie alle, aber langweilig ist es mit dir nie. Zu meinem achtzigsten Geburtstag ist sie aus dem Ausland gekommen, um mir zu gratulieren."

Die meisten ihrer Freundinnen waren jünger als Elisabeth Heitkamp. Das habe sich so ergeben. Erst mit siebzig hat sie das Single-Dasein entdeckt. Sie, die immer eine Freundin hatte. Oder zwei. „Du kannst nicht treu sein" – dieser Schlager wurde ihr gern vorgesungen. Doch dagegen protestiert sie. „Das lag daran, daß ich mir nie Freundinnen gesucht habe, sondern immer gefunden wurde, und ich wurde immer gefunden, wenn ich noch in einer Beziehung war. Das lief dann oft parallel. Aber nur kurze Zeit. Ich hab immer mit offenen Karten gespielt. So tun, als ob, das kann ich nicht. Eine Freundin wollte sich nicht trennen und sagte: Zu dritt ist das doch auch schön, ich brauche deine Wärme, du kannst mich jetzt nicht im Stich lassen. Sie wollte die Neue nämlich auch unbedingt haben."

Die ersten ein, zwei Jahre ihres Single-Daseins fielen Elisabeth Heitkamp ungeheuer schwer. Dann entdeckte sie die guten Seiten und hatte keine Lust mehr, sich zu binden. Kann es sich heute nicht mehr vorstellen, mit einer Freundin das Haus zu teilen, wie damals mit Anke oder Katrin oder später Lydia. „Heute bin ich auch davon überzeugt, daß es viel besser hält, wenn jeder 'ne eigene Wohnung hat. Kann man sich ganz anders aus dem Weg gehen. Katrin zum Beispiel ging abends um zehn, elf Uhr ins Bett, ich damals schon um zwölf, halb eins. Ich steh morgens also später auf; sie immer schon um sieben. Kam runter, war um Viertel nach sieben bereits in meinem Bett. Das hat mir überhaupt nicht gefallen. Wenn du frisch verliebt bist, sagst du nichts, aber im Grunde ist es wie bei Ehen – diese Wochenend-Ehen funktionieren viel besser als die anderen, wo du dich jeden Tag ertragen mußt."

Vor zwei Jahren hatte sie noch einmal eine „ganz junge Freundin" aus Berlin, fünfundvierzig. „Das war auch wunderschön und gut. Nur war sie sehr mißtrauisch. Zuerst habe ich das gar nicht ernst genommen. Es ging dann ziemlich traurig auseinander, weil sie mir vorgeworfen hat, ich hätte hier Freundinnen neben ihr. Schrecklich war das. Aber es war noch mal ein schönes Jahr. Ich war oft in Berlin, durfte aber keine einzige von meinen anderen Berliner Frauen besuchen. Ich war richtig eingesperrt. Und diese Freundin war auch furchtbar sexüberfrachtet. Hat sie, glaube ich, hinterher auch mir in die Schuhe geschoben. Daß wir zuviel Sex hatten, hätte an mir gelegen, na ja, ich weiß es heute nicht mehr. Jedenfalls wäre mir die Hälfte genug gewesen. Morgens, abends."

In einem Referat zum Thema Sexualität hat Elisabeth Heitkamp das Fazit aus Literatur und ihren eigenen Erfahrungen gezogen: Wer sein Leben lang gern Sex hat, der hat auch im Alter gern Sex; und die, die sagen, im Alter ist nichts mehr damit, denen hat es auch in jüngeren Jahren nicht viel bedeutet. Und es ändert sich nicht die Intensität, sondern die Häufigkeit. Nicht so mit der jungen Berlinerin. „In bezug auf die Länge vom Orgasmus und wie oft gab es keinen Unterschied zu jüngeren Jahren. Das kommt wohl auch darauf an, wie man zueinander steht und ob man im Bett zueinander paßt. Sex hat auch etwas damit zu tun, wie zwei sich im Alltag verstehen. Wenn sie sich viel streiten, werden sie im Bett nicht so intensiv miteinander sein, so habe ich es wenigstens erlebt. Eine harmonische Beziehung funktioniert da besser."

Zuerst wollte sich Elisabeth Heitkamp nicht auf die junge Berlinerin einlassen, wegen des Altersunterschieds, dachte auch, ihre Flirterei sei pure Einbildung. „Und dann kam sie einfach von Berlin angereist. Kam hierher und wollte es wissen. Samstag mittag kam sie an. Ich hatte ihr mein Schlafzimmer überlassen und mir ein Bett nebenan im Arbeitszimmer auf der Couch gemacht. Ich weiß gar nicht mehr, wer dann nachts rüberkam. Sie hat mich wohl geholt, so war das. Sie hat mich gefragt, ob ich ihr böse bin und warum, und später hat sie gesagt: Ich wollte es wissen. Bis Sonntag abend sind wir gar nicht aus dem Bett gekommen, und dann hab ich gesagt, so jetzt fahren wir nach Steinhude Fisch essen, Aal essen, jetzt bin ich hungrig."

Seitensprünge gab es in Elisabeth Heitkamps Liebesbeziehungen nicht. „Nie hätte ich mit einer Frau ins Bett gehen können, wenn ich sie nicht wirklich geliebt hätte. Was manche so abschleppen nennen, gehen in die Disco und holen sich eine vom Markt nach Hause für einen Tag oder eine Nacht, das hätte ich nie gekonnt. Darin waren wir wohl sehr altmodisch."

Nach wie vor ist sie unbefangen, wenn es um Nacktheit geht. Lange schon ist sie im FKK-Club, und ob da Kinder spielen oder Jugendliche oder Ältere da sind, das ist ihr egal.

Ja, normalerweise wurde sie gefunden, normalerweise waren ihre Freundinnen jünger. Bis auf eine. Die war vier Jahre älter. Elisabeth Heitkamp führte gerade ein Single-Dasein, und eine gute Bekannte – die bestimmt *zwanzigmal* so viele Freundinnen in ihrem Leben hatte –, redete auf sie ein: Elisabeth, du mußt in der Zeitung annoncieren, bummel doch nicht so allein herum. Auf die Annonce meldete sich unter anderen auch Helma Knop. Nach mehreren Treffen, Spaziergängen und Cafébesuchen saßen sie endlich in Elisabeth Heitkamps Wohnzimmer, auf dem Fußboden vor dem Kamin, und Helma Knop sagte: Bist du nun lesbisch oder nicht? „Ich wollte eigentlich nicht mit ihr anbandeln. Aber dann waren wir vier Jahre ein Paar. Leider, leider ist sie mir gestorben, an Krebs. Hautkrebs. Mit der wäre ich gern noch zusammen."

Die Sonne scheint durch die breite Fensterfront ins Wohnzimmer, bis auf den Fußboden vor dem Kamin. Zum ersten Mal hat Elisabeth Heitkamp die obere Wohnung des Zweifamilienhauses vermietet. An einen Mann. Einer Bekannten hat sie damit einen Gefallen getan. Jetzt ist sie froh, jemanden im Haus zu haben, der ihr diesen oder jenen Handgriff abnimmt, im Garten zupackt oder wenn im Haus etwas zu reparieren ist. Es gibt ja immer was zu tun. Gegen Bezahlung natürlich, sonst gibt es irgendwann Ärger.

Ärgerlich reagiert sie, wenn sie gefragt wird – und das passiert immer häufiger –, ob sie in ihrem Haus wohnen bleiben wolle. „Ja."

Ob sie nicht in ein Altersheim wolle?

„Nein."

„Und was machst du, wenn du ein Pflegefall wirst?"

„Räume ich das Arbeitszimmer aus, kommt da eine Pflegerin rein."

„Dann bist du der ausgeliefert, bis die dir was in den Kaffee tut."

„Ich hab ja noch 'ne Putzfrau; die können sich gegenseitig kontrollieren."

„Oder verbünden."

„Ich hoffe nicht, daß es soweit kommt."

Elisabeth Heitkamp hat das letzte Wort.

Sie ist gerade dabei, das Wohnzimmer aufzuräumen. Dort hält sie sich am liebsten auf. Papiere, Zeitungen, Briefe stapeln sich auf dem Eßtisch. Wenn sie eine Mahlzeit zu sich nimmt, räumt sie eine Ecke frei. Das reicht. Sie kocht sowieso keine üppigen Gerichte, wärmt sich lieber eine Dose chinesische Gemüsesuppe auf, stellt den Teller von der Küche aus in die Durchreiche, legt ein halbes Brötchen, eine Stoffserviette dazu. Sie mag keine Papierservietten.

Elisabeth Heitkamp hat noch nie richtig gekocht. Dafür hatte und hat sie keine Zeit. Früher hat ihre Schwester Erni für sie mit gekocht. Es reichte dann für mehrere Tage. Heute bringt ihre Putzfrau oft fertige Gerichte mit. Die friert Elisabeth Heitkamp ein. Und wenn Freundinnen sie besuchen, wissen sie, daß sie lieber etwas zu essen mitbringen als Blumen.

Überhaupt hat sich Erni um vieles im Haus gekümmert, Gardinen gewaschen, neue gekauft. Und wenn sich Elisabeth Heitkamps Termine überschnitten, brauchte sie nur anzurufen. Erni kam, um die Handwerker zu empfangen, dem Öllieferanten die Tür zu öffnen, wenn ihre Schwester gerade in der Seniorenakademie oder bei einem SPD-Empfang war. Erni kam, um die Blumen zu gießen. Sie wohnte nur einige Kilometer entfernt. Elisabeth Heitkamp war, neben Ernis Mann und Sohn, das dritte Kind. „Ohne es zu wissen, hab ich sie als Mutter erlebt."

Ein Schock für Elisabeth Heitkamp, als Erni ganz plötzlich starb. Auf dem Sofa eingeschlafen. Ein schöner Tod, wurde gesagt. Im Traum hätte sie nicht daran gedacht, daß ihre ältere Schwester vor ihr stirbt.

Helmas Tod hatte ihr zugesetzt. Sie vermißt sie manchmal. Wäre doch so gern mit ihr alt geworden. Daß ihr Bruder im Krieg gefallen ist, ihre jüngere Schwester so jung, mit vierundsechzig an Krebs gestorben ist, war schlimm für sie. Als ihre Mutter mit neunundachzig starb, waren alle darauf eingestellt; sie hatte Unterleibskrebs. Obwohl sie „Mutters Kind" war und sehr an ihr hing, war es lange nicht so bitter, wie Erni zu verlieren.

Ernis Tod kann sie nur schlecht verkraften. Hat ihn heute, drei Jahre später, noch nicht verwunden. Elisabeth Heitkamp wollte gerade in die Apfelblüte fahren, an einem Samstag im Mai, als sie erfährt, daß Erni tot ist. Schon dreißig Stunden, ihr Neffe hatte es ihr nicht gesagt. Aus Boshaftigkeit. „Ganz kopflos lief ich herum, und wenn ich mich mit meiner Schwester unterhalten wollte, im Wohnzimmer, verschwand sie in die Küche, ich ging hinterher und sprach mit ihr in der Küche, und sie verschwand wie ein Schatten wieder ins Wohnzimmer. Ich bekam sie nicht zu fassen. Es war so furchtbar, daß ich am Montag beim Friedhofsamt angerufen habe, sie möchten noch mal den Sarg öffnen. Ich wollte Abschied nehmen von ihr. Das wurde mir zuerst verweigert, aber ich war so verzweifelt am Telefon, daß sie dann doch noch mal den Sarg für mich aufgemacht haben. Und wenn ich heute an sie denke, habe ich immer noch dieses schöne Bild vor Augen, wie sie im Sarg lag. Sie sah so wunderschön aus im Tod. Die haben wohl nach amerikanischer Art ein bißchen braunrote Wangen gezaubert. Ich konnte ihre Hände noch mal anfassen, und die waren so eiskalt, daß ich dann wirklich wußte: Ja, sie ist es, und sie ist tot. Es war eine große Beruhigung, daß ich noch mal Abschied nehmen konnte. Aber so richtig fertig geworden bin ich damit nicht. Die ersten fünf Tage hab ich laufend gedacht, ich gehe ihr nach, Selbstmord ist ja leicht. Aber dann habe ich spitz gekriegt, daß es überhaupt nicht leicht ist. Daß es sogar *wahnsinnig* schwer ist. Und mir fiel ein, daß ich meine persönlichen Dinge im Haus noch aufräumen müßte und ein Testament machen. Dann hat es mich angewidert, daß mir in diesem Moment ausgerechnet das mit den Erben einfällt. Ist doch egal, wenn ich tot bin. Es war furchtbar. Ich habe ganz viel gehadert mit dem Schicksal – habe in der Zeit zwanzig Pfund abgenommen –, und auch mit Erni und hab immer gesagt: Wie kannst du das machen, wie kannst du vor mir gehen. Und kam mir gleichzeitig schrecklich egoistisch vor und dachte: Wie kann man nur so denken. Aber inzwischen habe ich Leute kennengelernt, die das ganz genauso erleben. Eine Frau in meinem Alter, die um dieselbe Zeit ihren Mann verlor, rief mich neulich an und sagte, es sind jetzt drei Jahre, und ich werde nicht damit fertig. Wir haben beide dasselbe gesagt: Wir kommen uns halbiert vor."

Zum dritten Mal zieht sich Elisabeth Heitkamp die Strickjacke aus, sandfarben wie ihre leichte Stoffhose, wie ihre gelockten Haare, „keine Dauerwelle, Natur". Gelegentlich überfällt sie noch eine Hitzewelle. Dann greift sie zu Feminon, ihren pflanzlichen Tropfen. Literweise hat sie diese im Laufe der Jahrzehnte eingenommen, nachdem die Spritzen, die sie die ersten sechs Jahre über bekam, in ihren Fünfzigern, nicht mehr anschlugen. Die Hitzewellen, zum Verzweifeln. „Quatschnaß im Bett habe ich mich gewundert, daß es meiner Freundin nichts ausgemacht hat, mich zu streicheln. Ich hätte das nicht gekonnt."

In der Schule mußte sie die Zähne zusammenbeißen, sie durfte sich nichts anmerken lassen, konnte nicht aus der Klasse rennen und sich umziehen. Das Hemd trocknete am Körper. Manchmal nicht auszuhalten.

Mit Leib und Seele ist sie Lehrerin gewesen. Die Ausbildung zur Gewerbelehrerin war *das* Ereignis in ihrem Leben. Damit ging ein Kindertraum für sie in Erfüllung. Ich bin Lehrerin, ich bin Lehrerin, jubelte sie. Sie hatte es geschafft, war nicht mehr Schneidergesellin in einem Dorf. Sie wurde Gewerbeoberlehrerin, Gewerbestudienrätin, Gewerbeoberstudienrätin. Immer in Hannover, immer in derselben Schule, sechsunddreißig Jahre.

Vierzehn war sie, als Hitler an die Macht kam. „Habe nie was anderes gekannt. Mein Elternhaus war völlig apolitisch, da wurde über Politik nicht gesprochen. Im Pensionat, während der Lehrerausbildung bekam ich die ganze NS-Lehre in Reinkultur reingeschüttet. Nach '45 mußte ich alles neu lernen, alles. Die Naturkundelehrer nicht. Das nationalsozialistische Eichhörnchen war dasselbe wie nachher. Aber ich hatte Staatsbürgerkunde zu geben, Mendelsche Gesetze, das konnte ich alles nicht mehr gebrauchen. Ich mußte ganz schön umlernen."

Elisabeth Heitkamp unterrichtete sämtliche Fächer. Gemeinschaftskunde war das Hauptfach, das alle geben mußten; außerdem lehrte sie kaufmännisches Rechnen, Schneidern in den Haushaltungsklassen, in der Schneiderinnenklasse gab sie Fachkunde, Gesamtherstellung, Textilkunde über Seide und Baumwolle, Herkunftsländer, Nähmaschinen. Auch Kunstgeschichte war ein Fach von ihr, und deshalb ist sie kürzlich nach Ägypten gereist, um zu sehen, worüber sie früher gesprochen hatte. Gizeh, Sarkophage, Sphinxe. Kleopatras versunkener Palast.

Ihre Schülerinnen waren zwischen vierzehn und achtzehn. In den letzten zehn Berufsjahren hatte Elisabeth Heitkamp auch gemischte Klassen, mit Jungen, den sogenannten Fachoberschülern.

In der Schule war bekannt, daß „man nur mit 'ner Frau zusammenlebte. Da gab es mehrere solcher Pärchen. Aber darüber wurde nicht gesprochen."

Zwischendurch, im Laufe ihres Lebens hat sie auch Männer kennengelernt, mit denen sie ausgegangen ist, aber keinen Sex hatte. Mit denen sie eine Freundschaft verband.

Ihre Mutter hätte gern gewollt, daß sie mit einem Mann nach Hause käme. Ein Mal in vierzig Jahren brachte sie einen Freund mit, einen Lehrer, darüber wurde noch zehn Jahre lang geredet: „Bring doch mal das Kurtchen wieder mit."

Elisabeth Heitkamps Mutter nahm auch die Freundinnen ihrer Tochter gut auf. Als eine Weihnachten in ihrem Haus verbrachte, bekam auch sie wie die Töchter und Enkeltöchter ein Nachthemd geschenkt. Es war selbstverständlich, eine Geste der Gastfreundschaft, daß die Mutter Elisabeth und Freundin ihr Eheschlafzimmer anbot; sie selbst schlief im Wohnzimmer, der Vater war schon lange tot. Ob sie sich Gedanken darüber gemacht hat, daß sie Lesben ihr Schlafzimmer überließ? Sie hätte nicht gewußt, was dieses Wort bedeutet, genausowenig wie ihre Tochter zu der Zeit. „Aber wenn ich es meiner Mutter erklärt hätte, hätte sie gesagt: *lot düt sin*. Wenn sie etwas nicht wollte, fing sie an, platt zu sprechen. Laß das sein. Und wenn mich jemand bei ihr hätte schlechtmachen wollen, hätte sie es sich nicht angehört und gesagt, nein, nein, nein, ich kenne mein Mädchen."

Später, an der Universität, schrieb Elisabeth Heitkamp Referate zum Thema platonische Liebe – jener Art von Liebe, die sie mit drei Männern verbunden hat. Noch verbindet. „Wenn ich das von heute rückwärts sehe, hatte ich mehr Heterofreunde als lesbische und schwule. Die traf ich erst in der Uni."

Viele ihrer Kontakte stammen aus dieser Zeit. Gern erinnert sich Elisabeth Heitkamp an ihre Studienjahre. Ursprünglich hatte sie nur die 68er-Studentenunruhen studieren wollen. In Gemeinschaftskunde wurden ja die politischen Tagesfragen behandelt. „Hast du schon gehört, die Studenten revoltieren", hieß es im Lehrerzimmer. Elisabeth Heitkamps Schule lag nah an der Universität, fünf Minuten zu Fuß. Sie denkt, die revoltierenden Studenten guckst du dir an. Und da sie schon immer ein Faible für Literatur hatte, nutzt sie die Gelegenheit, ein Literaturseminar zu besuchen. „Das war ein sehr, sehr guter Entschluß. Ich kam da rein und mußte auch auf dem Fußboden sitzen, wie kam ich mir wohl vor, in meinem Alter, als Gewerbeoberlehrerin auf der Erde sitzen, aber ich hab gedacht, mach es lieber, steh hier nicht rum, mach mit. Und dann waren die Vorlesungen über *Lenz* von Büchner so was Schönes und Interessantes, daß ich da gar nicht mehr weggekommen bin. Hab dann mehr Literatur als Studentenunruhen studiert. Zwei Jahre lang."

Mit achtundfünfzig leitet sie ihre vorzeitige Pensionierung ein; dabei sind ihr die Menopausebeschwerden ein guter Grund. Sie hat Glück – mit sechzig ist sie aus der Schule raus. Was nun? In ihrer Begeisterung für Literatur kommt sie auf den Gedanken, es mit dem Schriftstellern zu versuchen, merkt aber schnell, daß es eine zu einsame Tätigkeit ist für sie, die Kommunikation, Geselligkeit, Feiern liebt, die gemeinsame Aktivitäten, einen großen Bekanntenkreis braucht. „Im Lehrerzimmer hieß es immer: daß du die Schule da noch zwischen kriegst." Also bleibt sie an der Universität, immatrikuliert sich richtig. „So hab ich schön zugegriffen: aus Freude an dem Literaturseminar und weil das Gasthören zu teuer war."

Eigentlich ist es ihr egal, in welchem Fach sie sich einschreibt. Am liebsten in Psychologie, doch dafür müßte sie nach Braunschweig oder Hildesheim, müßte sich dort ein Zimmer nehmen. Das kann sie sich nicht leisten. Also Sozialwissenschaften. Die Sekretärin will sie nicht immatrikulieren, weil sie kein ordentliches Abitur hat. Nur ein Fachabitur über den zweiten Bildungsweg. Elisabeth Heitkamp wendet sich an den Kultusminister, findet es unerhört, „meine Schülerinnen dürfen studieren und ich nicht!" Sie erhält die Genehmigung, am Telefon, vor der Sekretärin. Sie triumphiert.

Nach und nach wird ihr Lesbischsein Thema. Sie besucht Schwulen- und Lesbenseminare – auch der geschätzte Literaturprofessor ist homosexuell –, erfährt hier, daß sie als Lesbe diskriminiert wird. Sie, die Mittsechzigerin fällt auf. An einem auswärtigen Seminar, zu dem sie sich angemeldet hat, will sie schließlich doch nicht teilnehmen: „Nee, nur junge Leute, und mit denen vier Tage zusammen. Die wollen vielleicht gar nicht, daß die Alte immer dazwischen ist."

Der Professor läßt sie wissen: Aber ich hätte dich gern dabei. Auch ein Kommilitone drängt: Fahr doch mit. Elisabeth Heitkamp ist gerührt. „Es waren wundervolle vier Tage, und ich habe nachher nie mehr in der Uni gesagt: Ich bin wohl zu alt für euch. Da hatte ich kapiert, daß das überhaupt keine Rolle spielt."

Am letzten Abend des Seminars eröffnet ihr der junge Student, daß er schwul ist. „Mir fiel der Unterkiefer runter. Und ich sag, ja, und ich bin lesbisch, schon sehr lange, schon immer. Und dann haben wir uns *so gefreut* und uns erst mal einen Schnaps bestellt."

Diese Freundschaft hat zwanzig Jahre gedauert, bis zu der unschönen Trennung von der jungen Berlinerin, die ausgerechnet er ihr vorgestellt hatte. „Ich muß jetzt sehen, daß ich wieder Verbindung zu ihm aufnehme."

„Es gibt auch alte Lesben in Hannover", wird Kerstin Schulz 1994 informiert, als sie Material für ihre Diplomarbeit über „Kommunikation unter Lesben" sucht. Sie organisiert ein „Erzählcafé" – in Erinnerung an ihre Großmutter, die vor ihrem Kaffeeklatsch immer gesagt hat: Morgen hab ich mein Erzählcafé –, und lädt Elisabeth Heitkamp dazu ins Frauenzentrum ein. Die ist vierundsiebzig und ihre Gesprächspartnerin, mit der sie sich vor dem Publikum unterhält, siebenundvierzig – „dadurch habe ich das so schön behalten. Leider ist die auch schon gestorben." Die beiden sprechen über Fragen zum Coming-out und darüber, wie Frauen sich kennenlernen, wie sie miteinander leben. Sexualität wurde ausgespart, erinnert sich Elisabeth Heitkamp. Und daß die Frauen *so interessiert* waren, daß man eine Stecknadel hätte fallen hören können. Ihr Honorar, das vom Asta bezahlt wurde, überließ sie Kerstin Schulz – so wie sie oft Studentinnen und Studenten unterstützte –, „weil die furchtbar wenig Geld hatte und ich schon meine dicke Pension."

Bis heute hat sich das „Erzählcafé" gehalten, bis heute nimmt Elisabeth Heitkamp daran teil. Die Organisatorinnen wechseln, die Orte wechseln. Hamburg, Göttingen, Hildesheim, in Frauenzentren, Frauengruppen, Frauenferienhäusern, an Hochschulen. Das Erzählcafé, meint Elisabeth Heitkamp, haben viele Leute nachgemacht. Es trage nur einen anderen Namen: Talk-show.

Elisabeth Heitkamp ist eine begeisterte Erzählerin. Und eine begeisternde. Dabei wollte sie zuerst nicht am Erzählcafé teilnehmen, hat bei Kerstins erstem Anruf nein gesagt. Ein öffentliches Coming-out könne sie sich nicht leisten, wolle sie nicht. Ein zweites Telefongespräch folgte. „Und da habe ich gesagt: Eigentlich finde ich mich ganz schön schäbig – immerzu sage ich, wir sind nicht politisch genug; immerzu sage ich, wir gehen nicht an die Öffentlichkeit, und dann verstecke ich mich selber. Ich freue mich wahnsinnig, daß du so etwas machst, und dann sage ich gleichzeitig, aber ich helfe dir nicht. Das finde ich schäbig von mir. Vom Gefühl her möchte ich es nicht gern, der Bauch sagt nein, aber der Kopf sagt, ich muß es machen. Und von da an hing ich drin."

Elisabeth Heitkamp ist stolz darauf, daß sie unabhängig ist, finanziell immer auf eigenen Beinen gestanden hat. Als sie zum ersten Mal in der Uni hörte, daß Ehefrauen als Prostituierte ihrer Männer bezeichnet wurden, fand sie das schlimm. Heute stimmt sie mit dieser Sichtweise überein. Geärgert hat es sie oft genug, daß Frauen sich einbilden, etwas Besseres zu sein, weil sie einen Mann haben. „Kaum bist du mit denen im Lehrerzimmer, sagen die dreimal, viermal, mein Mann, mein Mann, und wenn es ein Schnürsenkelverkäufer ist, den sie von ihrem Lehrerinnengehalt mit durchziehen – sie müssen immer mit ihrem Mann angeben. Das war furchtbar. Oder bei Betriebsausflügen brachten die Kollegen ihre Frauen mit; die zogen auf den Toiletten über uns unverheiratete Lehrerinnen her. Auf dem Gewerbelehrerball durften die Kollegen nicht mit uns tanzen, weil ihre Frauen sofort gesagt hätten: Du hast wohl was mit der. Auf die Betriebsausflüge haben wir dann verzichtet, haben uns gesagt: Dafür sind wir uns zu schade."

Das hat sie immer wieder erlebt, die klammheimliche Verachtung der Ehefrauen ihr gegenüber als alleinstehender Frau, als die sie galt. Ohne Mann. Ohne Kinder. Keine Mutter sein. Einmal hat sie sich laut gewehrt, bei einem Treffen mit polnischen Frauen in Danzig, als die Reiseleiterin ganz besonders und wiederholt hervorhob, daß *alle Mütter seien*. Wut stieg in Elisabeth Heitkamp hoch; zornig parodierte sie die Reiseleiterin, zum Unverständnis aller, nahm ihre Kaffeetasse und setzte sich woanders hin.

Und wie oft wurde sie nicht eingeladen, weil sie keinen Mann hatte. Zu Tanzfesten, zu Hochzeiten, zu großen Geburtstagsfeiern. Aber sie hatte ja *diesen Freundeskreis*, in dem sie trotzdem immer die Hauptfigur war und ihre Freundin mitbringen konnte.

„Auf eins bin ich stolz im Leben. Daß ich es geschafft habe, einen ganz prima Freundeskreis zu haben. Die Leute, mit denen ich zusammenkomme, sind es wert, daß man Freundschaft mit ihnen hält." In wirkliche Freundschaften müsse man aber auch etwas investieren. „Das meine ich nicht materiell – materiell auch, wenn es sein muß –, sondern ideell und vor allem mit Zeit, das Kostbarste, was du zu verschenken hast. Ich bin bereit zu geben, aber ich kriege auch *ganz viel* zurück, und ich habe nie das Gefühl, daß ich zu kurz komme."

Diese Freundschaften sind Elisabeth Heitkamps Lebenselixier, ihre Familie; der Kontakt zu ihren Neffen und Nichten besteht aus Geburtstagskarten und Weihnachtsgrüßen.

Ihre Freundinnen und Freunde haben sie auch in Trauerzeiten unterstützt, vor allem nach dem Tod ihrer Schwester Erni. Bis auf eine, eine Ärztin, die schon immer ein bißchen egoistisch war und grundsätzlich nicht auf Beerdigungen ging. Elisabeth Heitkamp war fassungslos: „Du hast doch so manches Jahr mit Erni zusammen an meinem Geburtstagstisch gesessen. Das bist du ihr aber schuldig, daß du kommst, und mir erst recht. Ja, sagt sie, vielleicht – vielleicht komm ich. Und sie ist nicht gekommen. Und da hab ich die Freundschaft abgebrochen. Sie hat noch geschrieben und angerufen, das könnte ich doch nicht machen. Aber ich wollte sie nicht mehr sehen. Natürlich waren auch noch andere Sachen vorausgegangen, wo sie sich sehr egoistisch verhalten hatte. Nein, so was brauche ich nicht in meiner Raupensammlung." Die einzige Freundschaft, die Elisabeth Heitkamp von sich aus beendet hat; alle anderen Freundinnen und Freunde hat sie durch den Tod verloren. Sie fragt sich, wo all die Seelen der Toten sind, glaubt an deren Energien, die weiterleben. Schließlich gebe es Menschen, die eine Sprache können, ohne sie jemals gelernt zu haben.

Sie war vierzehn, als sie mit der ersten Toten in Berührung kam. Sie half ihrer Mutter, der Dorfschneiderin, eine Tote anzuziehen und sie in den Sarg zu legen. Jedesmal, wenn jemand im Dorf starb, hatte ihre Mutter einen ganz bestimmten Traum. Daraufhin begann sie die Spitze an das Linnen für den Sarg zu nähen. Elisabeth Heitkamp hat noch heute das Geräusch im Ohr, wie das Linnen gerissen wurde. Und der Tischler, der den Sarg zimmerte, hörte das Käuzchen, bevor jemand starb und wußte, es stand Arbeit an. Manchmal, nach einem dieser Träume ging Elisabeths Mutter bei ihm vorbei, sah ihn an, und er nickte: Ja, er hatte das Käuzchen gehört.

Sprüche begleiten Elisabeth Heitkamp durchs Leben. Heiter und weise sei denn das Alter. Wie Leitbilder. Anhaltspunkte. Neben ihrer Wachsamkeit für das politische Geschehen gilt nach wie vor der Literatur ihre Aufmerksamkeit, ihre Begeisterung. Der Weg zu einer Lesung ist ihr nie zu lang. Und in dem von ihr geleiteten vierzehntägigen Gesprächskreis für Frauen an der Seniorenakademie, „Einfach mal darüber reden", bespricht sie mit Vorliebe Schriftstellerinnen, Hannah Arendt, Rahel Varnhagen, Dorothea Schlegel. Auch hin und wieder einen Mann, wie Daniel Goeudevert, der sagt, wir sitzen nicht in der Globalisierungsfalle, sondern in einer Beschleunigungsfalle. Daraufhin beschließt Elisabeth Heitkamp, ein paar Wochen lang Sten Nadolnys *Die Entdeckung der Langsamkeit* in den Mittelpunkt ihres Gesprächskreises zu stellen. Noch langsamer darf ich aber nicht werden, kontert eine Kursteilnehmerin. An sich glauben, wie Nadolnys Held, das ist für Elisabeth Heitkamp der Punkt. Selbstvertrauen haben, das hat sie auch ihren Schülerinnen und Schülern immer gesagt. Vor allem vor den Prüfungen hat sie es ihnen eingeschärft.

Durch Rilke ist sie auf Literatur gekommen, über seine gereimte Prosa. Später dann begeistert sie sich für Dürrenmatt und Frisch, Böll, Grass, natürlich Bachmann, Rinser, Schwarzer, „um eine Journalistin zu nennen", und „Pearl S. Buck haben wir verschlungen". Besonders mag sie Gedichte, die Lyrik Paul Celans und Ilse Aichingers. Doch als Lyrik auf dem Unterrichtsplan stand, haben ihre Klassen protestiert. Einen Versuch wenigstens, forderte Elisabeth Heitkamp, dann könnten sie immer noch ablehnen, und überzeugte mit Jandl: *Ottos Mops trotzt, Ottos Mops hopst fort, Otto holt Koks, Otto holt Obst, Ottos Mops kommt, Ottos Mops kotzt, ogottogott.*

Müssen wir die Gedichte auswendig lernen? war die prompte Frage. „Das könnt ihr machen, wie ihr wollt. Ich bin froh, daß ich noch welche auswendig weiß, und könnte euch viele aufsagen." Das tat sie und brachte die ganze Klasse mit Busch-Gedichten zum Lachen. Am liebsten aber mag Elisabeth Heitkamp Goethes Gedankenlyrik, seine Liebesgedichte – die seien auch nach zweihundert Jahren nicht überholt, werden nie überholt sein. Sie rezitiert: *Dem Schnee, dem Regen, dem Wind entgegen, im Dampf der Klüfte, durch Nebeldüfte, immer zu! immer zu! ohne Rast und Ruh! ... Liebe, bist du!*

Warum klingt der Ton, wie er klingt?

Nina Rossi, 61 Jahre, Künstlerin

Nina Rossis Oberkörper verschwindet immer wieder im auf-
geklappten Flügel. Sie zieht eine Saite heraus, spannt sie
durch den Raum und beginnt mit dem Bogen darauf zu spielen, wie eine Geigerin. Je länger die Saiten gespannt sind,
desto tiefer der Ton. Auf die Klangtiefen hat es Nina Rossi
abgesehen. Sie legt den Bogen beiseite, springt zurück zum
Flügel, bearbeitet ihn mit Fingerspitzen, Knöcheln, Fäusten
und Handballen, der Resonanzkörper vibriert, ein Wimmern
und Wummern aus dem Bauch des Instruments, die Metall-
becken des Flügels schwingen nach. Schnell nimmt Nina
Rossi einen Schlauch zur Hand, Druckluft trifft auf die ge-
spannten Saiten, ein leichter Hauch wird zu heftigem Wind.
Nina Rossi bewegt sich rückwärts, die Töne werden immer
tiefer. Dann legt sie den Schlauch beiseite und eilt auf die
Stahlbleche zu, berührt sie zart, helles Klingen, bevor sie zu
den Hämmern greift, gongt. Und wieder verschwindet ihr
Oberkörper im Flügel, sie zieht eine neue Saite hervor, zieht
sie durch den Raum. Wie weit kann sie bei dieser Performance gehen?

Malträtierter Flügel. Ob es ihm schadet? Weit davon entfernt
ein Bechstein zu sein, wird er es schon überstehen. Nicht allerdings die Saiten. Für eine Schubert-Sonate sind sie nicht
mehr zu gebrauchen. Eine Freundin hat Nina Rossi ihren
Flügel überlassen, dessen Saiten sowieso erneuert werden

müssen. So eine Gelegenheit gibt es nicht oft. Nina Rossi nutzt sie ausgiebig.

Ganz in Schwarz bildet sie eine Einheit mit dem Schwarz des Instruments. Der Rollkragenpulli ist schwarz, Jackett, Hosen und Schuhe. Auch die Haare sind schwarz, pechschwarz, voll. Unweigerliche Assoziation: Juliette Gréco, St. Germain-Keller, Aufbruch. Nina Rossi allerdings ist kräftiger.

Ob die junge Stimmkünstlerin, die auch bei dieser Performance auftritt, Juliette Gréco überhaupt kennt? Deren Stimme, Gesicht, Haltung, das Anliegen ihrer Zeit? Ob ihr der Existentialismus als Lebensform etwas sagt? Altersmäßig, etwa dreißig, könnte sie Nina Rossis Tochter sein, ebenso die Ton-Technikerin, die Akustik-Designerin und die etwas ältere Percussionistin.

„Ein Vorteil des Alters ist es manchmal, einfach ein bißchen mehr Überblick zu haben." Nina Rossi lacht. In der Gruppe nimmt sie sich schon hin und wieder heraus, für ihre Überzeugung zu kämpfen. So plädierte sie bei dieser gemeinsamen Klangaufführung zur Vernissage ihrer Installation für ein Crescendo, zuerst die Solo-Auftritte, dann zu zweit, zu dritt, zu viert, schließlich alle zusammen. „So hat das eine Logik." Die anderen wollten mehr Abwechslung. Der Abwechslung wegen. Ein Kriterium, das völlig gegen Nina Rossis Auffassung spricht. „Da setze ich mich schon durch, aber ich bin nicht beleidigt, wenn es mal anders ist, dann muß ich ein bißchen lachen. Vielleicht fehlt ein Stück Eitelkeit in meinem Alter. Das ist wohltuend."

Nicht nur ihre längere künstlerische Laufbahn und ihre Lebenserfahrung unterscheiden sie von den Jüngeren, sondern vor allem diese geringere Eitelkeit. Für sie ist es zweitrangig, ob die Stimme gut klingt, ob der ‚richtige' Ton getroffen wird, die Technik perfekt ist. Wie sich darbieten? Sinn und Struktur des Ganzen geraten dabei in den Hintergrund. „Das ist das, was ich so manchen jungen Musikern und Musikerinnen vorwerfe – daß sie eigentlich nur an sich selbst interessiert sind. Aber nicht an dem, was gesagt werden soll und wie das herzustellen ist. Dieser Zusammenhang fällt weitgehend unter den Tisch. Alle sind damit beschäftigt, ihr Können zu zeigen wie auf einem Hochseil: Alles zeigen, was man kann."

Nina Rossis Wellenlänge und ihrer Idee von gemeinsamem Arbeiten entspricht da eher eine fast gleichaltrige Rocksängerin, mit der sie regelmäßig auftritt. „Die hat eine wahnsinnige Stimme, das ist derart schrill und verrückt. Sie setzt alles, jede Sekunde auf eine Karte, auf das, was gerade gemeinsam entsteht an Musik, an Klängen. Das ist dann schon ein anderes Kaliber. Da ist kein Gedanke an: Wie wirke ich?"

Nina Rossi ist offen für die unterschiedlichsten Gruppenzusammensetzungen – „man lernt ja immer von anderen". Mit manchen Künstlerinnen arbeitet sie auch nur einmalig, wenn für ein Projekt gerade ein bestimmtes Instrument, spezielle Töne oder *voices* notwendig sind. „Expansive Reduktion" ist die Quintessenz dessen, was sie mit der Percussionistin verbindet; ihre gemeinsamen Soloauftritte mag Nina Rossi ganz besonders.

Das Interesse an der einer jeden Klanginstallation oder -entwicklung innewohnenden Logik teilt sie mit ihrer Lebensgefährtin Claudia Berger, einer Musikerin, die es liebt, Grenzen zu überschreiten. „Von einem Sinnzusammenhang oder einer Struktur auszugehen, das kann ich mit Claudia so gut wie mit niemandem sonst."

Von Hause aus ist Nina Rossi Bildhauerin. War. Aus politischer Überzeugung – „der Vietnamkrieg kann nicht behindert werden durch Kunst" – hat sie dem künstlerischen Schaffen zehn Jahre lang entsagt, dann, Ende der siebziger Jahre, hat sie begonnen, Alltagsgeräusche und herumliegende Gegenstände, Stahl und Blech, für Klangskulpturen zu entdecken. Eine Offenbarung. Ausgiebig widmete sie sich diesen Experimenten, machte ihre ersten Klanginstallationen. In ausgedienten Fabrikhallen, auf brachliegendem Gelände. Oder gab in Kirchen umgesetzten Straßengeräuschen eine sakrale Note.

Ihr Übersiedeln von Klagenfurt nach Hamburg Anfang der neunziger Jahre war noch einmal ein Bruch, ein Neuanfang in ihrem Leben: Mit dem Ortswechsel gab sie die Lehrtätigkeit, ihren Broterwerb auf. Da hieß es ausprobieren.

Ihr Alter spielte bei diesem Neuanfang keine Rolle. Überhaupt verschwendet sie an dieses Lebensphänomen keinen Gedanken. Und merken tut sie das Älterwerden so gut wie nicht. In Gegenwart ihres Sohnes ist es aber nicht zu übersehen: Er ist bald dreißig. Dabei beflügelt sie der Gedanke, sie könne immer noch alles tun, was sie mit zwanzig getan hat; sie könne durchfeiern, endlos arbeiten, gestreßt sein. Die Tatsache allerdings, daß sie vor einem Jahr sechzig geworden ist, hat sie schon nachdenklich gestimmt. Vielleicht muß sie doch langsam etwas leiser treten? „Aber wo ich leiser treten kann und wie, das weiß ich im konkreten Fall nicht. Es treibt mich immer vorwärts." Manchmal überschätzt sie sich auch. Doch wieder in ihrem üblichen Elan ist das schnell vergessen.

Wie der Herzinfarkt. „Das war vor etwa fünfzehn Jahren, in einer Zeit, als ich wahnsinnig gestreßt auf zwei oder drei oder auch mehr Gleisen gefahren bin. Politisch sehr aktiv war und in einer Sitzung, die sich wegen meiner Aufsässigkeit in die Nacht hineinzog, es war bereits die dritte Nacht, ich fühlte mich gehaßt von all meinen Kollegen, die ringsum saßen und nach Hause wollten und nicht konnten, weil es einfach noch nicht zu Ende diskutiert war, da hab ich, ich wußte nicht, wie mir geschah, da hab ich mitten im Sprechen einen Riß durch meinen Körper gespürt, ich hab aufgehört zu sprechen, ich hab mich einfach hingesetzt, hab ganz langsam geatmet und hab gedacht, irgend etwas ist passiert. Am nächsten Tag beim Arzt war klar: Ich hätte auch einen ernsthaften Infarkt haben können. So war es also wie eine Vorwarnung. Aber ich wußte, daß ich mich immer wieder selbst in diese Situation treibe, wenn ich nicht aufpasse, daß ich mich wahnsinnig, blutsturzähnlich aufrege oder mich da hineinkatapultieren kann."

Darum hat sie auch die Politik verlassen und die Umgebung, in der sie so verhaftet war mit der Politik und „diesen Zwängen, in die man kommt, diese Bilder, die an einem haften, die mit einem selbst gar nichts zu tun haben, die aber stressen. Mit dem Neuanfang in Hamburg habe ich dann gedacht, ich nehme es jetzt ein bißchen gemächlicher."

Aber bei allem, was sich in der Welt ereignet, bei allem, was unglaublich, was ungerecht, was entsetzlich ist, was dagegen zu tun ist und was es auszuprobieren gibt, wie kann sie es da gemächlich nehmen? Trotz ihrer Neigung zu Bluthochdruck – der Blutdruck ist mal sprunghaft hoch, mal tief, dann wieder ganz normal. Ihre Schwachstelle eben, wie bei der ganzen Familie, also auch genetisch bedingt. Eine kleine Pille nimmt sie schon dagegen, täglich.

Trotz ihrer Abneigung gegen parlamentarische Politik war sie damals aus Solidarität bei den Grünen eingetreten. Am Anfang hat es ihr Spaß gemacht, sich ganz und gar einzusetzen für die Erhaltung der Donauauen, Baustopp für AKWs, gegen die Volkspartei. Sie war in ihrem Element. Doch zunehmend gingen ihr die grünen Partei-Cracks auf die Nerven, die ihre Sicht auf die Welt monologisch durchsetzen wollten. „Ihr haltet jetzt den Mund. Ihr redet einfach mal ein halbes Jahr nicht mehr. Wir machen alles. Ihr seid ganz still und könnt uns ein bißchen recherchieren helfen." Das hatte sie gefordert. Großer Knall. Mit anderen Frauen zog sie nach einer internen Kampfzeit aus der Partei aus. Spalterinnen! Verräterinnen! Vorneweg Nina Rossi, die das initiiert hatte. Für sie eine große Befreiung, im Zuge der Frauenbewegung raus aus diesen männlichen Vereinsbündeleien, raus aus deren geistiger Trägheit. „Am Anfang hatten wir viel Spaß. Es haben sich uns wahnsinnig viele, die unglaublichsten Frauen angeschlossen, Frauen, die ich sonst nie kennengelernt hätte, auch eine siebzigjährige ehemalige Köchin, und wir haben gesagt, wir machen Exekutivlisten, wo wir alle Exekutivämter mit solchen Frauen besetzen, provokativ, es war auch eine Achtzehnjährige dabei, insgesamt ein ganz, ganz interessantes Spektrum. Wilhelmine war auch bei uns, die hieß zehn Jahre zuvor noch Wilhelm und war Bauarbeiter. Wilhelmine war sechzig und hat auch kandidiert. Es war wunderbar, es war aufregend und schräg, aber auch sehr anstrengend."

Die außerparlamentarischen Aktivitäten und Aktionen, das Initiieren von Frauenkulturevents, die Organisation von Künstlerinnenfestivals, Gegenveranstaltungen zu den gängigen Männershows – bei all diesen Initiativen war Nina Rossi nicht wegzudenken. Am liebsten wäre sie ein Guerrilla Girl gewesen!

Zu dreiviertel war sie politische Aktivistin, zu dreiviertel Künstlerin – so definiert sie sich heute –, und zu einviertel Dozentin. „Das hat mich einfach ernährt. Daneben habe ich an meinen Klanginstallationen gearbeitet, eben die Kunst gemacht, die ich machen wollte, die war ja auch nicht gerade so leicht oder erfolgversprechend. Immer experimentell und immer am Rande. Und die Politik war auch immer am Rande. Ich glaube, ich wollte wirklich nie in die Mitte hinein. Das hat mich nie interessiert, aber es ist schon ein ziemlicher Kräfteverschleiß."

In ihrem heutigen gesellschaftspolitischen Engagement mit jüngeren Frauen prallen häufig Welten aufeinander. „Das ist eine Generation, die sich in den Kopf gesetzt hat: Wir haben Erfolg. Diese jungen Frauen sind Personalchefin bei Siemens, Pressesprecherin bei der Telekom, Dozentin an der Universität." Und wenn in dem Gremium, in dem sich Nina Rossi engagiert, Schwierigkeiten auftreten, heißt es: „Wir müssen gecoacht werden." Eine „ganz fitte Frau aus München" wird vorgeschlagen. Dreitausend Mark. Nina Rossi denkt, sie hört nicht recht. Ihr Entsetzen versetzt die anderen in Erstaunen: der übliche Preis. In welcher Welt lebt sie denn? In Nina Rossis Welt ist dies absurdes Theater. „Erstens nützt ein Wochenende mit einem Coach wohl nichts, wenn die Gruppe nicht klar kommt. Zweitens wäre das Geld besser angelegt, dem benachbarten Musikladen, der sich mit Müh und Not mit seinem wunderbaren Angebot über Wasser hält, ein Vierteljahr die Miete zu bezahlen, als das Geld so rauszuschmeißen."

Sie zuckt mit den Achseln: Die jüngere Generation eben. Ja, Macherinnen. Und deren Wortwahl! *An der Schaltstelle sein*, *briefing*, *controlling*, vieles amerikanisiert. „Eine Wortwahl, die sich auf der Managerstufe bewegt, die man eigentlich parodieren sollte, aber es ist todernst gemeint. Und schwierig, etwas dagegenzuhalten. Mich amüsiert der ganze Quatsch eher – wenn es mich nicht ärgert wegen des materiellen Gefälles."

Nina Rossi schlägt sich mehr oder weniger durch, gehört zu den freischaffenden Künstlerinnen, die sich mit gelegentlichen Auftritten, Aufträgen, Performances, Stipendien oder Unterricht über Wasser halten. Klang-Workshops kann sie immer anbieten, obwohl das Unterrichten sie eher langweilt. Viel lieber mag sie mit Interessierten über bestimmte Stilrichtungen reden, sie mit den Details vertraut machen: Wieso soll diese Klangaufnahme besser sein als jene? In welchen Zusammenhang ist sie einzustufen? Oder ganz allgemein: Gibt es eine weibliche Ästhetik? Nein, behauptet sie. Es macht ihr Spaß, dem Dualismus auf den Grund zu gehen, den Gegensätzen in der Kunst. „All das, das mache ich sehr gern, weil ich mir auch immer wieder selbst etwas ausdenken muß, um es einigermaßen interessant zu gestalten."

Ausdenken muß sie sich auch immer wieder etwas für die Kolumnen, die sie regelmäßig für die internationale ART & SCIENCE schreibt, und für ihre Radioberichte. All das ist abwechslungsreich, aber mühselig, es ist eben nichts Festes. Als freie Mitarbeiterin muß sie am Ball bleiben. Kann es sich nicht leisten auszusetzen. Die Jüngeren sind häufig schneller. Da ist die Aussicht auf ihre baldige Rente eine Beruhigung. „Ist schon komisch, ich warte quasi auf meine Rente. Nicht, um mich zur Ruhe zu setzen, sondern im Gegenteil:

Mit dieser Rente habe ich immerhin einen Grundstock, um den ich mich nicht mehr Monat für Monat sorgen muß, und kann dann das intensiver machen, was mir am Herzen liegt."

Experimentieren. In Kunst und Politik. Ihr *raison d'être*, ihr Lebenssinn. Ihr Atelier nutzt sie auch für den Jour fixe, an dem eine Gruppe Frauen über bestimmte Themen diskutiert. „Konzentriert." Die meisten sind aus Hamburg. Jüdinnen, Nichtjüdinnen, Ausländerinnen, Inländerinnen, Frauen mit verschiedenen Berufen, unterschiedlichen Alters. Auch zwei Junge, Fünfundzwanzigjährige sind dabei. Mit einem engagierten gemeinsamen Vortrag über den Naturbegriff in Kunst, Philosophie und Politik, genauer: die Gleichsetzung des Weiblichen mit der Natur, steckten Nina Rossi und Claudia Berger einige Zuhörerinnen an – es entstand der Jour fixe. Die Themen weiteten sich aus bis hin zum Freiheitsbegriff, breitgefächert. Parallel zu den Diskussionsthemen nimmt die Gruppe Stellung zur Tagespolitik, verfaßt offene Briefe zu Ausländer- und Asylpolitik. „All das ist sehr belebend."

So wie dem Thema „Freiheit und Gebundenheit" auf den Grund zu gehen. Dies liegt Nina Rossi besonders am Herzen, ist Teil ihrer Lebensphilosophie, Grundlage ihres Denkens, ihrer Kunst: diese beiden gegensätzlichen Verlangen der Menschen – frei *und* gebunden zu sein. „Freiheit völlig losgelöst und unabhängig von allem geht ja wohl nicht, wenn man mit Menschen zusammenlebt." So verstandene Freiheit würde in völligem Egoismus enden. Und das, was sich unabhängiges Denken, freies Denken nennt, speise sich sowieso aus dem, was bereits vorhanden ist. „Freies Denken oder relativ frei denken setzt ein Urteilsvermögen voraus: wofür man sich entscheidet, in welche Richtung man sich bewegen will. Und das lerne ich bei der Kunst: daß die Freiheit immer eine wahnsinnige Herausforderung ist und zugleich auch immer Respekt verlangt vor dem, was vorhanden ist. Es fragt sich nur, was man daraus nimmt und wie man das neu zusammensetzt im Kopf."

So sieht Nina Rossi die heutige Situation in der Kunst als ein Meer von Möglichkeiten: Alles ist möglich, es gibt keinen Stil mehr, ein Haufen von Splittern liegt bereit, man muß nur daraus schöpfen.

Auch das politische Leben steckt voller Möglichkeiten in ihren Augen. Sie ist allerdings immer wieder entsetzt darüber, daß diese Möglichkeiten nicht genutzt werden, daß „diese wunderbare Krise der CDU" zum Beispiel plötzlich wieder zum ganz gewöhnlichen Machtkampf zwischen den Politikern geworden ist, anstatt das Parteiensystem überhaupt zu demontieren. Ein Ende dieser Parteien sei längst überfällig, so wie auch die Nationalstaaten in den EU- oder Großzusammenschlüssen fragwürdig werden. Eine Ahnung von Freiheit bekam Nina Rossi, als sie die Demonstrationen in Seattle gegen Freibeuterkapitalismus und Großparteien verfolgte: sich neu orientieren, sich anders politisch zusammentun, andere Bündnisse eingehen. Aber wenn es – wie nach der CDU-Krise – alles wieder seinen gewohnten Gang nimmt, empört sich Nina Rossi, daß diese Freiheit, die möglich gewesen wäre, wieder verspielt wurde. Doch mit dem Wort Freiheit müsse man schon wieder aufpassen, nachdem Haiders Partei freiheitlich heißt. „Aber Freiheit und Demokratie, das ist doch ein derartiger Menschheitstraum, der sich, wie lange auch immer unterdrückt, irgendwie stets wieder Raum verschafft."

Für Nina Rossi gibt es – politisch gesehen – keine anderen Fixsterne als Gerechtigkeit und Demokratie. Auch wenn die hunderttausendmal mißbraucht worden sind und werden, hält sie an diesen Begriffen fest. Daran, daß alle Menschen ungeachtet von Hautfarbe, Geschlecht, Herkunft gleich sind. Wenn man allerdings als Jude angegriffen wird, zitiert sie Hannah Arendt, muß man sich als Jude wehren. Und wirst du als Lesbe angegriffen, mußt du dich als Lesbe wehren. Ansonsten hält sie es eher mit Nathan dem Weisen: „Herr Jude, sagt einer zum Nathan. Sagt der: Ich bin Mensch."

Als eine „wahnsinnige Beruhigung" erlebt Nina Rossi ihre Beziehung mit Claudia Berger, anfangs eine Fernbeziehung, von der heute beide annehmen, daß sie von Dauer ist. Ein Unterschied zu früheren Beziehungen, die über kurz oder lang wieder beendet waren. Trennung, Abschied, Krankheit, Tod. Diese Gedanken sind momentan eher fern. Bis auf manchmal, „dann bekommt man so einen Schreckschuß." Wie bei dem letztlich glimpflich abgelaufenen Verkehrsunfall im vergangenen Jahr: Nicht mal über ihre Krankenkassen wissen sie gegenseitig Bescheid, die Papiere liegen „irgendwo in meinem chaotischen Haufen. Ich müßte erst mal wühlen und suchen. Das ist unser nächstes Organisationsprojekt. Auch die Erbschaftssachen zu regeln. Die Absicht ist schon da. Aber man denkt immer: die anderen. Die anderen würden von einem Auto überfahren oder einen Herzinfarkt bekommen oder ermordet werden." Nun, sie hat ihren Herzinfarkt hinter sich. Ja, ja, sie weiß, es ist nachlässig. Einfach lästig, sich damit zu beschäftigen. Obwohl sie schon hat mit ansehen müssen, daß die Familien von Verstorbenen den Lebensgefährtinnen alles entrissen, bis zum letzten Foto, bis zum letzten Pullover, außer der Erinnerung blieb ihnen nichts. „Es ist klar, das muß organisiert werden. Tun wir dann auch mal. Wenn wir Zeit haben."

Wie aber soll sie sich um den Nachlaß ihres künstlerischen Werkes Gedanken machen, hat sie ihn doch nicht mal geordnet. Hat sie überhaupt ein Werk? fragt sich Nina Rossi. Eher hier ein Fragment und da ein Fragment. Andere haben früh angefangen, gradlinig zu arbeiten, haben ihr Ziel vielleicht erreicht, vielleicht auch nicht. „Ich hab relativ wenig erreicht, an Erfolg, aber ich denke, ich hab immer das gemacht, was ich wollte. Ich hab keine Karriere aufgebaut. Ich fand es immer so blöd. Geradezu denkschädigend."

Eigene Schuld, sie lacht, daß sie noch immer an dem Punkt ist, zu denken, dreitausend Mark für eine Beratung sei völliger Quatsch. Aber der Gedanke, eine berühmte bildende Künstlerin oder Universitätsprofessorin zu sein, ist für sie geradezu abschreckend. Dann wüßte sie heute schon, was sie in anderthalb Jahren macht, und bis dahin könnte sie die Ausführung des Auftrags oder das zu behandelnde Thema längst zu Tode langweilen. Sie kennt einige Berühmtheiten, die sind wie in einer Tretmühle, spulen irgendwelche Programme ab. „Soweit möchte ich nie kommen."

Aber seit ihrem sechzigsten Geburtstag hat sie sich häufiger gefragt, ob es nicht doch ein gewaltiger Fehler ist, ihre vielen Aufnahmen, die Bänder, Kataloge, Fotos und Videos so herumliegen zu lassen. Längst hätte sie mal eine CD brennen sollen, ein Werkverzeichnis erstellen, das Bildmaterial, die Dokumente ihres Schaffens archivieren. Aber sie tut es nicht. Weil sie sich schlecht organisieren kann, weil sie es vergißt, weil sie mit etwas anderem beschäftigt ist. „Wenn ich denke, jetzt habe ich einen Monat Zeit, ich könnte das alles mal in Angriff nehmen, endlich mal eine CD pressen, das ist eine Kleinigkeit, dann muß ich einen Artikel schreiben, und schon ist die CD wieder vergessen. Und wenn der Artikel geschrieben ist, mache ich das nächste. So gibt es dann eben kein Lebenswerk. Aber das macht vielleicht auch nichts."

Schließlich hat ein Tag nur vierundzwanzig Stunden, und selbst wenn er achtundvierzig hätte, wenn Nina Rossi eine Sekretärin, eine Managerin, eine Mäzenin hätte, ist fraglich, ob die CDs, die Kataloge, das Archiv zustande kämen. Die Erde dreht sich eben, wie sie sich dreht, die Sonne brennt, wie sie brennt, der innere Rhythmus ist, wie er ist. Nina Rossis Arbeitstag beginnt um zehn, elf Uhr in ihrem Atelier auf einem ehemaligen Industriegelände, ein weitflächiger Raum, den sie sehr liebt. Große Fensterfront, die Morgensonne spiegelt sich auf den Stahlplatten und Tonmaschinen, berührt die noch verbliebenen Saiten in dem ururalten Flügel. Im vorderen Atelierteil laden ein Bistrotisch, zwei Stühle, ein abgenutzter Ledersessel zum Gespräch ein, zum Entspannen, bei einem Espresso dem Treiben auf dem Geländehof zuzuschauen, sich von den Geräuschen der anderen Werkstätten inspirieren zu lassen. Alltagsgeräusche eben, der Rohstoff ihrer Installationen. Hinter einem Stahlgerüst lehnt eine Matratze; so kann Nina Rossi hier übernachten, wenn es sie gerade packt, sie eine Idee nächtens weiterverfolgen will.

Ab und zu, das muß sie eingestehen, kann sie dieses Stahlblech oder jenes Metallstück nicht allein verschieben oder heben, dann bittet sie einen jungen Mann aus einer der benachbarten Werkstätten, ihr zu helfen. Früher hat sie derartige Hilfe strikt abgelehnt, doch seit ein paar Jahren hat sie es am Rücken. Manchmal greift sie auch zu leichten Materialien und benutzt Folien für die Geräusche.

Das Atelier ist auch Begegnungsstätte und Experimentierfeld für andere Künstlerinnen; es ist offen für Performances und Darbietungen. In diesem Raum probiert Nina Rossi nicht nur neue Töne aus, hier bereitet sie auch den nächsten Jour fixe vor, formuliert einen offenen Brief, empfängt die eine oder andere Besucherin, vergißt die Zeit. Plötzlich ist es zweiundzwanzig Uhr, und sie denkt: „Ich möchte jetzt sofort mit Claudia etwas essen." Sie fährt mit der U-Bahn heim und wünscht, der Tag begänne erst.

Freizeit und Feiertage im Sinne von „Beine hochlegen und Löcher in die Luft starren" gibt es für Nina Rossi nicht. Manchmal macht sie mit Claudia Berger einen Ausflug, oder sie gehen spazieren. „Aber sonst, so am Strand liegen, das könnte ich gar nicht, so eine Woche irgendwo in der Karibik, ich müßte dann eben ganz viel lesen. Ferien, diesen Begriff kenne ich nicht. Eine Gemeinsamkeit mit Claudia. Wenn wir rasch irgendwo hinfahren, ein paar Tage, sind wir beladen mit Büchern und finden das toll, und allein schon keine Verabredungen zu haben ist Erholung. Wir sagen immer: Wir müßten Rußland kennenlernen. Und wir waren noch nicht in New York ..." In Italien ja. Dort fährt sie gern hin, hat viel Zeit ihrer Jugend dort verbracht, bei ihrem polnischen Großvater in Turin, bei ihrem Onkel in Mailand. „Ja, ich bin italienorientiert." Ihr italienischer Name ist ein Überbleibsel aus früherer Ehe.

Seit sie in Hamburg lebt, entdeckt Nina Rossi die nähere Umgebung, die Ostsee. Die östliche Ostsee. „Ich liebe einfach die Ruhe an diesem stillen Meer." Heiligendamm, die weiße Stadt mit ihrer „wahnsinnigen Architektur", in der DDR ein Ferienverschickungsort für die Gewerkschaften, verlotterter Glanz. Die Lust zu forschen hört am ruhigen Meer nicht auf. Kühlungsborn. Die Endsilbe dieses Ortes zwingt geradezu zum Recherchieren. Und tatsächlich trägt er diesen Namen seit 1938. Die größte, schönste Jugendstilvilla, von der Familie Rothschild inmitten des Dorfes gebaut, wurde arisiert, Goebbels weilte dort, danach Ulbricht, nahtloser Übergang. Die Rückgabe ihrer Villa lehnte die Familie Rothschild vor einigen Jahren ab: Die Gemeinde solle etwas Gemeinnütziges damit machen. Ein Spielcasino wurde eingerichtet.

Bei allen Aufregungen und Anregungen in nächster Nähe und im globalen Dorf, bei den Überlegungen, was denn für den Wandel zu tun sei, hat Nina Rossi nun nicht auch noch Zeit, auf die Veränderungen ihres Körper zu achten. Vielleicht sind deshalb die Wechseljahre so unbemerkt an ihr vorbeigezogen. „Meine Periode war von einem Tag auf den anderen verschwunden, und da hab ich natürlich keine Träne geweint. Ich habe keine Leiden, kaum Hitzewallungen und staune, wenn ich von anderen höre: Ich bin seit zehn Jahren in den Wechseljahren. Kann ja sein, daß ich irgendwann ein Zipperlein bekomme, aber bis jetzt hab ich noch nichts. Gut, man bekommt graue Haare, da schmiert man halt Farbe drauf, wenn man will, dann ist das erledigt. Und man wird natürlich nicht schöner, aber ich habe das Gefühl, es ist auch ein wahnsinniger Vorteil, alt zu werden, älter, eben nicht mehr in diesem Eitelkeitsmarkt drin zu sein. Ich komme gut, manchmal tagelang, ohne einen Spiegel zurecht. Denke, es ist ja wurst. Es ist viel von mir abgefallen. Es gefällt mir, alt zu werden, es ist wohltuend." Nina Rossi atmet auf. Wenn sie alte Fotos von sich sieht, denkt sie: „Meine Güte, schon eine große Veränderung. Aber ich möchte das nicht zurückhaben." Sie findet junge Menschen schön, betrachtet sie gern. Aber vor allem findet sie ihre gleichaltrige Freundin schön. Auch Claudia Berger fällt auf durch ihren existentialistischen Look, dunkel, ganz in Schwarz. Auf den ersten Blick könnten die beiden für Schwestern gehalten werden, wäre Claudia Berger nicht einen Kopf größer.

Nina Rossi nimmt es nicht nur an, sie ist überzeugt, daß sie mit Claudia Berger alt werden wird. Bevor sie ihre Lebensgefährtin kennengelernt hat, war sie oft sehr unglücklich. „Ich weiß nicht, was passiert wäre, wenn ich Claudia nicht getroffen hätte – beim Geburtstagsfest einer Freundin –, vielleicht hätte ich mich zu Tode geärgert oder zu Tode gesoffen oder beides vor lauter Unglück über das politische Leben in diesem Land, das mich nicht losließ, von dem ich aber schon lange nichts mehr wissen wollte, und ich dachte immer, wo gehe ich bloß hin mit meinen Skulpturen und Instrumenten, wie kann ich mit diesem Riesenzeugs überhaupt weg, und wohin will ich denn? Auch meine Beziehungen waren dort in gewissem Sinne festgefahren. Und dann Klärung und Klarheit, das macht ja glücklich, Klarheit im Kopf und im Herzen, wohin man will und was eine Beziehung bedeutet, in der du gefordert wirst und Gespräche hast, in der du dich verstehst. Ich denke immer noch, es ist eine Seltenheit, und es ist ziemlich kostbar, und deshalb finde ich es einfach wunderbar." Sie erinnert sich des Themas, lacht: „Und das im hohen Alter."

Zuerst ist sie probeweise nach Hamburg gekommen, für ein Dreivierteljahr, sie hatte einen Lehrauftrag. Sie war begeistert. Dann mußte sie wieder zurück. Die beiden überlegten hin und her: Wie machen wir das? Gibt Claudia Berger ihre Stelle auf und siedelt um nach Österreich? Sie meinte überall leben zu können, bräuchte die Großstadt nicht. Wahrscheinlich wäre das eine Katastrophe geworden, sagt Nina Rossi. „So schön Klagenfurt auch ist, aber diese wahnsinnig servile Mentalität bis hin zur Prostitution ist fürchterlich: alles ist käuflich, alles muß verkäuflich sein, die Freundlichkeit, die Berge, alles Waren. Wenn ich jetzt mal dort bin – nach ein paar Tagen bin ich heilfroh, weg zu sein, im Zug zu sitzen."

Der Brand in Nina Rossis Atelier und Wohnraum hat ihnen die Entscheidung erleichtert. „Fügung des Schicksals." Sie hatte diese Räume geliebt, großflächig, hell. Ihr „inspirierendes Zuhause", von dem sie sich schlecht trennen konnte. Ein vergleichbares Atelier würde sie nicht finden und außerdem – was sollte sie noch in dieser Stadt, mit der sie so etwas wie eine Haßliebe verband? *Die* Gelegenheit also, ihren langgehegten Wunsch, Klagenfurt zu verlassen, in die Tat umzusetzen. Gleichzeitig wußte sie, daß es schwierig sein würde, in Hamburg als freischaffende Künstlerin Fuß zu fassen. Und welche Komplikationen würde es bei der Beantragung von Aufenthalts- und Arbeitserlaubnis geben? Wovon würde sie leben?

Schließlich fuhr sie ganz leicht ab, ohne Gepäck, alles weg, ihre Objekte und Geräte, Zeichnungen, unzählige Ton- und Textdokumente, das ganze Bildmaterial zerstört. „Ich habe ein absolutes Glücksgefühl empfunden, wirklich ganz großes Glück." In Hamburg fügte sich dann eins ins andere. Die Existenzfragen lösten sich wie von selbst. Sie fand schnell ein Atelier, bekam einen Lehrauftrag. Nach und nach besorgte sie sich neues Material, von der Straße, von Schrottplätzen, kaufte es Secondhand bei Werkstattauflösungen. Bei kostspieligen Anschaffungen stand ihr ihre gutverdienende Lebensgefährtin zur Seite. Ohne ihre Hilfe, sagt Nina Rossi, hätte sie diesen Neubeginn nicht geschafft. Für die gemeinsamen Sessions und Experimente hat Claudia Bergers Flügel Platz in dem Atelier gefunden. Unter einer Bedingung: Die Saiten bleiben drin!

Und später dann fanden die beiden ihre Traumwohnung, mit Blick auf die Alster. „Das ist unser Alters-Luxus. Deshalb reisen wir nicht soviel."

Nina Rossis Unruhe hat nachgelassen, auch die Abenteuerlust, die Lust auf Seitensprünge, die sie aus früheren Beziehungen kennt. Ein Zeichen, sagt Nina Rossi, daß sie mit Claudia Berger glücklich ist. Claudia Berger ist ihre „Familie". Übereinstimmung auf allen Ebenen!?

Nina Rossis „leibliche Familie" akzeptiert ihr jetziges Leben. Ihr Sohn, ein Wiener Rockmusiker, von dem sie wenig weiß, auch ihr Bruder, Wissenschaftler, finden es toll, wie sie mit ihrer Freundin lebt. Haben aber anscheinend keine Ahnung, was es wirklich bedeutet. Das mußte Nina Rossi feststellen, als ihr Bruder kürzlich zu Besuch war. Unerhört fand er es, nicht zu ihrer Klanginstallation kommen zu dürfen, die in einem „Ladies only"-Raum stattfand. „Du weißt genau, ich bin gegen Männerbünde und auch gegen Frauenbünde. Ich bin doch kein Bösewicht." In welcher Welt lebt dieser Alt-Linke? fragt Nina Rossi. „Ich war platt. Die allerprimitivsten, selbstverständlichsten Dinge, weshalb frau mal einen Ort für sich braucht, mußte ich erklären: Sieh doch, wie die Welt aussieht, sieh doch, wer die Bücher schreibt, sieh, wer die Filme macht, weshalb gibt es so wenige Frauen in höheren Positionen? Etwa weil Frauen blöde sind, unbegabt? Weshalb gibt es so wenige Komponistinnen, so wenige Dichterinnen?"

Für ihn eine Sache der Qualität, des Durchsetzungsvermögens. Die Diskussion ging bis zum frühen Morgen. Nina Rossi war entsetzt über seine Uneinsichtigkeit, hatte sie doch gedacht, in einem anderen Stadium von Geschlechterdemokratie zu sein. „Dieses Wort kann man solchen Typen gegenüber nicht mal erwähnen, das verlangt schon viel zuviel. Das setzt viel zuviel voraus an Vorwissen oder an Einsicht, und die ist ja offenbar in breiten Kreisen nicht da."

Sie hat sich schließlich auch geändert! Die Phase mit der Faust voran, eine klare Kampfansage an alles, ist vorbei, der Feminismus habe der Pluralität von Feminismen Platz gemacht, die Erfahrung habe gezeigt, daß die Welt dadurch allein nicht erklärbar und veränderbar ist. Auch alles andere müsse genau betrachtet werden. „Wir haben alles gemacht, thematisiert, theoretisiert, dann wieder demokratisiert, aber diese Typen, die hocken einfach da, bewegen sich nicht, unglaublich." So wie ihr Bruder. Sie nimmt es humorvoll: „Ja, meine leibliche Familie!"

Dazu gehört auch ihre zwei Jahre ältere Schwester. Das Verhältnis zu ihr ist wieder ins Gleichgewicht geraten. Nina Rossi hatte den Kontakt nach ihrem gemeinsamen Engagement bei den Grünen abgebrochen, wegen politischer Differenzen. Nein, es war mehr als das gewesen, Nina Rossi hatte sich von ihr verraten gefühlt, als sie begann, für die Rechte von Frauen zu kämpfen. Heute reden sie wieder miteinander, sehen sich mehrmals im Jahr. In Hamburg. Und hat Nina Rossi in Wien zu tun, wohnt sie selbstverständlich bei ihrer Schwester. Wie demnächst, wenn sie dort einige Termine wahrnehmen muß: Radio, Interviews, Besprechung für eine Installation, eine Podiumsdiskussion. Und immer gibt es noch Zeit für Ungeplantes, beim Eilen von Termin zu Termin etwas dazwischenzuschieben, ein Rendezvous im Kaffeehaus, einen Bibliotheksbesuch, eine Vernissage, eine Verabredung auf ein Glas Wein. Doch mehr und mehr merkt Nina Rossi, daß sie geiziger wird mit der Zeit, wo sie bisher verschwenderisch mit ihr war. „Die Zeit, das ist vielleicht sogar für mich das Ausschlaggebende am Älterwerden. Man kann nicht umhin, zu sehen, daß die Zeit knapper wird."

Geizig zu sein mit der Zeit ist Nina Rossi im Grunde genommen zuwider. Sie müßte sich viel versagen. Die spontanen Begegnungen zum Beispiel. „Also, ich hab jetzt keine Zeit", sagt sie fast abgehetzt. „Ich mache konsequent nur noch meine Sachen." Tut sie aber nicht. Sie nimmt es sich oft vor, wie bei einer Gremiumssitzung, erklärt als erstes: „Also, nach zwei Stunden gehe ich." Dann, nach zwei Stunden, ist alles so in Fahrt, daß sie denkt, ich bleibe doch noch. Und will jemand gehen, meint sie: „Wir können jetzt nicht aufhören, wir sind ja mitten in der Diskussion, wir müssen weitermachen."

Und immer öfter, wenn sie etwas tut, sich zum Beispiel ein Musikstück anhört und die CD zu Ende ist, kommt ihr plötzlich der Gedanke: anderthalb Stunden, die sind aus meinem Leben weg. Nicht vergeudet, aber es macht sie nachdenklich: Was haben mir diese anderthalb Stunden bedeutet?

Nina Rossi macht gern die Nächte durch und schläft lieber morgens ein bißchen länger. Von seniler Bettflucht keine Spur. Sie liebt es, durch die Stadt zu streifen. Der Hamburger Himmel hat etwas, diese Weite, die dauernden Veränderungen, das kann beglückend sein, dieses Hanseatischblau, das die Hafenkräne berührt. Nina Rossi ist begeisterte Hamburgerin. Die Wasserwege haben es ihr angetan, die Parks und Ufer. „Ich bin völlig erholt, wenn ich ein bißchen an der Alster spazierengehe." Gelegentlich begegnet ihr die Wienerin aus der Nachbarschaft, seit Jahren in dieser Stadt.

„Hast du kein Heimweh?" fragt die sie schon mal.

„Jetzt, bei dieser Frühlingsluft, wonach?"

„Nach dem Prater oder den Donauauen."

„Nein. Und wenn, hab ich Heimweh nach Menschen, und auch das hält sich in Grenzen."

Die Neuanfänge in Nina Rossis Leben waren immer verbunden mit Personen, mit Begegnungen. „Um weiterzukommen, bin ich auf die Begegnung mit anderen Menschen angewiesen, um mein Gewässer zu verlassen und andere aufzusuchen."

Doch manchmal ist es schon ein komisches Gefühl, eine deutschsprachige Ausländerin zu sein. „Entweder werden wir leicht veräppelt – und das werde ich nicht gerne –, weil wir so sprechen, wie wir sprechen. Und so verteidige ich manchmal diesen Dialekt. Als Kinder mußten wir ganz perfekt Wienerisch sprechen, damit man nicht merkte, daß wir eigentlich keine Österreicher waren. Das Polnische war völlig verdrängt, es wurde nicht gesprochen. Wir sollten hundertfünfzigprozentige Österreicher sein, nachdem meine Eltern die Kriegszeit über mit falschen Pässen in der Schweiz gelebt hatten."

Auch das Jüdischsein ihres Vaters wurde verdrängt, war Tabuthema in der Familie. Erst in den letzten fünfzehn Jahren, im Zusammenhang mit der allgemeinen politischen Diskussion, wurde ihr Jüdischsein für Nina Rossi bedeutend. Mit der Diskussion um den Antisemitismus in Österreich wurde das Schweigen aufgebrochen. Das offizielle Schweigen, das sich bis in die privaten Sphären verfestigt hatte.

Egal, wo sie lebt – Tätigsein, Sich-Manifestieren ist lebensnotwendig für Nina Rossi. Dann fühlt sie sich in Deutschland auch weniger als Ausländerin. „Wenn ich etwas tun kann, fühle ich mich beheimatet, nicht wegen eines Passes." Nina Rossi zählt sich nicht zu den deutschsprachigen AusländerInnen, die aus einem Komplex wegen ihres Dialektes nicht wagen, öffentlich zu reden. Sie findet allerdings, daß sie etwas besser dran ist als die Schweizerinnen. Dem Wienerischen wird noch eher ein gewisser Charme zugeordnet. Aber auch das wird gern nachgeäfft. Und es gibt Augenblicke, in denen es ein Kraftakt für sie ist, den Nuancen einer Diskussion zu folgen. Wenn sehr hastig oder mit vielen Abkürzungen gesprochen wird, dann muß sie nachhaken. Und wenn sie müde ist – das wird sie heute schneller als vor einigen Jahren –, stolpert sie schon mal über eine Wortwendung, über das „richtige" Deutsch. Nina Rossi freut sich jedesmal, wenn sie der Spaziergängerin aus der Nachbarschaft an der Alster begegnet, dann kann sie nach Herzenslust draufloswienern.

Der Bonus, den sie wiederum als deutschsprachige Ausländerin genießt, wurde ihr deutlich in der Ausländerbehörde, in ihren ersten Hamburger Jahren, als Österreich noch nicht in der EU war. Nach Nationen wurden die Antragstellenden eingeteilt. Nina Rossi sah dann die Säle, „in denen gedrängt Großfamilien aus Schwarzafrika, der Türkei, Rußland saßen. Und wir waren immer nur wenige. Ganz leise ging es bei uns zu." Sie brauchte nicht, wie sie gewarnt worden war, Geduld und noch mal Geduld und ein dickes Fell. Auf ihr Erstaunen darüber meinte die Sachbearbeiterin: „Sie sind ja auch aus Österreich. Möchten Sie denn mit den Türken und Schwarzen zusammensein?" Am liebsten hätte Nina Rossi den Raum sofort verlassen. „Es war jedesmal ein gräßliches Erlebnis." Sie ist froh, daß das vorbei ist.

Von entscheidender Bedeutung in ihrem Leben war der Tod ihrer Mutter, ein Erlebnis, das Nina Rossi tief bewegt hat. „Ich hätte das nie gedacht." Die Mutter, eine vitale, lebenslustige Frau, starb ganz plötzlich, mit achtundsiebzig, von einer Sekunde auf die andere. Sie hat nicht einen Moment gelitten. Das stand auf ihrem Gesicht geschrieben. Ein Nachbar fand sie. Als Nina Rossi eintraf, saß sie in ihrem Sessel. Sie war noch warm. Niemand konnte sagen, wann sie genau gestorben war. „Doch ich wußte es: Beide Uhren sind zur selben Zeit stehengeblieben. Meine Schwester hat gesagt, du spinnst, das kann nicht sein. Aber ich bin überzeugt, daß es so war. Diese Energie, die da abzieht, muß doch eine Wirkung haben. Beide Uhren zeigten Viertel vor eins. Ich habe meine Geschwister benachrichtigt und das Nötigste in die Wege geleitet. Dann war ich einen ganzen Tag mit ihr allein, es hat mich derart bewegt und auch verändert. Es war eine unglaubliche Begegnung. Ein Privileg, ein absolutes Privileg, in diesen Stunden bei ihr sein zu können. Und plötzlich hat sie ganz abweisend geschaut. Jetzt ist es genug, hab ich gedacht, jetzt kann ich gehen.

Ich hätte das vorher nie geglaubt: Es waren große Momente. Man erlebt ja nicht nur die Kleinheit, daß ein Körper hinstirbt, sondern auch Größe. Dieses Gefühl habe ich immer noch. Ich merkte, wie sie sich verändert, wie alles ganz, ganz anders wird, so geheimnisvoll. Ich finde es unglaublich, wie wenig wir darüber wissen. Wir wissen, daß wir alle sterben, und im Grunde mögen wir alle nicht daran denken, was dann passiert. Wohin geht das Leben? Was bleibt von uns? Ich glaube, wir bleiben in dem, was wir getan und anderen Menschen angetan haben, im Guten und im Schlechten."

Erdbestattung oder Feuerbestattung mußte entschieden werden. „Na schau, wie sie aussieht, die gehört doch in die Erde", sagten Nina Rossi und der Arzt gleichzeitig.

Den Vater, er starb ganz jung, hat Nina Rossi längst vergessen, den kannte sie kaum und nur im Streit, aber die Mutter, das ist was anderes. Mit ihrem Sterben wurde Nina Rossi ganz plötzlich klar: „Ich hab diesen Puffer nicht mehr zwischen mir und dem Tod. Die Kind-Mutter-Beziehung ist was Sensationelles; wie nahe oder fremd die Mutter einem im Laufe des Lebens auch wird – wenn sie, die dich auf die Welt gebracht hat, stirbt, dann weißt du: Die nächste bist du."

Denkt sie an ihren eigenen Tod, sieht Nina Rossi eher die Möglichkeit „eines rasanten Abgangs wie den durch einen Herzinfarkt" als eine lange Leidenszeit. Eigentlich hat sie keine Angst vor dem Sterben, höchstens daß es sie in einem unwürdigen Moment erwischen könnte, wo sie dann vielleicht hilflos auf der Straße liegt. Und schon taucht wieder so ein lästiger Gedanke wie Patiententestament auf. „Das müssen wir organisieren, Claudia und ich, daß wir wenigstens gerüstet sind und an keine lebensverlängernden Apparate angehängt werden."

Oft schon ist sie mit dem Tod konfrontiert worden, auch von sehr nahen Freundinnen. Und sicher hat der eine Tod, an dem sie sich mitschuldig fühlt, ihr Leben gewaltig verändert – zehn, fünfzehn Jahre ist das her. Offiziell ein Unfall. Vielleicht Selbstmord. Wie auch immer, für Nina Rossi bleibt die Frage nach ihrer Mitschuld an diesem Tod. „Ich war schuld an ihrem Unglück, wenn auch vielleicht nicht an ihrem Tod. Ich hatte zu wenig Zeit für ihre Verzweiflung. Das hat sie unglücklich gemacht. Das kann ich nicht aus der Welt schaffen. Darüber hinwegzukommen finde ich schon schwierig." Immer wieder die Frage: Hätte sie es verhindern können? Und wie? Vielleicht hätte ein relativ junger Mensch, gerade dreißig, nicht sterben müssen.

Persönlich gesehen hat Nina Rossi heute, was sie sich wünscht. Dem gibt es nichts hinzuzufügen. „Ich bin privat und persönlich wahnsinnig glücklich. Ich habe mit über Fünfzig, sagen wir aus Liebe, mein Leben geändert, das ist doch schön. Gesellschaftlich und politisch bin ich nach wie vor empört, wie idiotisch vieles abläuft."

Das Persönliche ist für Nina Rossi eben nicht vom Politischen zu trennen, und so sind ihre Wünsche und Visionen zugleich auch immer politische. Ganz generell möchte sie, so banal das auch klingen mag, eine gerechtere Welt. In einer gerechteren Welt könnten alle in Würde leben, so verschieden sie auch sind. Einerseits wünscht Nina Rossi, daß alle Frauen überall offen sagen können: Ich bin lesbisch. „Aber eigentlich wünsche ich mir eine Welt, wo das völlig egal ist, man es gar nicht sagen muß, wo alle leben können, wie sie wollen, und lieben, wen sie wollen, ohne ein Glaubensbekenntnis daraus machen zu müssen, das dann noch zu ihrem Schaden ausgelegt werden kann."

Und kaum den Fernseher angestellt, empört sie sich: Geradezu entwürdigend, daß wir Frauen dauernd diese Bilder von Politikerhorden sehen müssen, nur ab und zu mal eine Frau. Wie in den Bibliotheken, wie in den Konzerten, in denen die Werke der Männer Vorrang haben. Immer noch müssen Frauen denken: Wo sind wir, mit wem identifizieren wir uns? „Eigentlich schrecklich, in einer Welt zu leben, wo man sich fremd vorkommt. Die feministische Theorie ist doch eine Gesellschaftstheorie, wirft nicht nur einen Blick auf die Geschlechterfrage. Aber in diesem Punkt ist die Gesellschaft ein unbeweglicher Klotz, obwohl sie sonst so windschlüpfrig sein kann."

Die Frage, wie und wo die Welt zu verändern wäre, läßt Nina Rossi nicht los. Leidenschaftlich hat sie die letzte Welthandelskonferenz der 135 Nationen in Seattle mitverfolgt und sich unbändig gefreut, daß die Länder der südlichen Hemisphäre diese Zusammenkunft haben scheitern lassen. „Und jetzt kommt es darauf an, wie die fortfahren, ob sie sich untereinander zerstreiten oder ob sie sich auf etwas einigen und wie. Dem schau ich sehr gebannt zu. Auf irgendeiner Ebene mitzumachen – und wenn es nur in einem allmonatlichen Gespräch ist, wo wirklich zentral nachgedacht wird über eine Sache, das ist dann auch schon etwas."

Ihr nächstes Projekt: einen alten Bahnhof an der polnischen Grenze zu beschallen. Das Gebäude, das Gelände an sich schon eine Installation, Inszenierung einer obsolet gewordenen Zivilisation mit seinen stillgelegten Stellwerken, verrosteten Loren, den Gleisen ins Niemandsland. Mit welchen Materialien wird sie hier arbeiten? Welche Klänge erzeugen? Monotones Rattern eines Zuges, der in Trance versetzt, in sibirische Steppen führt? Klänge, die im Rhythmus der Pferde mongolischer Prinzessinnen galoppieren? Die ausgediente Gaststätte benutzen, um Klaviersaiten bis in die Wartehalle zu spannen? Welche *voices* schweben ihr vor? Sie weiß es noch nicht. Das Kunstwerk wird sich im Raum entwickeln, mit ihm im Austausch sein. Nina Rossi kann es kaum abwarten, sich den mit ihrer Installation zu eigen zu machen. Sich ausprobieren. Ins Niemandsland hinein.

Ich bin ein Bohemien,
und ich bleibe ein Bohemien

Rachel Cohen, 58 Jahre, Jüdische Religionslehrerin

Gerade hat sie ihren Auflösungsvertrag unterschrieben. Mit fünfundsechzig müßte sie sowieso gehen. Das wäre in sieben Jahren. Selbst wenn ein Wunder geschähe, göttliche Strömungen sie durchfluteten, würde das Schulamt sagen: Liebe Frau Cohen, Sie sind einmalig, aber in Deutschland gibt es ein Gesetz, das wir einhalten müssen. Warum den Zeitpunkt also nicht selbst bestimmen? Jetzt, auf der Höhe ihrer Karriere. Höher kann sie nicht hinaus. Seit dreizehn Jahren ist sie Leiterin der Jüdischen Gemeinde, in der sie seit über dreißig Jahren als Religionslehrerin arbeitet.

„Ich freue mich nicht, aufzuhören, aber ich weiß: Es ist richtig, das jetzt zu tun." Allerdings hat Rachel Cohen in den letzten Monaten öfter geschwankt, wenn Eltern sie baten, doch zu bleiben, oder der Direktor des Landesschulamtes, bei dem sie angestellt ist, auf sie einredete, es sich noch mal zu überlegen. Sie hat es sich überlegt. Hat sich ihren Abschied vorgenommen, fest. Für das Jahr 2000. Unbedingt. Auch ein Höhepunkt, der sich nicht wiederhole. Es zu tun ist außerdem ein Beweis für sie selbst. Zu ihrem Vorhaben zu stehen, es durchziehen zu können, trotz der panischen Momente, die sie manchmal erlebt, je näher der Zeitpunkt rückt. Auch Steffi Graf liebte ihren Beruf, ihre Karriere, als sie sich entschloß, aufzuhören. „Sie hat noch einen Versuch unternommen und scheiterte um einen Punkt. Das hat mich hellhörig gemacht. Also nicht abwarten, bis es bergab geht, denn wenn du oben bist, mußt du wieder runter, das ist eine Regel. Es ist besser, aufzuhören, wenn du oben bist."

Rachel Cohen ist eine leidenschaftliche Religionslehrerin. Das ist ihr Lebensthema, Fragen des Alters interessieren sie nicht. Sie liebt ihren Beruf, weil sie gut darin ist. Sie ist kompetent in allen Fragen des Judentums. Neben ihrer Lehrtätigkeit hat sie an öffentlichen Debatten und jüdisch-christlichen Seminaren teilgenommen, hat Synagogenführungen gemacht, „Dialoge" geleitet. Bis ein Rabbiner in der Gemeinde eingestellt wurde. Der verbot ihr diese Aktivitäten – sie fielen in seinen Bereich. Da ging Rachel Cohen auf die Fünfzig zu. Von Theologen wie Schülerinnen und Schülern wurde sie geschätzt. Ordner voller Briefe zeugen davon. Zeitungsartikeln über ihren Unterricht und die Dialoge hat sie eingerahmt in ihrer Wohnung einen gebührenden Platz gegeben. Überhaupt ist jüdische Kultur präsent in ihren Räumen: Mesusa, ein Chanukka-Leuchter, ein Bat-Mizwa-Porträt, Regale voller jüdischer Literatur, manche in Hebräisch, so gut wie keine Belletristik, ihr Name an der Wohnungstür des Dachgeschosses in hebräischen Schriftzeichen.

Eigentlich kann sich Rachel Cohen das Leben ohne ihre Arbeit nicht vorstellen. Die langen Jahre in der Jüdischen Gemeinde sind Teil von ihr. Und umgekehrt hat sie das Gemeindeleben, die Schülerinnen und Schüler geprägt. Sie sind zwischen sechs und zwanzig Jahre alt, „müssen den Nachmittag für den Religionsunterricht opfern". Wenn die ersten, die Erstklässler, mittags nach der Schule zu ihr kommen, hat

Rachel Cohen bereits einige Stunden Verwaltungsarbeit hinter sich. Es hat Jahre gegeben, in denen sie praktisch in der Gemeinde gelebt hat, neben ihrem Unterricht im Jugendzentrum aktiv war, „eine wunderbare Hand-in-Hand-Arbeit", wo die Kreativität keine Grenzen kannte, Theaterstücke inszeniert wurden, Broschüren verfaßt, kurz: die geistige Arbeit in Handeln umgesetzt wurde. „Mitspielen in den Theaterstücken durften aber nur diejenigen, die regelmäßig zum Religionsunterricht kamen!" Der Schalk in ihren Augen besagt, daß sie sich der kleinen, aber notwendigen Erpressung wohl bewußt ist.

Sie steht vor dem Spiegel, streicht mit etwas Gel ihr kurzes Haar über den Ohren zurück, zupft es auf dem Kopf zum Igelschnitt. Letztes Styling für ihre Verabredung im Boccaccio, dem Sub der Stadt. Früher war sie dort Stammgästin; heute braucht sie einen besonderen Anlaß. Tanzen tut sie ja nicht. Sie ist zwar leichtfüßig, wie sie sagt, aber sie kann nicht gut tanzen. Und deshalb tanzt sie nicht. An diesem Abend trifft sie eine Freundin aus alten Zeiten. Die Besitzerin des Boccaccio ist dieselbe wie vor dreißig Jahren; ansonsten kennt Rachel Cohen nur wenige Gesichter. Eine andere Generation. Den Alten begegnet sie eher in einem Kneipenrestaurant, das Lesben „von damals" soeben eröffnet haben.

Rachel Cohens Kleidung ist ausgesucht, olivgrüner enganliegender Pulli, gerippt, oliv-rot gestreifte Hosenträger, dunkelgrüne Hose, ein grün-grau gemustertes Glencheck-Jackett. Die grünen Schuhe mit Plateausohlen hat sie selbst gefärbt. Wo gibt es schon grüne Schuhe zu kaufen, wenn diese Farbe nicht gerade Mode ist? Die Nuancen des Make-up sind auf den rötlichen Schimmer in ihrem hellen Haar abgestimmt. Sie versteht, jedes Detail ihres Äußeren zur Geltung zu bringen. So wie sie in ihrer Wohnung jedes Bild, ob geometrische Figuren, Landschaften, Stiche oder Porträts mit einem Spot bestrahlt – die Stelle, die sie hervorheben, mit ihrer momentanen Stimmung in Einklang bringen will. Ist ihr die Öllandschaft zu düster, richtet sie den Spot auf eine aufbrechende Knospe, die wird zur Blüte, erhellt das dunkle Grün. Hell heben sich die Zeichen ihrer Silberkette vom dunklen Pulli ab.

Lehren, Lernen, sich austauschen – das ist Rachel Cohens Lebenselixier. „Wer nicht weiterlernt, stirbt ab; wer nicht weiterlehrt, ist todessüchtig", ein zweitausend Jahre altes Bibelwort. Aufs engste damit verbunden ist in der jüdischen Tradition das Tätigsein. Tätiges Lernen. Erst das Handeln, dann die Theorie und nicht umgekehrt. Dabei steht das gemeinsame Handeln im Vordergrund. So ist beim Studium der Schriften das Debattieren mit anderen von großer Wichtigkeit. Arbeiten heißt für Rachel Cohen also: immer im Austausch mit anderen sein. „Arbeiten ist für mich nur als Teamwork möglich." Was aus diesem Bedürfnis wird, wenn sie demnächst in Rente geht, weiß sie nicht. Absolut nicht. Es ist alles offen.

Sie hätte dann Zeit zu malen. Fünf blaugrüne hochformatige Aquarelle – zwei Figuren, die sich allmählich annähern, verschmelzen auf dem letzten Bild zu einer einzigen –, von Rachel Cohen gemalt, hängen über dem Sofa, die Passepartouts sind vergilbt. Nein, sie malt nicht, indem sie sich auf eine Inspiration hin vor die Staffelei setzt, gar darauf wartet. Sie hat keine Inspiration, ohne einen bestimmten Zweck im

Sinn zu haben. So war das Porträt des Mädchens in Weiß, „Bat Mizwa", eine Auftragsarbeit. Das Bild ist zu einer Feier auf die Feier geworden. Und bei dem Porträt, das ein Bekannter sie von ihm zu malen bat, ließ sie ihrem Humor freien Lauf: ein Donald Duck, in dem der Porträtierte sich hocherfreut wiedererkannte.

Bisweilen ängstigt Rachel Cohen die ungewisse Zukunft auch. Vor allem das Alleinsein. „Ich war nie allein. Wer aufgewachsen ist in Heimen, alle Sorten Kinder und Jugendliche um sich herum, in Internaten großgeworden, dreihundert Kinder, wie ein kleiner Kibbuz ... Im Gymnasium, in der Pädagogischen Hochschule, auf der Universität, bei der Armee – immer zusammen mit anderen. Ich kannte das Alleinsein nicht. Deshalb fällt mir das auch so schwer." Wenn sie allein ist, ließe sie sich gehen, lebte sie in den Tag hinein. Das könnte geradezu gefährlich für sie werden.

„Schon allein durch meine Labilität. Ich mache nicht den Eindruck, aber ich habe eine absolute Faulheit in mir bemerkt, die ich sogar Labilität nennen könnte – einfach nicht die Disziplin zu haben, zu sagen: Das ziehst du durch. Ich bin nicht der Typ von Mensch, der pünktlichst wie Big Ben funktioniert. Es gibt solche Leute von Natur aus, die beneide ich. Ich bin ein Bohemien, und ich bleibe ein Bohemien. Ich lebe von heute auf morgen, und mehr weiß ich nicht. Ich verspreche auch nichts. Was soll ich mir also Gedanken machen? Das einzige, was ich sagen kann: Ich möchte arbeiten. Aber die Jüdische Gemeinde ist für mich beendet. Auf diesem Höhepunkt."

Was mag dort vorgefallen sein? Darüber spricht Rachel Cohen nicht. Doch bei festlichen Anlässen in der Gemeinde weigert sie sich strikt, am Tisch des Vorstands zu sitzen. Wo als Leiterin der Gemeinde eigentlich ihr Platz wäre. Zu ihrer vorzeitigen Kündigung zitiert sie den Talmud: „Wer will sein Lebenswerk ganz vollbringen, dem wird es nimmer gelingen, aber stets muß er lernen und streben, dazu hat Gott ihm die Kraft gegeben."

Komm nach Berlin, du könntest hier so viel machen, sagt eine ehemalige Schülerin. Ihre Stadt verlassen? Daran denkt Rachel Cohen nicht. Hier hat sie ihre Freundschaften, ihre „Familie". Hier kennt sie sich aus. Sie liebt den Anflug des Mondänen dieser süddeutschen Stadt, und nach Frankreich ist es nicht weit. Diesem Land fühlt sie sich verbunden. Dort ist sie geboren. In der Nähe von Lyon. An ihre Mutter kann sie sich nur vage erinnern. Sie war erst drei, als man sie trennte, und Rachel bei Nonnen in der Provence versteckt wurde. Das meiste, was sie über ihre Mutter weiß, hat sie später in Israel erfahren, von Verwandten und Menschen, die sie gekannt hatten. „Eine Französin. Sie war in der Résistance. Eine Persönlichkeit, wie man mir erzählt hat. Sie hat eine große Ausstrahlung auf mich gehabt, das weiß ich noch, immer lachend, immer positiv eingestellt, jede Situation zu bewältigen. Dadurch wurde ich auch gerettet, mein Leben. Sie ist verschollen. Ich glaube, '45 noch deportiert worden. Nur weil sie krank wurde, hat man sie gefaßt, denn sie war so eine Mata Hari, die konntest du nicht greifen. Auch die Scheidung spricht für sich, obwohl sie mit mir schwanger war. Ihr Mann, ein polnischer Jude, war nicht ihr Typ, und es interessierte sie nicht, was die Leute redeten. Sie war eine sehr mutige Frau, soweit ich das verstanden habe."

Sie könnte sich einen zweiten Wohnsitz in Berlin nehmen, insistiert die ehemalige Schülerin. Wo soll das Geld herkommen? fragt Rachel Cohen. Ihre Aktien sind gerade gefallen. Sie liebt das Risiko, spekulierte schon an der Börse, lange bevor es modern wurde. Und von ihrem Gehalt hat sie nie etwas zurückgelegt. Sie kann mit Geld nicht umgehen. Egal, ob sie zweitausend, fünftausend oder zehntausend im Monat hat, es reicht nie. Das Geld rieselt ihr nur so durch die Finger. „Ich bin nicht geldgeil, nie gewesen. Aber wenn mich was fasziniert, dann brauch ich das und kauf das auch, da gucke ich nicht aufs Geld. Ich bin immer im Jetzt, denke nicht an die Zukunft." Ob das ein Jil-Sander-Kostüm aus der neuen Kollektion ist – die Jacken sind in dieser Saison etwas länger geschnitten, und bei diesem Dunkelblau, diesen Nadelstreifen kann sie einfach nicht widerstehen und allein die Änderungskosten! kürzer und enger muß es sein, selbst 36 ist ihr zu groß – oder ein Ölgemälde, das sie auf einer Vernissage entdeckt: französisches Flair, Straßencafés, Platanen. Das muß sie haben.

Rachel Cohen weiß nicht einmal, wie hoch ihre Rente sein wird; darum hat sie sich noch nicht gekümmert. Geld ist ihr eben egal. Weil es doch nie reicht. Und gerade hat sie erfahren, daß sie ihre ganze Berufslaufbahn über „mindestens zweitausend Mark mehr monatlich" hätte verdienen können, wäre sie anders eingestuft worden. Na ja, jetzt sei es zu spät, vielleicht bekomme sie das wieder rein, wenn die Aktien doch noch aus der Talsohle in schwindelnde Höhen steigen. So gleiche sich das wieder aus. Frage sich nur wann. In einem Jahr, in zehn Jahren, vielleicht sei sie dann längst tot. Auf jeden Fall brauche das Warten auf den Aktienanstieg einen langen Atem.

Sie ist nicht verbeamtet, mit all den damit verbundenen Vorteilen wie Zuschlägen und Altersabsicherungen. Sie wollte eben ihre israelische Staatsbürgerschaft behalten. Welche Komplikationen, welcher Papierkrieg, nur um ihren Auflösungsvertrag mit der Schulbehörde zu regeln, dabei hat sich „das Hin und Her mit dem Ausland und dem Inland" längst für sie erledigt! „Ich wollte meinen israelischen Paß behalten, weil ich dachte, wenn ich schon mit Kindern arbeite, Theologie und Religion vermittle, dann muß doch etwas bleiben von der richtigen Identität. Das ist die israelische Identität und nicht die einer Jüdischen Gemeinde, die ein Ghetto ist. Ein Ghetto kann man nicht vergleichen mit einem Land. Als Glaubensgemeinschaft im Ausland ist man immer zu Gast. Das eigene Land ist das Rückgrat des Volkes Israel. Deshalb wollte ich meinen israelischen Paß behalten. Etwas Jüdisches muß an dir bleiben, dachte ich, nicht nur der Unterricht. Das ist eine Identität, auch wenn es Geldverlust bedeutet, kein Beamter zu sein."

An das Land Israel binde sie aber nichts, sagt sie im selben Atemzug. Was sie binde, seien Menschen und das, was sie gelernt habe. „Der Mensch ist der Mittelpunkt und kein geographisches Gebiet. Mein Zuhause ist, wo mein Ich ist." Und das ist in dieser Stadt, wo sie praktisch alles erreicht hat, was sie wollte. Sie würde ihr Leben, wenn sie es noch einmal in der Hand hätte, genau so gestalten, würde nichts ändern. „Was ich gemacht habe, wie ich es gemacht habe, war richtig. Ich bereue nichts. Mit den Höhen und den Tiefen." Und sie wundert sich noch im nachhinein, daß aus ihrem Beruf eine Berufung wurde.

Es war ursprünglich nicht ihr Wunsch gewesen, Lehrerin zu werden. Sie wollte Sekretärin sein, Geld verdienen. Besser noch: durch die Straßen Tel Avivs ziehen, ein Bohemienleben führen. Doch sie mußte tun, was Lehrerinnen und Erzieher für das beste hielten für die überlebenden Kinder des Holocaust, die nach '45 im Rahmen der Jugendalija aus europäischen Ländern in israelische Kinderheime gebracht worden waren.

„Wir wurden gar nicht gefragt, was wir werden wollten. Ich wurde von einem Internat zum anderen geschickt und dachte, schon wieder eingezäunt, schon wieder." Heute ist Rachel Cohen dem Staat Israel dankbar für ihre Ausbildung, ohne die sie nie hätte Religionslehrerin werden können. Ein Glück auch, daß sie „zufällig" ins Ausland kam, denn in Israel gibt es diesen Beruf nicht. Rachel Cohen ist zwar für alle Grundschulfächer ausgebildet, aber zu dreiviertel beschäftigte sich die Pädagogische Hochschule mit Theologie, und an der Bar Ilan Universität war das Studium der Heiligen Schrift Pflicht. Rachel Cohen war in den orthodoxen Kreisen zu Hause. „Ich habe die Religion gelebt. Und wenn man von so einem Background kommt, dann hat man ein unglaubliches theologisches Wissen." Da kennt sie sich besser aus als manch ein Rabbiner. Doch Rabbinerin hätte sie nie werden können und wollen, wegen ihrer orthodoxen Erziehung und Geisteshaltung: „Das ist Reform." Sehr fremdartig mutete es sie an, als sie vor kurzem in einer Synagoge zum ersten Mal Frauen auftreten sah, die beteten und aus der Tora lasen. Da mache sich die orthodoxe Tradition immer noch bemerkbar, hielte sie in manchem zurück. Aber nicht davon, sich in jungen Jahren einer orthodoxen Heirat zu widersetzen. „Irgend etwas in mir sagte: Das wird nicht gutgehen. Ein Gefühl in der Magengrube: Ich kann es nicht. Ich kann nicht so leben mit einer Perücke auf dem Kopf und sofort Kinder kriegen und mit einem Mann, den ich gar nicht kenne."

Die zwei Jahre in der Armee erlebte Rachel Cohen trotz aller militärischer Disziplin als Befreiung von den orthodoxen Reglementierungen des alltäglichen Lebens. Nicht allein spazierengehen zu können! Sie, die so gern durch die Straßen Tel Avivs gebummelt wäre, spürt, das ist nicht mehr ihre Welt. Die Enge ihres persönlichen Kreises, die Enge des Landes tun ihrer Bohemienseele nicht gut. Durch viele Schulausflüge kennt sie das Land in- und auswendig. „Aber man kam nicht raus. Die Jugend wurde in Israel gebraucht."

Sie setzt alles daran, rauszukommen, sucht und findet weitläufige Verwandte, die ihr eine Bürgschaft schicken, die einzige Möglichkeit, das Land zu verlassen, und die Schiffspassage bezahlen. Rachel Cohen wird für ein halbes Jahr vom Studium befreit und kommt aus dem sonnigen Israel in eine graue deutsche Nordseestadt zu einem alten, kinderlosen Ehepaar. Aber sie kann reisen, über die Grenzen hinaus, zieht durch Skandinavien von Jugendherberge zu Jugendherberge bis in den Nordzipfel Norwegens, lernt Land und Leute kennen, ist begeistert, daß das ohne Komplikationen geht. Sie schlägt sich durch mit Tellerwaschen und Straßenmalerei. Sie hört auf, koscher zu essen. „Das war für mich eine Befreiung. Ich mußte es tun, so viele Verbote, das war nicht normal für mich." Am liebsten wäre sie weitergereist, immer weiter, doch poste restante erhält sie einen Brief von ihren Verwandten aus der Nordseestadt, sofort zurückzukommen, sonst widerriefen sie die Bürgschaft: Ein jüdisches Mädchen könne sich nicht so aufführen und durch die Lande ziehen. Sie sei doch keine Schickse!

Nach Israel will Rachel Cohen nicht zurück. Ihre Aufenthaltsgenehmigung für Deutschland wird verlängert. Sie arbeitet in einem Hotel als Zimmermädchen und hat somit ein Dach über dem Kopf; bei den Verwandten ist es ihr zu eng. Das Putzen macht ihr nichts aus. Auf der Volkshochschule lernt sie Deutsch. Sie nimmt Kontakt zur Jüdischen Gemeinde auf, „um einen Rückhalt zu haben" – das haben die Verwandten ihr geraten. Mit Mitte Zwanzig zieht sie nach Süddeutschland und studiert evangelische und jüdische Theologie. Gleichzeitig wird sie wegen ihrer bemerkenswerten Kenntnisse des Judentums – sie hat es eben lange Jahre gelebt – als Religionslehrerin in der Jüdischen Gemeinde eingestellt, dort, wo sie heute noch tätig ist.

„Mein Wissen zu vermitteln machte mir nichts aus, weil ich mich frei verhalten konnte. Ich konnte auch vor der Jüdischen Gemeinde sagen: Ich bin nicht religiös." Ob sie denn an Gott glaube? „Was ist denn das für eine blöde Frage? Glaube ist eine persönliche Sache. Gott braucht mich nicht, ich brauche ihn. Meine Gefühle sind da. Aber die dogmatische Form ist für mich nicht da. Denn Gott hat keine Zeit für diese Dinge. Das haben wir uns selbst auferlegt. Den einen macht es mehr Spaß und den anderen weniger. Mir macht diese dogmatische Form überhaupt keinen Spaß."

Für Rachel Cohen sind alle Glaubensgemeinschaften gleich, ob Islam, Judentum, Christentum oder Buddhismus. Sie vermittelt, daß der Glaube eine individuelle Angelegenheit ist und es jeder Person überlassen bleibt, was sie glaubt und wie weit. Wenn ein Glaube Positives ausstrahle, sei das gut,

Fanatismus hingegen nicht. „Es gilt nur, wie sich der Mensch anderen Menschen gegenüber verhält. Das ist wichtig, alles andere interessiert mich nicht."

Eine leidenschaftliche Religionslehrerin, die nicht religiös ist, so sieht sie sich. Die persönliche Einengung durch religiöse Vorschriften hat sie bereits an der Pädagogischen Hochschule in Israel abgelehnt. Sie weigerte sich, das Dokument zu unterschreiben, das sie zur Lehrtätigkeit befugt hätte. Danach sollte sie sich „züchtig kleiden", keine „Freudenhäuser" besuchen – damit waren Vergnügungsorte jeglicher Art gemeint wie Discos, Bälle und Bars – und keine Kinos sowie nicht in „anders gearteter", sprich nichtjüdischer Gemeinschaft unterrichten. Rachel Cohen hat das Papier aufbewahrt. Die Vorschriften sind verblaßt. „Zwang ist nicht Glaube", sagt sie. Mit dem Verzicht auf die dortige Lehrtätigkeit habe sie sich damals „vom Zwang entsorgt", aber nicht vom Wissen. „Ohne Wissen kann man nicht glauben."

Das in Deutschland begonnene Theologiestudium bricht sie bald ab. Nicht, weil sie keine Lust mehr hat oder weil es ihr zuviel würde neben ihrer Arbeit in der Jüdischen Gemeinde, sondern weil ihr Professor sie „ganz" in seiner Fakultät haben will, als Studentin und als Lehrerin für den Hebräischunterricht. Schon sein Drängen erlebt sie als „Zwang". Und damit ist ihre Entscheidung gefallen. Ihren Doktor kann sie später immer noch machen. Sie ist ja erst Mitte Zwanzig. Die folgenden Jahre stürzt sie sich voll und ganz in die Lehrtätigkeit in der Gemeinde mit ihrem aufblühenden Jugendzentrum. Da ist kaum noch ein Gedanke an die Doktorarbeit, und wenn, dann wird er gleich beiseite geschoben: später. Und plötzlich hat sie die Dreißig überschritten. Und entdeckt ihre Vorliebe für Frauen. „Zum Glück schloß das Boccaccio um ein Uhr. Aber auch das war schon ziemlich spät, besonders, wenn man jeden Abend dort verbrachte, oder fast jeden. Und natürlich wurde auch getrunken." Das ist sie nicht gewohnt. Und da sie ohnehin kein Morgenmensch ist, fällt ihr das Aufstehen noch schwerer. Aber dem Boccaccio und der damit verbundenen Entdeckungsreise kann sie nicht widerstehen.

Wie sich ihr gerade entdecktes Lesbischsein mit der jüdischen Religion verträgt oder mit der Gesellschaft interessiert Rachel Cohen nicht. Sie interessiert die Fragen: Bin ich Männern oder Frauen zugeneigt? Was zieht mich ins Boccaccio? Und verdammt noch mal, was soll das werden? Was geschieht in dir? Warum? „Daß man diskriminiert wird, wenn man lesbisch ist, habe ich erst später begriffen. Natürlich bin ich nie Arm in Arm mit jemandem gelaufen, das ist nicht meine Natur. Und wenn es nicht meine Natur ist, warum es machen? Warum provozieren?"

Je älter sie wird, desto „hellhöriger" wird sie, hört das Gemunkel: Die heiratet nicht. Wieso heiratet die nicht? Irgendwann weiß es die ganze Gemeinde. Doch es wird nicht ausgesprochen. Nicht ihr gegenüber. Sie merkt, daß es etwas anderes ist, lesbisch zu sein. Es wäre einfacher, hetero oder zumindest verheiratet zu sein. Selbst „fremdzugehen" brächte sie nicht ins Gerede. Bei den Festivitäten, den groß ausgestatteten Bat-Mizwa- und Bar-Mizwa-Feiern, den Seder-Abenden kann sie niemals eine Partnerin mitbringen. Manchmal ist sie es leid, immer allein zu erscheinen, und läßt sich von einem schwulen, am Judentum interessierten Freund begleiten. „Natürlich nicht tuntig. Ich würde nie jemanden da rein-bringen, der tänzelnd durch die Gegend läuft." Gleich fühlt sie sich ganz anders. Wohler. Das Versteckspiel ist für sie „eine Subkultur à la Thomas Mann. Der hat das auch ver-steckt. Nach außen wollte er der geachtete Bürger sein, und nach innen war er schwul."

Auch Rachel Cohen versteht diese beiden Welten zu tren-nen. Tagsüber ihre Arbeit in der Gemeinde und nachts das Boccaccio. Das Doppelleben ist für sie Normalität. Nie habe sie sich in der Gemeinde diskriminiert gefühlt, sagt sie, des-halb habe sie es nicht nötig, sich wie Alice Schwarzer aufzu-führen. Sie habe alles erreicht, was sie wollte; sie mache, was sie wolle, ließe sich von niemandem Steine in den Weg legen und deshalb versuche man das auch gar nicht erst. Und les-bisch oder nicht, die Schülerinnen und Schüler hingen an ihren Lippen, weil sie überzeugend sei. „Das war mein Vor-teil. Weil ich gut war, hat man darüber hinweggesehen – einen Vorhang dazwischen gezogen." Sie kümmere sich ja auch nicht um das Privatleben der anderen. Und zu den Festen in ihrer Wohnung lädt sie alle ein, Lesben, alte Freundinnen, He-teros, die sie akzeptieren, wie sie ist. „Das ist das Schöne an der Sache."

Es ist schließlich normal, sagt sie. Die gleichgeschlecht-lichen Paare in der Tora, David und Jonathan, Ruth und Naomi, sind die Beweise. Das gibt es eben. Das hat es immer gegeben. Auch wenn sie nicht als Liebesbeziehungen be-schrieben sind. „Im Talmud steht ausdrücklich: Es ist keine Beziehung, wenn zwei Frauen in einem Bett liegen, es ist ein Austausch von Zärtlichkeiten. Aber der Talmud ist ja von Männern geschrieben, und die sagen natürlich nicht, ja, da ist etwas, das ist mehr als ein Austausch von Zärtlichkeiten, das ist eine Liebesbeziehung."

Das einzige Problem „bei der ganzen Geschichte" ist für Rachel Cohen das Alleinsein. Ein Nachteil eben, als Lesbe älter zu werden und nicht in einer Familie eingebettet zu sein. Gut, sie ist seit zwanzig Jahren mit Chris Vollmer zusammen. Aber das ist etwas anderes, als Mann und Kinder zu haben. Nicht daß sie selbst gern Kinder hätte, die hat sie zur Genüge in der Schule, aber „wenn man verheiratet ist, dann glaubt man, später nicht allein zu sein. Glaubt man zumindest. Und in jungen Jahren, wenn man durch die Bars zieht, die Nächte durchmacht, Highlife und alles genießt, dann denkt man nicht an später. Und plötzlich merkt man: Verdammt noch mal, jetzt sitzt du hier allein."

Wenn ihr etwas passierte! Der Gedanke beunruhigt sie. Kein Mensch würde es merken. Ein Handy würde auch nichts nützen, wenn sie es nicht mehr bedienen könnte. Und überhaupt: Was bedeutet die schöne Wohnung, wenn niemand da ist. Außer ihr. Da fühlt sie sich in der kleinen Wohnung ihrer Freundin sicherer, verbringt deshalb die meiste Zeit dort. Chris Vollmer gibt ihr Kraft, Halt und Stärke, wo sie schwach ist. Ihre Schwäche ist die Hypochondrie. Normalerweise hat Rachel Cohen keine Angst. Aber sobald sie allein in ihrer Wohnung ist, überfällt es sie: Was ist denn dies, was ist denn das? Eine Unebenheit auf dem Arm wird zum Hautkrebs, ein Zwicken im Bauch zum unheilbaren Magentumor. Wird ihr nach einer Vorsorgeuntersuchung gesagt, sie solle regelmäßig einmal im Jahr zur Kontrolle kommen, sieht sie sich an Brustkrebs sterben. Chris Vollmer kann sie beruhigen. „Wenn die sagt, da ist nichts, jede von uns muß zur Kontrolle, dann ist da nichts." Es ängstigt sie auch, daß ihr Busen etwas voller geworden ist, seit sie vor einigen Jahren auf Empfehlung ihres Arztes – „Sie sind in dem Alter" – angefangen hat, vorsorglich Hormone zu nehmen. Und kürzlich hat sie sich mit Schmerzen in der Hand verrückt gemacht. „Hand – handeln", sagte Chris Vollmer, „ist doch logisch." Ja, natürlich, das war es; seit längerem trug sie Unstimmigkeiten mit sich herum. Rachel Cohen hat volles Vertrauen zu ihrer Freundin.

Selbstverständlich werden sie den Rest ihres Lebens zusammenbleiben. Trotz gewisser Schwierigkeiten. Die möchte Rachel Cohen nicht benennen. Sie kennen sich gut, mit ihren Stärken und Schwächen, mit allen Höhen und Tiefen ihrer zwanzigjährigen Geschichte, den zeitweisen Trennungen, kurzen Affären und langjährigen Beziehungen nebenher.

Dennoch wäre Rachel Cohen gern von einer „richtigen" Familie umgeben. Und so haben diese dann auch immer eine besondere Rolle in ihrem Leben gespielt. Wie die Familie des früheren Theologieprofessors, seine Frau und seine Tochter, zu ihrer Familie geworden war. Rachel Cohens damalige Entscheidung, die Fakultät zu verlassen, geschah schweren Herzens, denn dies bedeutete gleichzeitig, sich auch von der Familie zu trennen. Ihr individuelles Freiheitsbedürfnis und die Sehnsucht nach familiärer Geborgenheit standen sich entgegen. „In Heimen oder Internaten bekommt man alles für den Kopf, aber die können dir keine Emotionen geben. Darum ist für mich eine Familie, nicht unbedingt meine eigene, so wichtig."

„Emotionen" und Geborgenheit fand sie dann bei der Familie um Nicole Wagner, einer Französin, mit der sie ein Liebesverhältnis verband. Zehn Jahre lang war diese Familie ihr ein Zuhause. „Ich fühlte mich als Frau und als Kind, umhegt und umsorgt. Ich hab's genossen. Richtig verwöhnt wurde ich, bis zum Gehtnichtmehr. Ich wurde bedient von Kopf bis Fuß."

Es hätte ewig so bleiben können. Eigentlich war es ihr selbstverständlich, so alt zu werden. Direkt gedacht hat sie es nicht. Weil sie nie ans Alter denkt. Aber es war wie für immer. Auch sehr bequem. Nur manchmal anstrengend mit ihrem Beruf in Einklang zu bringen. Ein luxuriöses Leben. Sie spielte sogar mit dem Gedanken, ihre Arbeit zu kündigen, eben ganz und gar bei dieser Familie zu sein, mit ihnen zu leben, mit ihnen zu reisen. A la Thomas Mann.

Zehn Jahre ein bewegendes, ein bewegtes Leben. Mit dieser Familie wurde die Welt weit. Rachel Cohen reiste mit ihnen nach Griechenland, durch die USA und Kanada, mit Frau Wagner, ihrer Geliebten – sie siezen sich bis heute –, mit den Kindern, der Mann kam häufig nach. „Wir hatten ein sehr lebendiges Leben. Es war wunderbar." In der Jüdischen Gemeinde wurde gemunkelt. „Darf ich vorstellen, die Freundin meiner Frau", sagte Herr Wagner. In der Wagnerschen Villa hatte Rachel Cohen ihr Zimmer, ihr Bad. Alle hatten ihr eigenes Zimmer. Nicole Wagner, die beiden Söhne, der Ehemann, es war ja Platz genug. In den letzten Jahren wurde das Verhältnis riskanter. „Ich mußte schon aufpassen, daß ich mich normal verhalte – was ich auch absolut hingekriegt habe, die Kunst beherrsche ich." Rachel Cohen mußte die Anwesenheit von Herr Wagner zwischen seinen Geschäftsreisen dulden. Nicole Wagner konnte die „unkultivierte" Chris Vollmer nicht ausstehen, die immer noch zu Rachel Cohens Leben gehörte, am Rande allerdings in jenen Jahren; aus der gemeinsamen Wohnung war sie ausgezogen, ihren Namen am Briefkasten aber hat sie gelassen, bis heute. Ansonsten gingen Rachel Cohen und Nicole Wagner souverän mit der Situation um, konnten alles miteinander besprechen, sich streiten, das Leben genießen. Wie auf der Insel im ägäischen Meer. Das Foto zeigt eine große dunkelhaarige lachende Frau, eine, die die Blicke auf sich zieht, Nicole Wagner in einem tief ausgeschnittenen Sommerkleid. Daneben Rachel Cohen, braungebrannt, in Jeans und weißem T-Shirt – weiß trägt sie nur, wenn sie braun ist –, und sicher ist der Sonnenhut ein Herrenhut. Zu offensichtlich das Glück? Mit neunundvierzig Jahren.

Eine Mißgünstige läßt es nach zehn Jahren platzen, spricht aus, was nicht ausgesprochen werden darf: „Rachel Cohen ist verliebt in Ihre Frau. Ja, wissen Sie es denn nicht, daß sie Ihre Frau liebt?" Herr Wagner tobt. „So was kann keine Schulleiterin sein, kann keine Kinder unterrichten, sie wird die Kinder verführen." Nie wieder wurde Rachel Cohen zu einer Reise, zu einem Wochenendtrip nach Nizza, zum Skisport nach St. Moritz eingeladen; die Vorortvilla blieb ihr vorerst verschlossen. Kühl und distanziert, als hätte es diese zehn Jahre nicht gegeben, waren fortan ihre Begegnungen bei den festlichen Anlässen der Jüdischen Gemeinde. Das Ehepaar erschien vereinter denn je.

Im Laufe der Jahre hat sich eine freundschaftliche Beziehung zwischen den ehemaligen Geliebten entwickelt. „Ohne Zweideutigkeiten." Hin und wieder, wenn ihr Mann auf Geschäftsreise ist und die Kinder nicht zu Hause sind, ruft Nicole Wagner an: „Was machen Sie Schönes am Wochenende?" Dann kann Rachel Cohen die Vorortvilla wieder betreten. Ihr Zimmer hat sie dort immer noch. Ihre Bücher. Vielleicht könnte sie dort all ihre Bücher unterbringen, die sie bald in der Gemeinde ausräumen muß? Ein verrückter Gedanke. Ihr Namensschild hängt noch an der Pforte. Den Hausschlüssel hat sie längst verloren.

Hin und wieder treffen sich die beiden Frauen zu Ausstellungen, Theaterbesuchen, fahren zum Einkaufen in die nächste französische Stadt. Nach wie vor ist Rachel Cohen vom Lebensstil dieser Frau fasziniert, von ihrer Attraktivität, von ihrem Chic, der Bedeutung, die gutes Essen für sie hat – dabei hatte sie am Anfang gedacht, Nicole Wagner könne sicher nicht mal Kaffee kochen und war dann erstaunt, wie sie die phantastischsten Gerichte improvisierte und vor allem präsentierte. Mit Stil. Die Zeit für wichtige Besorgungen kann ruhig knapp werden, für eines bleibt immer reichlich Muße: „Lassen Sie uns erst mal schön essen gehen." Es sind wunderbare Stunden mit Nicole Wagner im vornehmen Restaurant. Die Zeit ihrer Liebesbeziehung, ihrer „Subkultur", gehört der Vergangenheit an. Nie wieder wurde eine Silbe darüber verloren. „Er hat das Geld nach Hause gebracht. Man verläßt niemals einen Mann, der einen sehr gut ernährt. Hätte sie auch nicht getan, bei ihrer Erziehung und ihrem Niveau. Mit Niveau hat sie auch diese Subkultur mit mir betrieben, oder sie mit sich selbst oder ich mit ihr."

Offensichtlich wird die Bedeutung einer Familie für Rachel Cohen auch in ihrem Testament. Sie hat alles einer „hervorragenden Seelenfreundin" vererbt, derjenigen, die sie zum erstenmal mit ins Boccaccio nahm. Sie ist längst verheiratet und hat drei erwachsene Kinder. „Da sehe ich Zukunft." Der Sohn wird Theologe, die eine Tochter Lehrerin, die andere studiert Literaturwissenschaft. An diese Kinder wird Rachel Cohens Hab und Gut später gehen. Ihre gleichaltrige Gefährtin Chris Vollmer hat sie in diesem Schritt bestärkt: „Das Beste, was du tun kannst. Wenn du es mir gibst, ich weiß nicht, wohin mit den Sachen. Die würden doch nur auf dem Müll landen; du weißt, ich hab kein Interesse dafür. Bücher und all das." Das ist Chris, sagt Rachel Cohen stolz. „Sie ist nicht gebildet, aber sie ist klug. Lebensklug. Was unnütz ist, braucht man nicht im Haus zu haben. Sie wollte schon mal ein Klavier auf den Sperrmüll schaffen. Hätte sie noch tausend oder tausendfünfhundert Mark für bekommen können. Sie hat keine Beziehung zu diesen Dingen, aber einige Bilder hängen doch in ihrer Wohnung, auch welche, die ich gemalt habe. Sie ist ein ganz anderer Typ. Ein Witz, die Sachen Menschen im gleichen Alter zu vererben."

Es gab keinen direkten Anlaß für Rachel Cohen, ihr Testament zu machen, außer dem Wunsch, „daß es die richtige Person bekommt." Gemeinsam mit ihrer Seelenfreundin hat sie das Testament formuliert, ohne Notar, und jede hat eine Kopie. Rachel Cohen ist froh, daß das erledigt ist, und weiß, daß es so richtig ist. Sonst hätte ihre Seelenfreundin gesagt: Tu es nicht.

An den Tod hat sie dabei nicht gedacht, denkt auch jetzt nicht direkt daran, aber sie weiß, er kann jede Stunde passieren. Wenn sie von ihrer Terrasse aus die junge Frau gegenüber auf einem Bein humpeln sieht, fragt sie sich, wie ihr wohl manchmal zumute ist. Der Motorradunfall ist in ihrer Jugend passiert, nicht im hohen Alter. „Es gibt keinen Zeitpunkt – für nichts." Auch nicht für Krankheiten, vor denen sie immer wieder panische Angst überfällt, morgens beim Aufwachen, wenn sie allein in ihrer Wohnung ist. Was ist das anderes als die Angst vor dem Tod? fragt sie. „Das hat aber nichts mit dem Prozeß des Älterwerdens zu tun. Diese Angst habe ich, seit ich vierzehn oder fünfzehn bin."

Wenn Rachel Cohen mit Menschen wie der zwei Jahre jüngeren Nicole Wagner zusammen ist oder mit ihrer gleichaltrigen Seelenfreundin oder Chris Vollmer, dann würde sie ohne weiteres hundert werden wollen. Kein Gedanke ans Alter! Mit ihnen ist es einfach nicht Thema, höchstens im Sinne von „unsere Generation"; locker und fröhlich gehe es dabei zu, „sehr charmant". „Das bringt mich zurück zum Kindsein. Dazu neige ich. Probleme sähe ich beim Älterwerden, wenn ich in Rente ginge und die falschen Leute um mich hätte, das wäre eine Katastrophe. Leute, die nur noch Sterbehilfe leisten, die immer sagen: Wir werden älter, wir werden älter. Das kann ich nicht ab." Mit solchen Menschen würde sie alles negativ sehen, daß die Zellen absterben, zum Beispiel. Bei ihrer Arbeit mit Jugendlichen habe sie ganz andere Erfahrungen gemacht; da habe sie eher bemerkt, daß sich die Zellen erneuern und frischer werden.

Schon aus diesem Grund muß sie mit jungen Menschen zusammensein. Sie denkt dabei an die Yoga-Gruppe, zu der sie seit Jahren zwei-, dreimal wöchentlich geht, so oft wie möglich, allein zu Hause macht sie die Übungen nicht. Alle Teilnehmerinnen sind jünger als sie. „Die können fünfundvierzig sein – die sehen aus wie fünfundzwanzig, das macht das Yoga. Sie sind alle Teetrinker, rauchen kaum und trinken wenig Alkohol, eine gesunde Einstellung zum Dasein. Sehr sympathisch." In dieser Gruppe würde sie sich gern mehr engagieren. Vielleicht ein Projekt für ihre Rentenzeit? Ein vorüberfliegender Gedanke.

Die Yoga-Übungen ersetzen ihr den Sport; sie trainieren den ganzen Körper. Und das Treppensteigen nicht zu vergessen, die fünf Stockwerke dauernd rauf und runter. Für jeden Besuch muß sie hinunter, um die Haustür zu öffnen, die auch tagsüber zweimal abgeschlossen ist. Wegen der Penner, wegen der Alkis und Junkies, der Einbrecher, die sich hier in der Bahnhofsgegend aufhielten.

Früher ist Rachel Cohen gern schwimmen gegangen, machte ihre zwanzig Bahnen à fünfzig Meter, ohne Pause, „dann hast du was geleistet", aber die heutigen Becken mit fünfundzwanzig Metern, „das ist ja nichts". Selbst wenn sie im Urlaub auf Mallorca ist, kann sie nicht so weit schwimmen, wie sie gern möchte. Weil die meisten Menschen im Meer nur ein kurzes Stück mitschwimmen. „Und wenn ich weiter hinausschwimme, bin ich ganz allein. Das ist ein bißchen unheimlich und auch gefährlich."

Anders sei es beim Kanufahren, da träfe sie weit draußen eher auf andere Boote. Auch da werde es manchmal brenzlig, „aber da mache ich mir keine Gedanken ums Alter, da denke ich an die Wellen: Konzentrier dich, verhalte dich ruhig, atme nach Yoga und keine Hektik. Versuch, mit den Wellen zu gehen. Und wenn der Wind sich dreht, dann denke ich, verdammt noch mal, wie weit dreht der sich noch? Man muß sehen, daß man nicht zuviel Kraft beim Rausfahren vergeudet, daß man noch genug Kraft für den Schlußgang hat, was auch immer passiert. Das ist eine Herausforderung, und da hast du hinterher auch das Gefühl, daß du was getan hast. Dieses Rumliegen am Strand ist nichts für mich." Ob sie in diesem Jahr wie üblich zu ihren mallorquinischen Freunden fahren kann, weiß Rachel Cohen nicht. Schließlich geht sie in Rente. Und die Aktien sind im Keller.

Vielleicht wegen des Alters? war dann aber doch Rachel Cohens erster Gedanke, als Anna Weber die Liebesbeziehung zu ihr vor zwei Jahren Knall auf Fall telefonisch beendete. Zwanzig Jahre lagen zwischen ihnen. „Zum ersten Mal in meinem Leben dachte ich über das Alter nach. Bis dahin hatte ich noch nie einen Unterschied festgestellt, ob eine fünfunddreißig ist oder vierundfünfzig. Das war für mich gleich."

Ein Küken, hatte sie trotzdem zuerst gedacht, als sie begann, Anna im Judentum zu unterweisen, stellte aber im Laufe der Monate fest, daß das Küken sehr viel Hirn hatte, sehr belesen und sehr interessant war. Dennoch befürchtete Rachel Cohen, sich bei einem gemeinsamen Ausflug ans Meer tödlich zu langweilen: Außer einem langen Strand ist da doch nichts – was machen wir da? Strandspaziergänge! „Wir haben endlos miteinander geredet. Es war faszinierend in diesem öden, langweiligen Ort. Nur durch das Gespräch." Das Gespräch ist für Rachel Cohen die erotische Basis – Basis jeglicher Sexualität. So war es immer in ihrem Leben, daran hat sich nichts geändert, und so wird es auch bleiben. Was das Körperliche angeht, ist Rachel Cohen erstaunt, wenn Frauen in ihrem Alter sagen, sie würden es nicht wagen, sich auszuziehen, wegen ihrer schlaffen Haut. Solche Gedanken kenne sie nicht.

Ob diese Beziehung tatsächlich am Alter scheiterte, das weiß Rachel Cohen nicht. Sie sei zu egozentrisch, war Anna Webers knappe Erklärung am Telefon. „Das stimmt. Ich finde, jeder Mensch hat das Recht, egozentrisch, egoistisch, ichbezogen zu sein. Es steht auch in der Tora: Liebe deinen Nächsten, denn er ist wie du. Wenn du dich selbst nicht liebst, dann kannst du auch keinen anderen lieben. Immer für andere zur Stelle sein ist auch Egoismus. Kein Mensch ist frei von Egoismus, und das ist auch eine gesunde Daseinsform. Sonst ist man nur ein Opfer des eigenen Masochismus oder eine Mutter Teresa. Das ist auch Egoismus. Eine Selbstbefriedigung. Also warum der Wahrheit nicht ins Gesicht sehen? Egozentrisch zu sein ist ja kein Übel. Es ist normal wie Essen und Trinken. Wenn man allerdings Menschen ausbeutet, das ist was anderes ..."

Rachel Cohen hat auch nicht weiter nachgefragt bei diesem Telefonat. Wieso, warum? „Ich bohre nicht. In Kurzformel hieß dieser Vorwurf: Ich liebe dich nicht mehr. Das kann man direkt sagen. Ist doch viel einfacher. Das hätte den Schmerz zwar nicht verändert, aber es wäre die Wahrheit gewesen. Man sucht nur Umwege, das zu beschreiben." Dem Anschein nach ist dieses Thema für Rachel Cohen erledigt. Eine Spur Bitterkeit klingt aber doch durch, wenn sie sagt, sie verstehe es nicht und finde es einfach gemein, daß Anna Weber sie in ihrem ganzen Freundeskreis als die Frau ihres Lebens vorgestellt hat. „Wenn man so was bekundet und dann nach anderthalb Jahren Schluß macht, da gibt es nichts mehr zu fragen. Dazu bin ich mir zu schade." Sie vermißt den Austausch, die Diskussionen, die Gespräche mit ihr. „Eine hervorragende Beziehung. So etwas gab es noch nie in meinem Leben."

Anna Weber war die einzige jüngere Freundin in ihrem Leben. Nein, auch ihre allererste Freundin, erinnert sich Rachel Cohen, die sie damals im Boccaccio kennengelernt hatte, war jünger als sie, vierzehn Jahre. „Eine sehr harmonische Beziehung. Obwohl wir entgegengesetzte Arbeitszeiten hatten, sehr unkompliziert. Sie war geistig sehr beweglich. Ist sie heute noch." Gemeinsam richteten sie die Wohnung ein, in der Rachel Cohen heute noch wohnt; das Bücherregal im Wohnzimmer stammt aus deren Elternhaus, Stühle und Récamier kauften sie gemeinsam in Frankreich. „Sie war gerade zwanzig und meinte dann, sie müsse sich noch die Welt erschließen. Da konnte man keinen Widerspruch leisten, so schmerzhaft die Trennung auch war. Das kann man verstehen. Das war das Ende. Nein, nur der Anfang. Es muß ja weitergehen."

Rachel Cohen hätte neben Chris Vollmer schon gern wieder eine Partnerin. Am besten in ihrem Alter, „aber nicht unbedingt älter." Eine, mit der sie ein erotisches Leben führen kann, und zwar „nicht nur leibliche Erotik, sondern auch Erotik durch das Gespräch, ein Zusammensein, wo die Erotik durchströmt." Das würde auch Chris Vollmer freuen. Sie weiß, daß es Rachel Cohen glücklich macht. Zwischen ihnen gibt es schon lange keine körperlichen Kontakte mehr. Diesbezüglich lebt jede ihr Leben.

Eifersucht jedoch kommt gelegentlich vor. Auf beiden Seiten. Wenn eine andere Frau zu große Bedeutung gewinnt, Anrufe und Anwesenheiten überhand nehmen. So wie Chris

Vollmers Langzeitbeziehung vor Rachel Cohen. Mindestens einmal am Tag kommt sie vorbei. „Die beiden können ohne einander nicht leben. Ja, das gehört auch zu mir. Ich bin auch eifersüchtig. Eine glatte Lüge, wenn ich sagen würde, ich bin nicht eifersüchtig. Und ich glaube anderen nicht, die das von sich behaupten."

Geht es einer von beiden schlecht, ist die andere zur Stelle. „Nach Annas Anruf, ich war fix und fertig, kam Chris und holte mich und machte mir alles so schön wie möglich, daß ich ein bißchen Aufschwung bekäme, aber das dauerte länger, als ich gedacht hatte. Wenn sie nicht wäre – mit dieser Wärme, dieser Menschlichkeit, die sie ausstrahlt. Das gibt mir Halt. Es geht nicht ohne Chris."

Wie werden aber ihre gemeinsamen Tage aussehen, wenn sie jetzt aufhört zu arbeiten? Das fragt sich Rachel Cohen mit einem Anflug von Bedenklichkeit. Wenn sie beide den ganzen Tag über zu Hause sind? Ihre Lebensgefährtin ist bereits in Rente. Wie teilen sie sich dann die Hausarbeit, die heute vorwiegend Chris Vollmer verrichtet? Rachel Cohen hat eigentlich keine Lust, viel mehr im Haushalt zu tun als bisher, „ein bißchen ja, das bietet sich an." Ob sie dann doch versucht, mehr Zeit in ihrer eigenen Wohnung zu verbringen?

Trotz ihrer Bohemienseele, ihres Freiheitsdrangs, ihrer Affären – „kein Mensch ist monogam, steht auch in der Heiligen Schrift" – ist Treue für Rachel Cohen etwas sehr Bedeutendes und Erstrebenswertes. Ruth, die ihrer Schwiegermutter Naomi zurück nach Israel folgt, durch alle Schwierigkeiten und Strapazen, ist ihr uneingeschränktes Vorbild, „ihr Verhalten ist phänomenal. Durch die Treue zu einem Menschen erfährt sie Glauben und nicht umgekehrt." Sie zitiert:

„Wo du hingehst, da will auch ich hingehen, und wo du bleibst, da bleibe auch ich. Dein Volk ist mein Volk, und dein Gott ist mein Gott. Wo du stirbst, da sterbe auch ich, da will auch ich begraben sein. Der Ewige tue mir dies und das, nur der Tod soll mich von dir scheiden." Darüber hinaus sei dies nicht nur als eine Geschichte über die Treue zwischen Verwandten zu lesen, sondern auch als eine außergewöhnliche Frauenfreundschaft. Manche Theologinnen deuten sie als Liebesbeziehung.

Betrachtet Rachel Cohen die Welt, wie sie ist, hat sie wie die meisten Menschen den Wunsch nach Frieden und Gerechtigkeit. Fragt sich aber gleichzeitig, ob totaler Frieden, den es bisher nie gegeben hat und geben wird, überhaupt gut sei, „denn Frieden ist ein Paradies, und das Leben im Paradies ist nicht gesund, weil es ein passives Leben ist. Was dort geschah, das mußte passieren, damit es zu einem aktiven Leben kam." Und weil die Menschen so sind, wie sie sind, gut und böse – das erste Kapitel der Genesis, es beginne mit kaltblütigem Mord, beweise es, kein Krimi könnte besser sein –, beschreibe die Tora, wie Menschen sein *könnten.* „Sie ist eine Gebrauchsanweisung für den Alltag, wie wir zu leben und was wir zu tun haben. Wie bei jedem anderen Glauben. Und da haben mich die Jahre als Lehrerin, als Leiterin in der Jüdischen Gemeinde geprägt. Ich wäre heute nicht, wie ich bin, wenn ich nicht mit Jugendlichen und Kindern gearbeitet hätte. Von ihnen habe ich viel Gerechtigkeit gelernt. Ich versuche, so gerecht wie möglich zu sein. Und ich möchte nicht, daß mir das verloren geht."

Rachel Cohen rückt die Silberkette auf ihrem dunkelgrünen gerippten Pulli zurecht. Hebräische Schriftzeichen. Sie machen neugierig wie eine unbekannte Melodie, ein Gedicht, das sich nicht beim ersten Lesen erschließt, verbreiten einen Hauch vom Orangenblütenduft, der Ankommende auf dem Flughafen Tel Aviv bisweilen entgegenweht. Was bedeuten diese Zeichen? Welche Welt verbirgt sich dahinter? *Rachel.*

Wenn du Glück hast, kannst du dich mit neunzig noch verlieben

Adaku Gerlach, 70 Jahre, Rentnerin

Ein Herbsttag. Es nieselt. Fröstelnd drängen sich die Menschen in den nächsten Hauseingang bei der Bushaltestelle.

Die Armen, denkt Adaku Gerlach. Sie steht am Fenster ihres Wohnzimmers. Im Warmen. Im Trocknen. Wenn sie an all die Jahre denkt, die sie bei Wind und Wetter raus mußte, auf den Bus warten, dann eine Stunde Fahrt bis zum Moabiter Krankenhaus, nach acht Stunden wieder eine Stunde zurück. Sicher hat sie die Arbeit gern gemacht. Sie war beliebt bei ihren Arbeitskolleginnen, bei den Patientinnen und Patienten auf der Unfallchirurgie und später im Diakonissenheim. Zuverlässig und pflichtbewußt wie sie ist. Vor allem hilfsbereit.

Ein Lächeln huscht über ihr Gesicht, die Grübchen lassen es jung, spitzbübisch erscheinen. Zum Glück steht sie nicht da unten. Gehört nicht mehr dazu. Und wenn sie nach zehn Stunden von der Arbeit kam, war sie müde, hat nicht mehr viel getan, außer schnell einkaufen, damals hatten die Geschäfte noch nicht bis acht Uhr abends auf, Essen machen, waschen, aufräumen, putzen und was alles im Haushalt anstand mit krankem Sohn und Tochter. Der Älteste wohnte damals nicht mehr zu Hause.

„Jetzt unternehme ich sehr viel, gehe aus, treffe Freundinnen, ich kann schlafen, wann ich möchte, wie lange ich möchte, kann bummeln. Vor allem ist es sehr schön, wenn ich morgens aufstehe und mich vom Tag überraschen lassen kann." Vielleicht ein Anruf: Kommst du mit ins Kino? Früher hätte sie nein gesagt, allein bei dem Gedanken, was alles liegenbleibt. Heute kann sie das Waschen oder Bügeln auf morgen verschieben.

Fünf Jahre schon hat sie das Gehetze hinter sich. Wie schnell doch die Zeit vergeht. Fünf Jahre wie früher fünf Wochen. Oder fünf Tage?

Sie streicht über ihren Faltenrock. Fährt durch ihr ergrautes krauses Haar, das in alle Richtungen will. Es ist dünner geworden. Als Kind trug sie einen Haarreif, um es zusammenzuhalten, vor allem aber zu glätten.

Wo bleibt nur der Bus? fragt sie sich und fröstelt bei dem Gedanken, dort unten zu stehen. Zu Anfang ist es ihr schwergefallen, nicht mehr arbeiten zu gehen. Unnütz kam sie sich vor. Sie hat ihren Beruf geliebt und sich vorgestellt, so lange zu arbeiten, wie sie kann. „Aber wenn man fünfundsechzig ist, müssen die einen entlassen. Die Arbeitsplätze werden ja auch gebraucht." Trotz dieses Räsonnements fiel ihr das plötzliche Rentendasein schwer. Sie kam mit der Zeit nicht klar. „Ich wußte nichts mit mir anzufangen. Und das Verrückte war, daß sich plötzlich alle möglichen Schmerzen einstellten – der Rücken tat weh, die Füße, die Beine. Hab dann schon mal rumgesessen und geheult und wußte selbst nicht warum. Aber ich hab deshalb keinen Arzt aufgesucht. Das hat so ein halbes Jahr gedauert, bis ich rausfand, man muß einfach seinen Tagesablauf umstellen."

Inzwischen hat Adaku Gerlach entdeckt, wie gut es sein kann, Zeit zu haben. Sie kostet es aus, Dinge zu betrachten, sie auf sich wirken zu lassen. Wie die Sonne aufgeht, ein Schmetterling vorbeihuscht. „Glück muß man nicht weit suchen. Es steckt in allem." Sie freut sich jedesmal, wenn sie etwas entdeckt, das immer schon da war, etwas, das sie in der Eile nur nie gesehen hat: daß die Birke in ihrem Hinterhof eine Birke ist und nicht irgendein Baum. Daraufhin hat sie alle Bäume in ihrer Straße genau angeschaut. Was sind es für welche? Und eines Tages wurde sie neugierig, ob die Pumpe an der Straßenecke noch funktioniert, hat sie ausprobiert – Notwasserversorgung, ging es ihr durch den Kopf. Dabei waschen die Leute seit eh und je ihre Autos daran! sagte Ralph, ihr Jüngster, der sie gelegentlich bei ihren Besorgungen begleitet, und er hatte gelacht, als sie sich über die Frau wunderte, die schon wieder im Fenster lehnte. Komisch. Es war Adaku Gerlach nicht aufgefallen, daß es ein Bild ist. Und daß die nächste Querstraße, die sie so gut kennt, gepflastert und nicht geteert ist. Wo hat sie nur all die Jahre ihre Augen gehabt? Seit dreißig Jahren wohnt sie hier. „So flüchtig guckt man." Selbst die Sonnenuhr an dem Haus Ecke Sonnenallee hatte sie nie gesehen.

Adaku Gerlach hat nicht nur mehr Zeit, sie ist auch gezwungen, sich für die Dinge, die sie tut, mehr Zeit zu nehmen. „Die Zeit wird wichtig, wenn man nicht mehr so schnell ist." Durch ihren hohen Blutdruck fällt es ihr schwer, schnell zu gehen. Und im Winter, wenn ihre Füße kalt werden, sind sie noch gefühlloser, wie gelähmt, eine Begleiterscheinung ihrer Diabetes. So muß sie sich rechtzeitig auf den Weg machen, wenn sie irgendwo hinfährt. „Ich kann nicht in letzter Minute am Bahnhof ankommen und gleich in den Zug springen oder einen Schritt zulegen, um den Bus noch zu kriegen. Womöglich habe ich dann nicht mehr die Luft und die Kraft einzusteigen und müßte sowieso auf den nächsten Bus warten."

Geht sie einkaufen, muß sie öfter anhalten, sich auf einer Bank ausruhen. Guten Gewissens kann sie sitzenbleiben – es drängt sie ja nichts – und das Leben ringsum beobachten, ihren Gedanken nachhängen. Ihr fällt auf, daß Frau Peters von gegenüber noch denselben Mantel trägt wie vor zehn Jahren. Da muß es ihr schlecht gehen. Oder schlechter als vorher. Aber nicht so schlecht wie der gebeugten Alten, die seit Monaten in den Abfalleimern der Karl-Marx-Straße herumstochert. Und sie sieht, daß der rüstige Herr aus dem Nachbarhaus jetzt am Stock geht. Adaku Gerlach registriert die alltäglichen Dinge. Und während sie über die „Kleinigkeiten des Lebens" nachdenkt, nimmt eine ältere Dame neben ihr Platz, kramt in ihrem Einkaufsnetz, zieht ein Bund Radieschen hervor und sagt: Gucken Sie mal, ist das nicht günstig, hab ich eben gekauft, gibt es drüben bei Plus, kostet nur neunundsiebzig Pfennig. „Ich glaube, im Alter hat man oft das Empfinden, daß man sich mitteilen möchte. Viele haben ja zu Hause keinen mehr. Ja, es freut mich, wenn sie mich so ansprechen."

So eine Begegnung kann zu den Überraschungen eines Tages gehören, die zum Nachdenken bringen oder einfach amüsant sind. Wie damals der Penner am Bahnhof Zoo, der von ihr wissen wollte, was sie über Penner denkt. Sie wartete gerade auf den Nachtbus. „Für mich gibt es keine Penner. Es gibt Menschen, die Glück hatten, und es gibt Menschen, die Pech hatten." Bis der Bus kam, hatte er sein Leben erzählt und ihr ein Foto geschenkt, damit sie sich an ihn erinnert. Oder schmeißt du es weg? Nein, sie hat es nicht weggeschmissen, hat es kürzlich in ihrer Fotokiste entdeckt und überlegt, wer das ist. Dann fiel es ihr ein. Ach, du kannst mal wiederkommen, hatte er gesagt, bevor sie in den Nachtbus stieg, mit dir kann man sich so gut unterhalten. „Ich muß nicht mal antworten. Die wollen einfach reden. Und er hatte eben auch Pech – Hufschmied war er, ein Beruf, der heute nicht mehr gefragt ist."

Adaku Gerlach schaut zu, wie Passantinnen auf die Obdachlosen reagieren, die es sich auf den Bänken vor der Sparkasse bequem gemacht haben, leere Bierdosen neben sich, ein, zwei Plastiktüten. „‚Komm da weg' heißt es – als wenn sie Aussatz hätten. Dabei kann heute niemand mehr sagen, das kann mir nicht passieren. Wenn sich rechts und links ein Penner neben mich setzt, dann sitzen sie da, die haben genau dasselbe Recht wie ich, dann steh ich nicht auf und denke: Um Gottes willen! Nur wenn sie mir ihre Flasche anbieten, das trinke ich nicht." Sie schmunzelt. Es ist ihr schon passiert, daß sie genüßlich ein Croissant essen wollte, als ein Penner sich zu ihr setzte und das Hörnchen bewunderte: So was hätte er schon lange nicht mehr gegessen ... Sie könne ihm doch nicht das angebissene Hörnchen anbieten, hatte sie gesagt. Versuch's doch, forderte er sie heraus – und aß das Croissant auf.

Die Welt ist schwieriger geworden, sagt Adaku Gerlach. Es stimmt sie traurig, versetzt ihr einen Stich, wenn sie Jugendliche morgens schon Bier trinken und Vorübergehende um eine Zigarette oder eine Mark anbetteln sieht. Sie kann nicht daran vorbeischauen. Sie trägt keine Scheuklappen. Wüßte sie wenigstens, es dauert ein halbes Jahr, und dann haben sie Arbeit ...

Sie ist froh, nicht in der heutigen Zeit jung zu sein. Sie bedauert auch die Kinder, die wegen des Verkehrs nicht auf der Straße spielen können. Da hatten sie und ihre Schwester Manal es früher besser. Murmeln, Hinkeln, Seilspringen vor dem Elternhaus in Jena. Schokoladenplätzchen und Himbeerbonbons fallen ihr ein. Vergessen sind in diesem Moment die Gemeinheiten der Nachbarskinder, die Sticheleien beim Spielen, abweisende Seitenblicke von Erwachsenen, das Zurückgestoßenwerden: Negerkinder! „Irgendwann gewöhnt man sich daran und ist erstaunt, wenn es anders ist." Daß es dann doch noch etwas gab, an dem sie teilnehmen durften, am Umzug zu Hitlers Geburtstag zum Beispiel, '38 oder '39, aber von den anschließenden Feierlichkeiten mit Kino und Kuchen wurden sie ausgeschlossen. Sie und Manal und zwei jüdische Mädchen. „Ein oder zwei Jahre später wurden die abgeholt."

Adaku Gerlach blickt auf den Forsythienstrauch. Sie mag das Straßenleben. Es regt sie an. Bei ihren Spaziergängen nimmt sie am liebsten die Wege, die sie noch nicht kennt, die Seitenstraßen, entdeckt dort „Puttchen", von der Zeit verwaschene Engel über einem Portal, kleine Läden und Waren, die es „auf dem Damm" nicht gibt. Sogar einen afrikanischen Laden hat sie kürzlich entdeckt. Den hatte sie allerdings gesucht. Sie wollte Kochbananen kaufen.

Adaku Gerlach bedauert, daß sie zu den wenigen afrikanischen Familien in ihrem Kiez keinen Kontakt hat. Die meisten seien auch nicht aus Liberia, wie ihr Vater, der Ende der zwanziger Jahre als Heizer auf einem Schiff nach Deutschland kam. „Wir sind eine Minderheit gewesen. Und die sind wir auch heute noch. Es ist immer noch nicht selbstverständlich, daß du Deutsche bist, wenn du hier geboren bist. Und ich war so blauäugig, was ich ja nun wirklich nicht bin, und hab gedacht, nach dem Krieg wird es einfacher, leichter, aber das wurde es nicht. Es ist immer noch schwierig, eine Wohnung und einen Arbeitsplatz zu bekommen. Und zwischen uns herrscht immer noch viel Zurückhaltung. Ich glaube, wir haben nie gelernt, aufeinander zuzugehen – oder nur ganz selten. Ein paar gibt es, die es versuchen."

Adaku Gerlach ist Anfang Sechzig, als ihr im TAGESSPIEGEL eine Buchbesprechung mit Veranstaltungshinweis ins Auge fällt. Eine afrikanische Autorin liest aus ihrem Roman. Zum ersten Mal macht sich Adaku Gerlach auf den Weg in ein Frauenkulturzentrum, in die Begine; zum ersten Mal kommt sie mit anderen afrodeutschen Frauen näher in Kontakt. Fortan wird sie zu deren regelmäßigen Treffen eingeladen. Ihre afrikanische Herkunft wird für sie Thema. Rassismus wird Thema. Über die Jahre schließt sie Freundschaft mit Marion. Die anderen afrodeutschen Frauen bestärken sie, eröffnen ihr einen neuen Blick auf ihr Leben als Schwarze Frau in Deutschland, und gleichzeitig sind ihr so manche Ansichten und Forderungen, der Sprachgebrauch fremd. Alle sind jünger als sie, eine andere Generation. Bisweilen hat Adaku Gerlach das Gefühl, nicht von ihnen verstanden zu werden. „Ich bin in einer Zeit großgeworden, die ist für sie keine Realität. Ich war nie politisch organisiert. Von früh auf hab ich weißes Denken gelernt. Das rein Schwarze Denken fällt mir schwer."

Überhaupt haben sich die Realitäten sehr verändert. Allein die lesbischen Paare – sie waren früher immer erkennbar:

die eine männlich gekleidet, die andere weiblich. Heute blickt Aduka Gerlach oft mehrmals hin, wenn sie zwei Frauen zusammen sieht und fragt sich: „Ist das nun ein Paar oder nicht? Eigentlich würde man sie nicht dafür halten. Sie gehen beide hübsch weiblich angezogen, sie haben beide lange Haare, tragen beide Schuhe mit Absätzen, sind beide dezent geschminkt. Und je jünger sie sind, um so schwieriger ist es. Die älteren Frauen haben oft kurzes Haar; es gibt kaum eine im Rock, sehr viele tragen Hosen. Aber eigentlich kannst du alles tragen, elegante Blusen oder einfach ein kariertes Hemd."

Adaku Gerlach selbst hatte immer den femininen Part. „Das hat den Nachteil insofern, als du nicht auf jemanden zugehen kannst. Du kannst nie den ersten Schritt machen." So gern sie es manchmal täte, wenn ihr eine gefällt. Sie hat schon mal probiert, einen Anzug zu tragen. „Aber wenn du immer Röcke und Kleider anhattest, ist das gar nicht so einfach." Sie ist es eben gewohnt abzuwarten.

Oder hat ihre Zurückhaltung etwas mit Angst vor Nähe zu tun? fragt sie sich, ein Thema, das die jüngeren Frauen beschäftigt. Oder mit dem Alter? „Wenn man jünger ist und eine Beziehung zu Ende geht, trauert man. Aber ist diese Zeit vorbei, ist man auch wieder offen für etwas Neues. Wenn man älter ist, tut man sich einfach schwerer damit. Eine Annäherung braucht mehr Zeit. Man ist vorsichtiger geworden und hat auch Angst vor Verletzungen."

Bei allen Kränkungen, die Adaku Gerlach von ihrer letzten Freundin erfahren hat – sieben Jahre ist es her –, war diese Beziehung aber auch eine große Bereicherung für sie, gerade wegen des Altersunterschiedes von einundzwanzig Jahren. Mit ihr hat sie gelernt, über ihre Gefühle zu reden. Etwas, das sie bis dahin nicht kannte. Auch wenn ihr „dieses ständige Löcher in den Bauch fragen" zuerst unangenehm war, geradezu lästig. „Jüngere Frauen sprechen über alles. Früher hat man nicht gefragt: Wie fühlst du dich? Bist du glücklich? Ich konnte ihr oft keine Antwort geben, weil ich einfach keine wußte. Ich mußte mich erst mal mit mir selbst beschäftigen, um ihr sagen zu können, wie ich mich fühlte. Und irgendwann fand ich es nicht mehr so schlimm, da konnte ich dann darüber reden. Und jetzt – jetzt wüßte ich ganz genau, daß ich mehr reden würde, sollte ich noch mal das Glück haben, jemand kennenzulernen."

Bei diesem Gedanken ist sie froh, sich nicht ausschließlich in der heterosexuellen Welt zu bewegen, wo schon eine Fünfzigjährige zum alten Eisen gehört und für verrückt erklärt würde, wenn sie sagte, ach, ich könnte mich noch mal verlieben. „Bei Lesben ist das nicht so. Wenn du Glück hast, kannst du dich mit neunzig noch verlieben."

Sie würde heute auch spontaner sein, eher sagen, was sie denkt – egal was ihr Gegenüber davon hält. Sicher sind an ihrem ewigen Abwägen, was sie nun sagen kann und was nicht, auch Beziehungen kaputt gegangen. Aber Fakt ist, das hat sie in den letzten Jahren manches Mal bemerkt, daß die meisten älteren Frauen lieber eine jüngere Partnerin haben wollen. Erst ein Mal hat Adaku Gerlach eine Annonce gesehen, in der eine Fünfundsechzigjährige eine Freundin zum Klönen und Ausgehen suchte, die „auch älter sein durfte". Aber wer weiß, was es da für einen Haken gibt, dachte sie gleich. Und irgendwann hat Adaku Gerlach auf eine Annonce geantwortet. Ohne Altersangaben. Ein langes Telefongespräch folgte – sie waren sich auf Anhieb sympathisch –

und endete mit der Überlegung, wo und wann sie sich treffen könnten. Ganz nebenbei fiel die Altersfrage. „Ich war schon etwas über Sechzig. Da meinte sie: Wat, so alt, nee, det is mir zu alt. Und hat aufgelegt."

Im Moment liegt es ihr fern, sich verlieben zu wollen. Sie mag sich nicht auf eine einzelne konzentrieren, trifft sich lieber mit mehreren Frauen. „Da hat man weniger schlaflose Nächte." Sicher, wenn sie Paare sieht, die sich gut verstehen, denkt sie: Toll, die beiden. Aber es gibt auch genügend Paare, bei denen sie denkt: „So was muß ich mir nicht unbedingt zulegen." Da ist sie allein glücklicher.

Außerdem ist sie nicht allein. Sie kann jederzeit zum Telefonhörer greifen, wenn sie mit jemandem reden will oder sich verabreden. Und ihre dreißigjährige Tochter Manal, nach Adaku Gerlachs Schwester benannt, wohnt ganz in der Nähe, nur zwei U-Bahnstationen entfernt. Mindestens einmal am Tag telefonieren sie, und sie besuchen sich oft. Wenn Manal Frühdienst hat – auch sie ist Krankenschwester, „eine sehr gute, sehr pflichtbewußt" –, weckt Adaku Gerlach sie morgens um vier. „Damit sie nicht zu spät kommt. Zweimal Zuspätkommen und schon gibt es eine Abmahnung. Und von da ist es nicht weit zur Arbeitslosigkeit." Ihr macht es nichts aus, sagt sie, so früh den Wecker zu stellen. Sie kann dann ja weiterschlafen. Ihre Tochter ist auch für sie da; neulich erst hat sie einen freien Tag geopfert, um sie nachmittags mit Bus und U-Bahn zu einem Geburtstag in Spandau zu begleiten und sie spätabends wieder abzuholen. Allein hätte Adaku Gerlach den Schrebergarten nicht gefunden. Oder nur mit Mühe. Sie verliert leicht die Orientierung, eine Folgeerscheinung der Diabetes.

Mit Manal hat sie auch zum ersten Mal die Lesbendisco am Wasserturm besucht. Adaku Gerlach mußte einfach raus, Silvester, aber sie wollte nicht allein gehen. Nur eine halbe Stunde, sagte ihre Tochter. Doch dann sind sie die halbe Nacht geblieben. Manal hat sich über ihre Mutter amüsiert, die sich darüber amüsiert hat, daß sie für ein Liebespaar gehalten wurden! Noch heute, Jahre später, amüsiert sich Adaku Gerlach über die Blicke der anderen: Was die Alte wohl mit dem jungen Küken will? Die vierzig Jahre Altersunterschied sind ihnen allerdings nicht anzusehen – die Mutter könnte gut fünfzehn Jahre jünger sein, die Tochter ein paar Jahre älter.

Wahrscheinlich ist auch Manal auf dem Weg, lesbisch zu werden. Sie hat sich in eine Frau verliebt, sagt Adaku Gerlach. Näher nachfragen mag sie nicht. Sie möchte nicht zu neugierig erscheinen. Sich nicht aufdrängen. Auf jeden Fall gehe Manal immer mit ein und derselben Arbeitskollegin aus.

Als Adaku Gerlach zum ersten Mal mit ihrer Tochter über ihr eigenes Lesbischsein sprach, nicht wußte, wie sag ich's meinem Kinde, antwortete diese: „Das weiß ich schon lange. Ich habe gedacht, das ist so wie zwischen Oma und Tante Helga." Vierzig Jahre lang hat Adaku Gerlachs Mutter mit ihrer Freundin Helga zusammengelebt, die sie kurz nach Kriegsende kennengelernt hat. „Ich denke mir, daß meine Mutter im Lager dazu gekommen ist." Es muß ja jeder so leben, wie er es für richtig hält, wie er glücklich wird, dachte sie damals. „Von Hause aus waren wir immer tolerant." Und nicht viel später, mit siebzehn, hatte sie selbst ihre erste Frauenbeziehung.

Dennoch hat Adaku Gerlachs Mutter oft gesagt, ich möchte wissen, wie deine Kinder einmal aussehen werden. Manal ist einen Kopf größer, sie hat so prächtiges Haar wie Adaku in jungen Jahren, allerdings weniger kraus, und trägt es lang, ihre Haut ist weiß. Wenn sie sich als kleines Mädchen von der Hand ihrer Mutter losgerissen hatte und zu ihr zurücklief, wurde sie manchmal von Passantinnen angehalten: „Du weißt doch, du sollst nicht mit Fremden gehen." Nur ihr Name, Manal, weist auf ihre afrikanische Herkunft hin. Anders ihre beiden Brüder, denen ist diese anzusehen.

Wenn es sonst niemand hört, in der Wohnung, ruft Adaku Gerlach ihre Tochter ab und zu noch bei ihrem Spitznamen. Sie selbst ist bis zum Tod ihrer Mutter deren „Püppi" geblieben und fand es furchtbar. Sie hat nicht gewagt zu sagen, laß das bleiben, wie es ihre Tochter heute tut.

Sie ist stolz auf ihre Tochter. Seit zwei Jahren hat Manal eine eigene Wohnung, verdient ihr Geld. „Sie hat es gepackt." Adaku Gerlach hat die Schlüssel zu Manals Wohnung, rührt dort aber nichts an. Nimmt nicht wie so viele Mütter den Lappen und wischt herum, schnüffelt in Schränken und Schubladen. So eine Mutter ist sie nicht. Das ist Manals Bereich. Ihr Freiraum, den sie sich geschaffen hat.

Als Kind, sagt Manal, habe sie sich oft zurückgesetzt gefühlt. Adaku Gerlach gibt ihrer Tochter heute recht, gesteht ein, daß es ein Fehler war, ihrem Sohn Ralph, der seit seinem sechsten Lebensjahr wegen eines Leberschadens schwerbehindert ist, alles zu erlauben. Manchmal wußte er es auszunutzen. Als Jugendlicher bekam er eine Leber transplantiert. Vor einigen Jahren begann er in einer Behindertenwerkstatt eine Ausbildung, die er aber wegen seines schlechten Gesundheitszustands abbrechen mußte. Er ist zweiunddreißig. Vielleicht, so hofft Adaku Gerlach, kann er die Ausbildung irgendwann doch noch zu Ende machen und Arbeit bekommen. Dann wird er sich auch eine eigene Wohnung nehmen können. „Denn für ihn wäre es schlimm, wenn er bei mir bliebe, bis daß ich sterbe. Dann wäre er von heute auf morgen allein." Sich allein versorgen, das könne er. Aber für sie sei es auch nicht einfach, ihre Kinder gehen zu lassen, „wenn man sie so lange um sich hatte". Wer *sie* versorgt, wenn es ihr einmal schlechter geht, die Frage stellt Adaku Gerlach nicht. Nicht laut.

Sie hofft auch, daß ihr ältester Sohn Martin, ein Musiker, Mitte Dreißig, wieder eine eigene Wohnung findet. Von seiner Freundin vor die Tür gesetzt, arbeitslos geworden, nistete er sich – Manal war gerade ausgezogen – in den zweieinhalb Zimmern seiner Mutter ein. Für sie allein wäre ihre Rente ausreichend. Dann könnte sie sich eine ganze Menge erlauben. Aber Adaku Gerlach ist für ihre Kinder da, wenn die sie brauchen. Auch wenn sie längst erwachsen sind.

Sie weiß, was es heißt, ohne Mutter aufzuwachsen. Sie war neun, als ihre Mutter 1939 ins Arbeitslager kam, offiziell wegen Prostitution. Mit einem Afrikaner zusammenzuleben war „Rassenschande". Eine Heirat wurde ihnen nach 1933 nicht mehr erlaubt, und die Genehmigung zur Ausreise nach Liberia bekamen nur der Vater und die Kinder. Also blieb die ganze Familie in Deutschland. „Meine Mutter war uns ganz fremd, als sie sechs Jahre später wiederkam. Diese Zeit kann man nicht überbrücken."

Adaku Gerlach mußte früh lernen, mit sich selbst klarzukommen, obwohl sie bei der Großmutter gut aufgehoben war. Wehleidig zu sein nützte überhaupt nichts. Sie ist es auch heute nicht. Im Gegenteil, je mehr Probleme es zu bewältigen gibt, desto stärker wird sie. „Ansonsten könnte ich fast phlegmatisch werden. Jammern – das kann ich nicht ab." Das hat sie von ihrer Mutter, die nie geklagt oder gejammert hat. Auch nicht in ihren letzten Jahren. Sie war eine geduldige Kranke. Ein Vorbild.

Was hätte Adaku Gerlach das Jammern auch genützt, als ihr Sohn Ralph die Ausbildung abbrechen mußte, ihm zeitweilig sämtliche Beihilfen gestrichen wurden und sie ihn von ihrer Rente hat mit finanzieren müssen – als es hinten und vorn nicht reichte? Sie mußte umdenken. „Klar, hab ich mich geärgert, innerlich getobt. Ich hab Zwiegespräche gehalten, alles mögliche rauf und runter, und dann kommst du zu dem Schluß, daß du sagst, das nützt gar nichts, es geht doch vielen Menschen so. Du versuchst eben, das Beste draus zu machen. Heute kriege ich keine Depressionen mehr, wenn ich mein Konto sehe. Ich denke nur: Irgendwann wird es besser. Manche leben schon zehn Jahre so."

Aus Erfahrung weiß sie, daß Menschen von heute auf morgen alles verlieren können, wie ihr Vater, der zuerst selbständiger Kaufmann war, mit Colanüssen und Colapulver gehandelt hat, bis ihm mit Kriegsbeginn der Gewerbeschein entzogen wurde und er sich als Kraftwagenfahrer durchschlagen mußte. „Schafft man es, damit zurechtzukommen, ist es eine Erfahrung fürs Leben. Ich kann verlorene Dinge nicht zurückholen."

So verwurzelt und aufopfernd sie in ihrer Familie, in ihrem Mutter-Dasein auch ist – seit einigen Jahren lernt Adaku

Gerlach, ihre eigenen Wege zu gehen. Auch mal nicht nach Hause zu kommen, wenn es sich so ergibt. Bei einer Freundin zu übernachten, wenn es spät geworden ist, kein Nachtbus in der Nähe, ein Taxi zu teuer oder wenn sie zu müde ist. Und dann wird sie wieder munter, erzählt von ihrer Zirkuszeit während des letzten Kriegsjahres, als sie die Elefanten versorgt hat: gestriegelt, zur Tränke gebracht, ihnen Futter gegeben, ganze Brotlaibe und Karotten, mit ihnen in der Manege war. Gern wäre sie Elefantenpflegerin geblieben, mit dem Zirkus weitergezogen. Doch sie wurde von der Fürsorge zurückgeholt, weil Kinder, sie war noch ein halbes Kind, gerade vierzehn, nur mit ihren Eltern „fahren" durften. Oder andere Erwachsene hätten Adaku in ihre Obhut nehmen müssen. Doch wer wollte 1944, „als alles drunter und drüber ging", die Verantwortung für ein fremdes Kind übernehmen? Bis früh um fünf eröffnet Adaku Gerlach der Freundin eine neue Welt. Elefanten begleiten beide in ihre Träume.

Immer häufiger schert sie sich nicht um das Abendbrot für ihre Söhne. Adaku Gerlach springt ein, wenn sie kurzfristig gebeten wird, bei einer Veranstaltung den Eintritt zu kassieren. Es wird weit nach Mitternacht. Fünfundsiebzig Mark bekommt sie dafür. Damit hat sie nicht gerechnet. Hat sie es doch aus Freundschaft getan, aus Hilfsbereitschaft. Aus Neugier. Aus Lust am Geschehen.

Sie hat im Laufe der letzten Jahre einige Frauen getroffen, die sie ermuntern, die Mutterrolle mehr und mehr abzustreifen. Als sie gerade in Rente gegangen war, lernte Adaku Gerlach „durch eine Hintertür" Safia kennen: Lesben ab Vierzig gestalten ihr Alter. Sie weiß nicht mehr, wie diejenige, die angerufen hat, auf sie gekommen ist. Schon in der ersten Zeit des Sich-Antastens fühlt sie sich mit der einen und anderen verbunden, besonders mit den Älteren unter ihnen, manche waren verheiratet, manche haben Kinder. „Einige sind ja auch erst sehr viel später dazugekommen", meint sie zum Lesbischsein. Sie ist froh über diesen Kreis, in dem sie um Rat fragen und Rat geben, in dem sie Freundschaften aufbauen kann. Dafür braucht Adaku Gerlach ihre Zeit. Oft behält sie in beheizten Räumen den Mantel an. Zieht ihn eng zusammen, die Handtasche fest auf dem Schoß. Es dauert, bis sie die Tasche losläßt, sie wegstellt, den Mantel auszieht. Es liegt wohl nicht nur an ihrer Diabetes, daß sie so leicht friert und eine Weile braucht, um warm zu werden.

Adaku Gerlach ist beeindruckt, wie jung viele Safia-Lesben aussehen. „Sie haben nicht dieses von Männern zerknautschte Ich-Wertgefühl. Wie die Heterosexuellen, die sehen doch alle mit dreißig schon aus wie vierzig oder fünfzig. Von den Kindern, vom Essenkochen, vom Mann, vom Runtergemachtwerden. Keine ist doch richtig frei. Dabei ist es schön, wenn man machen kann, was man will. Und ärgert man sich, dann ärgert man sich über sich selbst oder über Dinge, die wenig mit der Familie zu tun haben."

Bei den Treffen werden Themen diskutiert, die alle etwas angehen. Wohnformen im Alter, zum Beispiel. Adaku Gerlach könnte sich vorstellen, mit anderen Frauen zusammenzuleben. Es könnten auch Jüngere dabei sein. Sie müßten allerdings miteinander harmonieren. Auch Kinder. Die Alten könnten auf sie aufpassen, und die Kinder könnten behilflich sein bei den Besorgungen, Einkäufe tragen. Kleine Dinge, die manchmal schwerfallen. Für sich sorgen jedoch sollte jede so lange wie möglich selbst. Eine solche

Gemeinschaft auf dem Lande, wie es schon einige gibt, käme für sie aber nicht in Frage. Sie kann weder Fahrrad noch Auto fahren; sie ist auf öffentliche Verkehrsmittel angewiesen, und sie kann sich auch nicht vorstellen, ab abends zehn nichts mehr zu hören. „Ich ziehe eine Stadt vor. Berlin."

Auch die Fragen zu Patientinnentestament, Gesundheit, Krankheit interessieren Adaku Gerlach, die Wechseljahre im weitesten Sinne. Über die biologischen ist sie allerdings längst hinaus. Die setzten kurz nach der Geburt ihrer Tochter ein, ohne jegliche Beschwerden. Sie hatte auch keine Zeit, darüber nachzudenken. Erst zehn Jahre später, um die Fünfzig, bekam sie die aufsteigende Hitze. Ihr, der es sonst nie anzusehen war, wenn sie rot wurde, stieg die Hitze sichtbar in den Kopf, so daß sie gefragt wurde, an was sie gerade denke. Eine Antwort darauf gab sie nicht. Sie mochte über den Grund nicht sprechen.

Während die anderen bei diesen zweimonatigen Treffen mehr oder weniger erhitzt reden, hört Adaku Gerlach zu. Wie auf den Straßenbänken oder an ihrem Wohnzimmerfenster ist sie vor allem eine aufmerksame Beobachterin. „Ich höre besser im Alter. Nicht Geräusche, die höre ich schlechter, aber ich kann gut zuhören." Die Betonung aus einem Satz heraushören, die Schwingung der Stimme, die ausdrückt, was hinter den Worten liegt. Und sie sieht besser, obwohl ihre Augen schlechter geworden sind. Sie achtet mehr auf den Gesamtausdruck. „Wenn die Worte fröhlich und die Augen traurig sind, weiß ich, daß etwas nicht stimmt."

Plötzlich, aus ihrer Stille, verblüfft sie mit einer Pointe, trifft mit einem Wort den Kern, ob beim Ratespiel oder Gruppenkonflikt. Unversehens kommt ihr Gespür für Untergründiges zu Tage, ihr Sinn für den versteckten Humor. Dann wird sie wieder still. Vor allem gehe es bei den Safia-Treffen lustig zu, sagt sie, es werde gealbert, über Kleinigkeiten herzlich gelacht, „und man ißt zusammen, macht gemeinsam den Abwasch, und wenn man ankommt, wird man begrüßt und umarmt: Schön, daß du auch wieder da bist."

Für das Gartenfest in Spandau hat Adaku Gerlach einen Kuchen gebacken, nachts, als sie nicht schlafen konnte wegen ihrer Schmerzen im Fuß. Sie mißt den Blutzucker mit der Pumpe, die sie stets unter ihrer Bluse trägt. Ein kleines Stück Kuchen kann sie schon vertragen; sie spritzt sich eben per Knopfdruck das nötige Insulin, das sie für die Broteinheiten des Stück Kuchens braucht. Ansonsten regelt die Pumpe automatisch die Insulinzufuhr. Bei der Geburt ihres ersten Sohnes wurde die Diabetes diagnostiziert. Vorübergehend, hieß es zuerst, bei den Hormonveränderungen durchaus normal; doch dann: anlagebedingt. Adaku Gerlach gehört nicht zu denen, die sich fortwährend sagen, dies darfst du nicht, das darfst du nicht. Sie nimmt ihre Krankheit nicht so ernst. Aber sie muß inzwischen doch ein bißchen besser hinsehen. „Denn was jetzt passiert, das läßt sich nicht mehr regulieren. Ich hatte schon einen Herzinfarkt, den ich nicht bemerkt habe. Das ist bei Diabetikern so." Vor der improvisierten Feuerstelle im Garten – ein alter Ofen – streckt Adaku Gerlach die Beine aus. Entspannt. Ihre Füße werden warm.

Besonders ans Herz gewachsen ist ihr die Safia-Gruppe 60+, die sich alle paar Monate in einem Frauenferienhaus trifft. „Solange ich noch kann, werde ich da hinfahren", zu den

Über-Sechzigjährigen, die es einfach satt hatten, mit ihrer Geschichte von den Jungen, den Vierzig-, Fünfzigjährigen, nicht gesehen zu werden. Schließlich sind sie, die Alten, es gewesen, die vor fast fünfzehn Jahren Safia gegründet haben. Sie hatten ihr Coming-out lange vor den feministischen Bewegungen und werden heute zurechtgewiesen, wenn sie sich nicht an die Frauensprache halten und „man" sagen. Unter sich können die Alten reden, wie sie wollen, drauflos. Sie brauchen sich auch nicht mit Gedanken zu plagen, ob sie mit den Jüngeren nun mithalten wollen oder sollen oder können. Die Waldspaziergänge werden eben einfach kürzer. Alle haben inzwischen ihre Zipperlein, Knie tun weh, der Rücken, aber auch größere Malaisen, bisweilen lebensbedrohliche, über die wird offen gesprochen. Wie mit Krebs, mit künstlichem Darmausgang, mit Parkinson gut leben, selbstverständlich? Jede kann sein, wie sie ist. Beim Klönen, beim Spielen, beim Abschlaffen. Und zum Tanzen legen sie ihre Lieblingsmusik auf. Fünfziger Jahre, Blues und Rock'n'Roll, Wiener Walzer, langsamer Fox. Sie lassen sich auch bekochen, lassen sich regelrecht von den Köchinnen verwöhnen. Auch das will gelernt sein, das fällt der Trümmerfrauengeneration nicht leicht. Die individuellen Diäten und Vorlieben werden serviert. Adaku Gerlach bekommt Diabetikerkost, ohne Zucker. Sie alle haben eine gemeinsame Geschichte. Alle haben die Kriegs- und Nachkriegsjahre erlebt. „Man muß da nichts erklären. Alle wissen, was es heißt, nach Brot anzustehen. Das letzte Kriegsjahr bedeutete ja hauptsächlich, zu organisieren, daß man zu essen hatte, zu heizen und daß die Fenster mit Pappe gut zugenagelt waren. Da dachte man nicht darüber nach, was sonst vorging."

Das holt Adaku Gerlach jetzt nach. Wenn sie sich alte Filme ansieht, versteht sie so manches. Aus einem anderen Blickwinkel als dem, der ihnen damals vermittelt wurde, bekommt das Geschehen für sie „andere Werte". Sie möchte ihren Kindern auch Fragen beantworten können. „Bei Kriegsende war ich erst fünfzehn. In dem Alter denkt man einfach nicht darüber nach, und ich glaube, daß auch viele Erwachsene nicht nachgedacht haben." Dennoch wird diese Zeit sie bis zum Ende des Lebens begleiten. Das kann sie nicht abstellen. Die Inhaftierungen, die KZs, die sinnlosen Erschießungen in den letzten Kriegstagen, „das ist etwas, was man nicht abstreifen kann."

Die Kriegszeit mit allen Fragen, die offen geblieben sind, ist ein aktuelles Thema bei den Über-Sechzigjährigen. Manche beschäftigt es, daß ihre Väter bei der SS waren. Was haben sie tatsächlich getan? Es läßt den Töchtern keine Ruhe. Heute sind die Väter tot. Als sie lebten, wurde geschwiegen. Adaku Gerlach findet, die Frauen sollten aufhören, die Schuldfrage zu stellen. „Es war ja alles so vom Staat gemacht. Alle waren Opfer." Es sei aber an der Zeit, die Opferrolle abzulegen. Sie selbst fühle sich nicht als Opfer – „dann wäre das Leben nicht lebenswert."

„Vom Alter her", betont Adaku Gerlach, hat sie gemeinsame Erfahrungen mit den anderen der Gruppe 60+. Ansonsten war ihre Kindheit und Jugend ganz anders. Als die Mutter 1939 ins Arbeitslager kommt, wird die Familie aufgelöst. Beim Vater dürfen die Töchter nicht bleiben, die Großmutter mütterlicherseits nimmt sie zu sich. Sie ist für ihre beiden Enkelinnen da, läßt nichts auf sie kommen, versorgt sie, so gut sie kann. Sie beschützt die beiden Mädchen. Doch gegen das Leben draußen kann sie sie nicht beschützen. Mit Gestapo und Sittenpolizei sind die Mädchen bereits in ihrem Elternhaus konfrontiert worden. Und der Lehrer läßt seinen Haß an ihnen aus. „Während meiner Schulzeit hatte man arisch zu sein. Ich war damals wesentlich dunkler als heute, und meine Schwester hatte zu allem auch noch sehr krauses Haar. Normalerweise hätte man uns nicht unterrichtet, aber da wir die deutsche Staatsangehörigkeit hatten, bestand für uns Schulpflicht. Mein Vater wollte uns privat unterrichten, aber das wurde abgelehnt." Der Lehrer schikaniert sie, wo er kann, nimmt Adaku nie dran, wenn sie sich meldet, sondern nur wenn er merkt, daß sie etwas nicht weiß. Wenn sie seine Frage dann nicht beantworten kann, sagte er, sie solle in den Busch zurückgehen, wo sie hingehöre.

In diesen Momenten wäre Adaku am liebsten unsichtbar. Doch das ist sie nicht, auch wenn sie noch so still ist. Ihre drei Jahre jüngere Schwester Manal ist das genaue Gegenteil. „Sie war wie ein Junge. Kein Baum, keine Mauer war ihr zu hoch. Sie lief bei Prügeleien nicht davon, und sie zog selten den Kürzeren. Gebeugt hat sie sich nie." Als der Lehrer die beiden Mädchen wieder einmal ausschimpft, sie seien nicht gekämmt, sagt Manal: So, jetzt kämmen wir uns mal nicht. Ungekämmt treten die beiden Schwestern am nächsten Tag vor den Lehrer, und sie sagt laut, daß es die ganze Klasse hören kann: „Damit Sie den Unterschied sehen – heute sind wir nicht gekämmt." Der Lehrer schweigt. Manal triumphiert.

Manal wehrt sich, wo sie kann. Haut aus dem Fenster ab, wenn sie nachsitzen muß. Verbotenerweise gibt sie ihre Pausenbrote den Kriegsgefangenen, die auf dem angrenzenden

Kohlenhof arbeiten. Sie wird zur Rede gestellt, doch das kümmert sie nicht. „Wieso, ich bin ja auch nicht deutsch." Sie fühlt sich nicht als Deutsche. Adaku bewundert ihre Schwester und beneidet sie insgeheim für ihre Unbezähmbarkeit. Sie selbst zieht es vor, lieber nicht aufzufallen, still zu sein. „Man empfindet es schon als schlimm, nirgends dazuzugehören, aber du kannst es nicht ändern. Und auflehnen dagegen, das bringt überhaupt nichts, dadurch machst du es nur um so schwerer."

Mit vierzehn, zwei Jahre nach Kriegsende, verließ Manal Jena, arbeitete als Kindermädchen bei einer amerikanischen Familie in Berlin, später im Casino, schließlich als Sängerin und Tänzerin. „Davon konnte sie gut leben." Mit dreiunddreißig Jahren starb sie. An Tuberkulose.

Wie der Vater, kurz nach Kriegsende. Ein schmerzlicher Verlust. „Mein Vater war ein Vater. Wenn wir irgendwas nicht verstanden haben oder mit irgendwas nicht klargekommen sind, er war immer für uns da. Im Gegensatz zu vielen anderen Mädchen hatten wir einen Vater, auch wenn wir nicht bei ihm wohnten, aber wir konnten immer zu ihm gehen. Er war sehr höflich. Beim Einkaufen hat er uns die Taschen abgenommen, er hat uns die Tür aufgehalten. Wir waren für ihn eigentlich keine Kinder. Er hat nie mit uns gesprochen, wie man mit Kindern spricht. Er konnte auch sehr lustig und ausgelassen sein. Als mein Vater starb, hab ich gesagt, wenn man sich Eltern aussuchen kann, und es heißt ja, man wird wiedergeboren, dann möchte ich meinen Vater wiederhaben." Auch er hat sich über so manche Vorschrift hinweggesetzt. Wenn es bitterkalt war, ließ er einen oder zwei der Zwangsarbeiter oder Kriegsgefangenen, die er zur

Arbeit fuhr, im Führerhaus sitzen, nahm auch schon mal einen in der Pause mit nach Hause, bot Heißes zu trinken an.

Er ist Adaku Gerlach ein Vorbild, genau wie ihre Großmutter, die ein Jahr später starb. „Sie war immer eine akkurate Frau." Morgens, wenn sie die Mädchen weckte, war sie fertig angezogen und frisiert. Nie haben sie die Großmutter im Unterrock gesehen. Pünktlich standen Mittagessen und Abendbrot auf dem Tisch. „Im dritten Reich hätte sie es einfacher haben können. Sie hätte uns nicht großziehen müssen. Mit dem Tag, als meine Mutter wiederkam, ging bei meiner Großmutter die Luft raus. Sie sank buchstäblich in sich zusammen. Sie vergaß alles, sprach unzusammenhängende Sätze, sie zog sich nicht mehr an, wusch sich nicht mehr. Es war, als wenn sie die Kraft bis dahin eingeteilt hatte und keinen Tag länger."

Und wer fing Adakus Mutter auf, die krank aus dem Arbeitslager zurückkam? Den Kindern war sie eine Fremde geworden. In dieser Zeit lernt sie Helga kennen, achtzehn Jahre jünger, in Adakus Alter. „Deshalb hieß es auch nie, das ist Helga, Mutters Freundin, sondern ich bin Helgas Schwester."

Adaku Gerlach beginnt im Bergbau zu arbeiten, bei den Vesuchsschächten für Uranvorkommen. Regen und Wind ausgesetzt, holt sie sich in dem nicht trocknenden wattierten Arbeitsanzug Rheuma, wird entlassen, findet Arbeit in einer Firma, die „den Russen untersteht", wird der Spionage verdächtigt, weil „sie zu der Zeit Afrika und Amerika nicht auseinanderhielten", wird entlassen. In einer Fabrik füllt sie Aromen ab, Backaromen, Zwiebelaromen. Dann arbeitet sie „beim Abbruch", ist Trümmerfrau und macht eine Maurerlehre. Auf dem Bau gefällt es ihr.

Adaku Gerlach lebt mit ihrer Mutter und deren Freundin Helga zusammen. 1950 – sie ist zwanzig –, verlassen die drei gemeinsam die DDR, kommen als politische Flüchtlinge in Westberlin an. Sie finden Unterschlupf in dem großen möblierten Berliner Zimmer, das Manal bewohnt. Ohne Aufpreis. Dafür teilen sie mit den Wirtsleuten ihre Verpflegung, die sie täglich im Flüchtlingslager in der Fasanenstraße abholen. Adaku Gerlach würde gern als Maurerin weiterarbeiten, doch Frauen in Männerberufen gibt es hier nicht mehr. Und noch nicht. Sie muß zwischen Schneiderin und Krankenschwester wählen. Wie soll sie sich die Materialien, die sie als Schneiderlehrling braucht, von ihren drei Mark Taschengeld im Monat kaufen? Sie beginnt eine Krankenschwesterausbildung.

Eine Schranklesbe ist sie gewesen, sagt Adaku Gerlach heute, und „da war es ein Vorteil, afrodeutsch zu sein". Denn wer hätte schon vermutet, daß eine Afrikanerin lesbisch ist? Wenn es trotzdem jemand merkte, hatte sie kein Problem damit. Aber offen darüber sprechen? Es mußte schließlich nicht sein, daß im Krankenhaus alle wußten, wie sie zu der Kollegin stand, mit der sie die Wohnung teilte.

Nach Jahren ist diese Liebesbeziehung zu Ende. Adaku Gerlach kann nicht auf eine andere Frau zugehen – sie trägt ja die Kleider. Irgendwann ist sie das Alleinsein leid. Ein Fehler, geheiratet zu haben, sagt sie heute. Während ihrer Ehe, die nach fünf Jahren – nach den Geburten ihrer Kinder, alle drei durch Kaiserschnitt – aufhört, „offiziell eine Ehe zu sein", weil sie das, „was zu einer Ehe gehört", abgebrochen hat, ist es undenkbar für sie, eine Freundin zu haben, „auch wegen der Kinder". Nach der Geburt ihres zweiten Kindes, mit Ende Dreißig, kündigt sie im Krankenhaus und arbeitet die nächsten zwanzig Jahre mit in der Kneipe ihres Mannes. Pflegt ihn schließlich jahrelang nach mehreren Schlaganfällen, bis er 1989 stirbt. Dann nimmt sie, fast sechzig, ihre Arbeit als Krankenschwester wieder auf, diesmal in einem Pflegeheim für alte Diakonissen.

„Hier ging alles viel langsamer zu. Auf Station ist Tempo angesagt. Das Arbeiten war recht angenehm. Dinge, die man auch in der Familie macht." Das könnte sie sich zum Beispiel heute wieder vorstellen – die eine oder andere Patientin zu pflegen. Ehrenamtlich, wie sie es eine Weile gemacht hat. Auch ihre Mutter hat sie lange mit gepflegt. Die Hauptpflege allerdings hatte deren Freundin Helga übernommen.

Wenn Adaku Gerlach an den langsamen körperlichen Verfall ihrer Mutter denkt, erinnert sie sich wieder an das Patiententestament, das sie seit langem machen will. Besprochen hat sie bereits alles mit ihrer Tochter: Wenn sie einmal im Krankenhaus liegen sollte und ihre Wünsche nicht mehr äußern kann, möchte sie keine Wiederbelebung, in keiner Art. Das täte ihr nicht gut und ihren Angehörigen auch nicht. „Dann kommen die, setzen sich hin, bleiben die Zeit, die sie meinen, bleiben zu müssen, und gehen dann mit schwerem Herzen nach Hause. Wenn es so ist, dann soll es zu Ende sein."

Der Tod hat für sie nichts Beunruhigendes. Er gehört dazu. Bei ihrer Arbeit im Diakonissenheim hat sie viele Frauen, die sie über mehrere Jahre gepflegt hat, sterben sehen, jeden Tag ein bißchen, da war der Tod zum Schluß wie eine Erlösung. Krank zu sein und Schmerzen zu haben – das macht ihr eher angst. Aber heute gebe es gute Schmerztherapien, anders als früher. Wenn allerdings ein junger Mensch sterben muß, der sein Leben gerade angefangen hat, berührt sie das. Oder wenn jemand plötzlich stirbt, ohne krank zu sein. „Aus dem Leben raus umfallen. Und man ist nicht mehr. Das zeigt wieder, daß man nicht warten soll, bis man meint, ach, jetzt hast du das Alter, jetzt mußt du dich um dein Ende kümmern, nein, man sollte das schon beizeiten tun."

Und sollte es nach dem Tod ein Leben geben, einen Ort, würde sie sich freuen, diejenigen dort wiederzusehen, die sie vermißt. „In der heutigen Zeit kann man ja nicht sagen: Das gibt es nicht. Es sind so viele Dinge passiert, die man nicht für möglich gehalten hätte. Und sollte man tatsächlich wiedergeboren werden, dann sollte man wirklich bei Null anfangen und nicht, wie es jetzt öfter heißt, ich kann mich erinnern, ich war im siebzehnten Jahrhundert das und das. Das möchte ich nicht."

Jede Zeit, die man lebt, sollte schön sein, sagt Adaku Gerlach. In jüngeren Jahren sehe man das leider nicht so, glaube, die Dinge immer auf morgen verschieben zu können. Daß das nicht geht, ist ihr selbst auch erst mit dem Älterwerden klar geworden, mit dem Kommen und Gehen, dem kleiner werdenden Freundeskreis. Das sei aber kein Grund, sich zu ängstigen, den Kopf in den Sand zu stecken, im Gegenteil. „Man muß den Mut haben, zu sagen, ich bin alt, ich will mein Alter annehmen und so angenehm wie möglich leben, solange ich es noch kann."

Und danach lebt Adaku Gerlach. Selbst wenn sie sich gern vom Tag überraschen läßt, hat sie ihre festen Rituale, wie das sonntägliche Frühstück mit Helga, der Freundin ihrer Mutter, oder das monatliche Treffen mit Marion aus der afrodeutschen Gruppe zum Konzert- oder Kinobesuch, zu einer Bootsfahrt zur Pfaueninsel. Oder die wöchentliche Partie Rommé mit zwei alten Bekannten in der Senioreneinrichtung des Bezirksamts. Wenn sie wollen, können sie dort auch essen. Täglich gibt es dort für ein paar Mark eine warme Mahlzeit und Kaffee und Kuchen zum Selbstkostenpreis. In schönen hellen Räumen.

Sie ist mutiger geworden in den letzten Jahren, läßt sich nicht mehr so leicht aus Angst vor der Meinung anderer abhalten, zu tun, was sie will. So wie sie es lange getan hat, um nur nicht anzuecken. Sie nimmt immer seltener ein Blatt vor den Mund, ihre Grübchen erscheinen, sie lächelt verschmitzt: „Hin und wieder schockiere ich die Leute gern." Sie hat es nicht mehr nötig, auf ihren Ruf zu achten.

Und so geht sie dann auch, wenn sie zufällig ihre ehemalige Kellnerin trifft, mit ihr „nicht in ein Restaurant, auch nicht in ein Café, wir gehen in die Tankstelle, und da stehen wir manchmal Stunden und quatschen zusammen, trinken zwei Kaffee, und dann gehen wir nach Hause. Das ist eine Tankstelle, wo alle reinkommen, die mich von früher kennen: Was machst du denn hier? Ach, sieht man sich auch mal wieder! Manche denken sicher: Ja, so ist es richtig, die alten Weiber stehen da. Machen eigentlich nur die jungen Leute, die kommen rein, trinken Kaffee, und dann fahren sie mit ihren Autos weiter. Wir wohnen ganz in der Nähe; früher hätte ich gedacht, da stellst du dich doch nicht hin. Jetzt gefällt's mir. Ich muß auf niemanden Rücksicht nehmen."

Außerdem ist der Kaffee in der Tankstelle billiger, kostet nur eine Mark. Adaku Gerlach imponieren die alten Lesben, die nicht jammern, daß sie heute weniger Geld haben als früher, die sich damit einrichten, so gut sie können. Die meisten Lesben haben im Alter nur ihre eigene Rente und nicht die eines Mannes zusätzlich, so wie sie selbst, die verheirateten Frauen eben. Es beeindruckt sie, wie sie sich damit arrangieren, ohne auf ihr Vergnügen zu verzichten. Möchten sie einen bestimmten Film sehen, gehen sie eben am Montag oder Dienstag ins Kino, wenn es sieben statt vierzehn Mark kostet. Haben sie Lust, eine Freundin im Schwarzwald zu besuchen, fahren sie mit dem Wochenend-Ticket, auch wenn sie fünfmal umsteigen müssen, „das nehmen sie auf sich, sie wollen eben dahin", bleiben eine Weile und fahren an einem Wochenende wieder zurück. So kostet die Fahrt siebzig statt vierhundert Mark.

Und geht Adaku Gerlach mit ihren ehemaligen Arbeitskolleginnen aus, zahlen sie nicht wie früher zusammen, sondern getrennt. Alle haben sie jetzt weniger Geld, die eine ist arbeitslos, die andere berentet. Jede bestellt sich das, was sie sich leisten kann. „Das ist auch etwas, was du lernen mußt – offen zu sagen, hör zu, ich hab wenig Geld, ich kann mir nur einen Kaffee leisten und dieses Plunderstück vom Tag vorher, das kostet die Hälfte. Das ist besser, als wenn du da sitzt und denkst, ach Gott, wenn du das jetzt bezahlt hast, dann mußt du drei Tage knausern." Unbehagen bereitet ihr allerdings der Euro. An die Rechnerei mag sie gar nicht denken. Jetzt weiß sie, das Stück Kuchen kostet zwei fünfzig, aber künftig, befürchtet sie, steht sie davor und weiß nicht, wie teuer es wirklich ist.

Einige dieser älteren Lesben wissen auch genau, an welchem Tag es bei welchem Italiener alle Nudelgerichte zum

Einheitspreis gibt, zu neun Mark. „Den Salat dazu lassen sie sich einpacken. Den nehmen sie mit. Ja, so rechnen sie, und das find ich einfach toll. Zu gucken, wie kann ich aus dem wenigen doch noch etwas machen." Die Stammgäste unter ihnen haben ihre Lieblingspasta bereits vor Augen und bestellen, ohne einen Blick auf die Karte zu werfen; die anderen überlegen hin und her, können sich nicht entscheiden zwischen Spaghetti Bolognese, Penne mit Ricotta, hausgemachten Tortellini. Adaku Gerlach amüsiert sich. Sie hat es leichter: Eine Tomatensuppe bitte.

Sie hat gerade Probleme, Spaghetti zu essen – obwohl sie es auch sonst immer hinkriegt, daß „Tomatenspritzer auf der frisch gebügelten weißen Bluse landen". Jetzt wartet sie auf ihr unteres Gebiß, kann nicht kauen. Salat kann sie auch nicht essen, selbst wenn sie ihn klein schneidet, was sie im Lokal natürlich nicht tut. Sie ist froh, daß ihre Zähne in der kommenden Woche fertig sind! Besonders angesichts der Einladung, wo es hauptsächlich Rohkost geben wird.

Es fällt nicht auf, daß ihre unteren Zähne fehlen, beim Sprechen ist es kaum zu hören. Am Anfang wollte Adaku Gerlach ohne Zähne nicht aus dem Haus gehen. Dann hat sie sich einen Trick zu eigen gemacht, damit es nicht auffällt. Sie macht den Mund nicht so fest zu, daß die oberen Zähne auf den Kiefer stoßen. „Dadurch nämlich gehen die unteren Lippen nach innen, und die Mundwinkel werden nach unten gezogen. Dann kriegst du diesen Knautschmund. Und das muß ja nicht sein. Wenn ich jetzt mit siebzig wie die Omas früher nur zu Hause säße, dann wäre das egal, und ich würde denken, die mich lieben, die lieben mich mit und ohne Zähne. Aber ich gehe ja noch aus. Ich geh noch ins Kino, ich geh ins

Konzert, und wir treffen uns noch, da möchte ich ja nicht so aussehen wie die Oma auf der berühmten Postkarte."

Ja, ihre Zähne! Als sie mit einundsechzig ihre Vollprothese bekam, dachte sie zum ersten Mal: Jetzt bist du alt. „Ich fand das furchtbar. Wenn neue Arbeitskolleginnen meinten, ach hast du noch schöne Zähne, dann dachte ich, wenn ihr wüßtet! Für mich war es furchtbar, abends die Zähne raus und ins Wasserglas und morgens wieder rein. Hab ich auch nicht gemacht. Aber in der Zwischenzeit hab ich festgestellt, es gibt immer mehr junge Leute, die einen Zahnersatz haben."

Adaku Gerlach genießt die Tomatensuppe und wünscht sich, daß es ihr gesundheitlich nicht schlechter geht als jetzt, daß ihr Augenlicht so bleibt, damit sie ihre Bücher lesen kann, und daß sie hin und wieder naschen kann, mal sündigen, ohne sofort dafür büßen zu müssen. Mag sein, daß sie in zehn Jahren noch so gut laufen kann wie heute, mag aber auch sein, daß es in zwei oder drei Jahren wesentlich schlechter ist. „Ich sag mir immer, du weißt ja nicht, wenn du alt bist, was du für Krankheiten bekommst. Und von daher mache ich soviel, wie ich noch kann. Ich möchte, wenn ich mal ans Haus gefesselt bin, viele schöne Dinge im Kopf haben, von denen ich dann zehren kann. In diesem Jahr möchte ich mal gern mit dem 241er, dem Bus, den ich seit dreißig Jahren benutze – zu Helga und früher zu meiner Mutter –, bis zur Endstation fahren. Das wollte ich schon immer, vor allem seit die Mauer nicht mehr da ist, und habe es noch nie geschafft. Damals habe ich mich immer gefragt, was liegt wohl dahinter? Ganz einfach mal gucken, was da am Ende der Sonnenallee ist und dann wieder zurückfahren."

188

Die Kunst des Kicherns

Frieda Fröhlich, 59 Jahre, Clownin, Zahnärztin

„Die Nase aus der Ming-Zeit – das ist eine Geschichte über die rote Nase: Im alten China war es üblich, den Frauen, die ganz besondere Gesichtspunkte zum Erkennen und Verständnis dieser Welt beigetragen haben, die rote Nase zu verleihen."

Was, ehrlich? Ach, das wußte ich ja gar nicht; daher kommt die rote Nase! wundert sich eine Zuschauerin.

Frieda Fröhlich schmunzelt. Ein Schmunzeln, das die Zuschauerinnen nicht sehen. Es ist nach innen gerichtet. Sie will den Scherz ja nicht verderben. Statt dessen zieht sie zur Bekräftigung ihrer Worte eine rote Nase aus hauchdünnem Porzellan hervor. „Handgemalt. Ich habe die Nase verliehen bekommen für meine Forschung auf dem Gebiet der Drachologie, der Drachenforschung." Weil sie die Drachin und deren Urkraft in unseren Breitengraden wieder aufgestöbert habe. Erlitten Drachen hier doch dasselbe Schicksal wie die weisen Frauen: Sie wurden verleumdet, verfolgt und getötet. Der Bogen in die Frauengeschichte ist gespannt. Und das in einem echten Zirkuszelt.

Immer geht es in Frieda Fröhlichs Clownesken um Frauengeschichten, alte oder aktuelle, allgemeine und persönliche. In einer Szene, die sie vor Jahren auf der Zirkusschule einstudiert und bisher noch nicht öffentlich aufgeführt hat, liegt die Essenz all ihrer Stücke: Ein junges Mädchen wühlt in einem Abfalleimer am Straßenrand und geht weiter. Eine Frau in mittleren Jahren kommt vorbei und stochert in dem Müll herum. Danach tritt eine Alte auf die Bühne und tut dasselbe. Frieda Fröhlich interessiert dabei: Was bewirken diese Bilder bei der Zuschauerin? Was assoziiert sie, wenn sie die drei Frauen unterschiedlichen Alters im Abfall wühlen sieht? Welches sind ihre eigenen Gedanken dabei, was sind von der Gesellschaft vorgefertigte Frauenbilder? Wie sieht die Zuschauerin sich selbst, je älter sie wird?

Frieda Fröhlich ist vor allem der ganz jungen Frau zugeneigt, dem Mädchen in sich. Das Mädchen ist für sie „Ausdruck einer starken Bejahung und Lebendigkeit", etwas, das ihr in jenem Alter fremd war. Ronja Räubertochter und Pippi Langstrumpf. Rotkäppchen. Diese Figur ist ihr, klein und zierlich, auf den Leib geschnitten und steht in Kontrast zu ihrem von sechzig Lebensjahren gezeichneten Gesicht. Gleichzeitig verkörpert sie auch Rotkäppchens Großmutter sowie die Wölfin als die verbindende Kraft zwischen beiden. „Es geht dabei um meine Vision vom Ineinanderfließen von Alt und Jung."

Alter/n, Wechselspiel zwischen den Generationen, Wechsel der Jahre, Wechseljahre mit Höhenflügen und Abgründen sind Grundtenor der clownesken Inszenierungen. Frieda Fröhlich hat ihre Stücke im Gedächtnis, nicht auf Papier, und wandelt sie ab, je nach Auftraggeberin und Publikum, für Geburtstage, Schulfeiern, Seniorennachmittage, Firmenjubiläen, Frauenfeste, Lesbenfrühlingstreffen, einen feministischen Therapiekongreß oder ein Fortbildungsseminar für Steuerberaterinnen. Für einen Auftritt in einem Frauenmuseum kreierte sie mit zwinkerndem Blick auf ausgestorbene Wesen die Dinosaurier-Parodie. Individuelles Theater nennt sie ihre Inszenierungen.

Immer wieder ist Frieda Fröhlich erstaunt über den Ablauf des kreativen Prozesses – darüber, *„wie* die jeweiligen Informationen vom Kopf ihre Wandlung ins Sinnliche vollziehen". Zum Beispiel läßt sie sich über ein siebzigjähriges Geburtstagskind, zu dessen Fest sie engagiert ist, etwas erzählen, macht sich Notizen, liest sie noch einmal durch und läßt die Fakten sinken. Während sie mit ihrer Hündin Sonja durch den angrenzenden Wald läuft oder die Kartoffeln in die Erde pflanzt, denkt sie darüber nach, und die Rolle, in die sie für diesen runden Geburtstag schlüpfen könnte, nimmt Gestalt an. Zu Beginn ihres neuen Berufes fühlte sich Frieda Fröhlich oft unter Druck: Würde sie es rechtzeitig schaffen? Dann merkte sie, daß sie Vertrauen zu sich haben kann. „Selbst wenn ich es um Mitternacht vor dem Auftritt noch nicht habe, weiß ich doch inzwischen, daß es mir gelingt. Es wird kommen."

Schön wäre es, wenn auch die Organisation ihrer Auftritte und die Werbung von selbst kämen. Zwei bis drei Stunden braucht sie täglich dafür: Anzeigen aufgeben, Prospekte auslegen, Werbematerial verschicken, Ankündigungstexte verfassen, telefonieren, nachhaken, sich in Erinnerung bringen. Die beste und billigste Werbung ist natürlich die Darbietung selbst. Am liebsten ist Frieda Fröhlich das Klüngeln, der Kölsche Ausdruck für „aktive Netzwirkerei". Geschäfte untereinander machen, bei den Amigas, den lesbischen Unternehmerinnen: Was kannst du, was kann ich? So tritt Frieda Fröhlich auf der Vernissage der Grafikerin auf, die ihr Logo entworfen hat. Geklüngelt wird privat oder beim Klüngelabend und Klüngelbrunch.

Zum Teil kann Frieda Fröhlich inzwischen von ihren Clownesken leben. Mit und ohne Klüngeln. Und von den „Erträgen" ihres landwirtschaftlichen Hofes, den sie seit drei Jahren mit ihrer Lebensgefährtin Annemarie Ansbach, einer Steuerberaterin, bewirtschaftet sowie den Mieteinnahmen des zweiten Hauses auf dem Grundstück und ihren zahnärztlichen Beratungen für Frauen, die wissen wollen, „ob das Amalgam schuld daran ist, daß ihnen das Knie immer anschwillt, oder ob sie ihre Migräne loswerden, wenn ihre wurzelbehandelten Zähne rauskommen, also chronische Erkrankungen im Zusammenhang mit Umweltgiften oder Inweltgiften wie Impfungen, Zahnfüllungen, künstlichen Hüftgelenken." Das testet sie mit Elektro-Akupunktur. Der Beratungsraum ist gleichzeitig Büro, mit Gästesofa und Blick auf die verpachtete Wiese, eine Pferdekoppel, so weit das Auge reicht.

Für diese Arbeit braucht Frieda Fröhlich keine Werbung zu machen. Die läuft von allein. Mit Elektro-Akupunktur hat sich die Zahnärztin in ihrer zehnjährigen Praxis in einer nahegelegenen Kleinstadt bereits einen Namen gemacht. Diese Diagnostikmethode war der Hauptgrund, ihre langjährige Arbeit von einer Kölner Gemeinschaftspraxis Anfang der achtziger Jahre aufs Land zu verlegen. „Die Akupunktur läßt sich nur dort durchführen, wo Energien fließen." In einem Raum aus Beton mit schalldämmenden Styropordecken, PVC-Böden und Doppelfenstern fließe nichts. Sie eröffnete also im Oberbergischen eine der ersten amalgamfreien Praxen, testete und behandelte, führte ein beruflich abgesichertes Leben. „Ein Boden, der mich getragen hat."

Dieser Boden gerät mit ersten klimakterischen Durchrüttelungen ins Wanken. Das Leben wird vehement. Jäh und überraschend. Es ist Frieda Fröhlich klar, daß diese Turbulenzen hormonell bedingt sind. Wie in der Pubertät, da fing sie an zu bluten, und jetzt hört sie auf zu bluten. Mit drei wechseljährigen Freundinnen gründet sie die Kleeblattgruppe. Häufig besprechen sie sich, sitzen auf der Hausbank und fragen: Was ist bloß los?

Nicht die körperlichen Erscheinungen mit Schlaflosigkeit, Schweißausbrüchen und Hitzewellen sind von Bedeutung, sondern daß Frieda Fröhlich der Boden unter den Füßen weggezogen wird. Nichts gilt mehr, nichts in Sicht, an dem sie sich festhalten könnte. „Es war keine Depression, eher Trauer und Erschrecken. Es war einfach so unvorbereitet. Obwohl ich schon Neunundvierzig war, kam ich mir vor wie in der Pubertät. Alles verschob sich."

So kann sie nicht weiterarbeiten. Sie schließt für vier Monate ihre Praxis, fährt aus dem Oberbergischen auf die Philippinen, ist dort mit einer „Rollenden Klinik" von Dorf zu Dorf unterwegs, mit Jeep oder zu Fuß, ein Köfferchen mit Betäubungsmitteln und Instrumenten dabei, und zieht Zähne. Für Behandlungen ist das Team (Laborant, Helferin und eine zweite Zahnärztin) nicht ausgerüstet, es gibt auch keinen Strom. Sie schlafen mit den Einheimischen auf dem Fußboden und werden in den Dörfern verpflegt.

„Ich hab mir eine Auszeit genommen, wie es heute heißt. Zwei Stunden am Tag auf dem Marktplatz Zähne ziehen. Ansonsten hatte ich nichts zu tun. Hier muß ich ja wenigstens den Hund füttern. Dort mußte ich mir nicht mal den Kaffee kochen, nichts tun, gar nichts. Ich hab die ganze Zeit nichts weiter getan als nur dagesessen, alles sinken lassen, sinken lassen, ein bißchen gemalt, mich ein bißchen unterhalten. Englisch war für alle eine Fremdsprache. So bewegten sich die Gespräche an der Oberfläche."

Dann lernt sie tauchen. „Da unten ging es mir nicht darum, Fische und Korallen zu bewundern, sondern um diese Stille und Schwerelosigkeit. Nur dadurch, daß du in deine Flasche ein- und ausatmest, ein- und ausatmest, bewegst du dich ein ganz klein bißchen rauf und runter. Das mußt du austarieren, und wenn du diesen Zustand erreicht hast, dann ist einfach nichts mehr da. Da bin ich hingekommen, und damit bin ich auch wieder aufgetaucht."

In dieser Zeit der Zweifel und Fragen nach dem Ziel, dem Sinn des Lebens ist sie in ein Nichts geraten, das sie beglückt: „Die schöne Sinnlosigkeit." Kurz vor ihrer Abreise feiert sie ihren fünfzigsten Geburtstag auf einem Vulkan. Eine Woche später richtet ihr Annemarie Ansbach in Deutschland eine nachträgliche Geburtstagsfeier aus. Als Geschenk aus philippinischen Wassern bringt Frieda Fröhlich ihren Freundinnen „die schöne Sinnlosigkeit" mit.

Und dann stirbt Herta, die auf den Tag gleichaltrige Freundin, mit der sie, gerade dreißig, die erste Frauenbeziehung hatte. Auch Herta war Ärztin. „Am Grab bei dieser Beerdigungsfeier wußte ich, daß ich die Chance habe, mich in etwas anderem auszuprobieren. Nicht aus Überdruß an meinem Beruf, sondern aus dem Gefühl, ein Geschenk erhalten zu haben – daß ich weiterlebe."

Frieda Fröhlich ist gespannt, was es noch für Seiten auszuleben gibt. „Ich dachte, man muß erst mal die Tasse austrinken, bevor was Neues eingegossen wird. Was da rein kommt, das wußte ich nicht. Nur daß ich austrinke und dann weitersehe." In den anderthalb Jahren, die es dauert, bis sie die Tasse ausgetrunken hat – sie bereitet die Praxisübergabe vor –, bedrängen die Patientinnen und Mitarbeiterinnen sie mit Fragen: Was wird aus uns? Wo gehen Sie hin? Was machst du dann? Sie weiß es nicht. Aus einem Impuls heraus sagt sie irgendwann: Clownin. Sie will einfach ihre Ruhe haben, und schon ist ihr die erste Clownerie entschlüpft. „Ich merkte, ich bewirke etwas, ich berühre sie irgendwie mit diesem Begriff. Und als ich dann die Praxis übergeben hatte, hab ich gedacht, jetzt hast du es gesagt, jetzt sieh mal, ob da was dran ist." Kaum hat sie die Praxistür hinter sich geschlossen, nimmt sie an einem dreiwöchigen Zirkuscamp im Teutoburger Wald teil und stellt fest: Ja, das kann ich, das will ich, das ist meins. Und sie erinnert sich, daß sie als Kind eine Clownin war, sogar den Spitznamen „Clownin" trug. Ganz vergessen hatte sie es, all die Jahre über. „Später las ich dann, daß du das, was du mit der Pubertät beiseite gelegt hast, häufig im Klimakterium wieder aufnimmst."

Von den vier Hauptfächern in der darauffolgenden Zirkusschule ist Frieda Fröhlich begeistert: Seillaufen, Jonglieren, Akrobatik und Clowntheater. Und fasziniert davon, daß sie das alles kann, obwohl sie die weitaus Älteste ist – die meisten Frauen sind um die Zwanzig. In Kondition und Geschicklichkeit steht sie ihnen nicht nach, im Gegenteil. Sie ist oft besser, zeichnet sich durch ihre Wißbegierde aus. Der Zirkuswagen auf ihrem jetzigen Gehöft zwischen blühenden Apfel- und Birnbäumen läßt das Herz einer jeder verkappten

Clownin, Drachenbändigerin und Seiltänzerin höher schlagen: Nie ist es zu spät, sich einen Traum in den Garten zu holen.

Vor allem am Clowntheater findet sie Geschmack. Die ersten Ideen entstehen; die Themen trägt sie längst in sich. Eine Geschichte aus Anne Camerons *Töchter der Kupferfrau* hat sie nachhaltig beeindruckt. Ihre „Clowns" – bei den nordamerikanischen UreinwohnerInnen so etwas wie eine Institution –, ähneln den europäischen Hofnarren, Närrinnen: einen Spiegel vorhalten, der Gesellschaft ein Korrektiv bieten. „Ja, genau so möchte ich es machen, mir selbst und anderen einen Spiegel vorhalten, gucken, was brennt mir unter den Nägeln, was will ich darstellen." Durch eigene Erlebnisse und die Erfahrungen ihrer Mutter mit dem Altwerden – „die hat das ganz genau studiert" –, ist diese Lebensphase Thema geworden, eingebettet in den Zyklus des Lebens.

Die Begegnungen mit den unterschiedlichen Frauen in Schnuppercamp und Zirkusschule sind für Frieda Fröhlich sehr belebend; durch sie lernt sie andere Sichtweisen kennen. Es sind Frauen, mit denen sie bisher nichts zu tun hatte, Frauen, die bereits in jungen Jahren beschlossen haben, sich der Leistungsgesellschaft zu entziehen, oder die nach mehrjähriger Berufstätigkeit wieder ausgestiegen sind. Für einige von ihnen gehören Drogen zum Alltag.

„Wir haben viel miteinander geteilt. Alle Fächer haben was mit Zentrierung zu tun. Wenn du übers Seil läufst oder jonglierst, dann geht das nur, wenn du ganz in dir drinnen bist, wenn du im Gleichgewicht bist und in Bewegung. Du kannst dabei nicht irgendwelche Probleme lösen. Du mußt deinen Blick nach vorne richten. Und wenn du zu zweit oder zu dritt Akrobatik machst oder Pyramiden baust, mußt du Vertrauen in dich selbst setzen, aber auch totales Vertrauen in die andere Person. Sonst klappt das nicht. Du mußt wissen, mit wem kann ich diese Übung machen und mit wem nicht. Diese Begegnungen gingen ganz tief, und es war sehr viel Spaß dabei."

Eine Mitschülerin ist ihr eine gute junge Freundin geworden und bis heute geblieben. Und sie ihr eine alte. Natürlich gab es auch Bemerkungen zu ihrem Alter. Aber nicht von den jungen Frauen, sondern von den Müttern, die vorbeikamen, um ihre Töchter zu besuchen. „Du in deinem Alter, das find ich aber toll, daß du das noch machst." Frieda Fröhlich gibt darauf keine Antwort. Sie vergißt öfter, daß sie anders aussieht als die Frauen um sie herum.

„Wenn ich in den Spiegel gucke, tue ich es mit einem so weichen Blick, daß ich meine Falten gar nicht sehe. Auf Fotos hab ich mich manchmal gar nicht erkannt, bis ich mich daran gewöhnt hatte, daß ich das bin, mit diesen Falten." Und sieht sie die erschlaffte Haut an ihren Oberarmen, empfindet sie es als Herausforderung, zu akzeptieren, daß sie das ist. „Ich kann die Falten nun ja auch nicht wegbügeln." Es nützt ihr nicht viel, zu wissen, daß es gleichaltrigen Freundinnen ähnlich geht mit ihrem älter werdenden Körper. Schlucken mußte sie, als sie vor einigen Jahren am Anmeldetisch des Lesbenfrühlingstreffens plötzlich gesiezt wurde. Meine Güte, jetzt bist du alt, flog es sie an. Sie war irritiert und hat es thematisiert. Und wenn sie in ihrem Clownseminar alle duzt, selbst aber mit Sie angeredet wird, sagt sie manchmal: „Ich höre es lieber, wenn ich geduzt werde." Die Antwort, das habe auch etwas mit Respekt zu tun, konnte sie akzeptieren.

Während der Ausbildung vermietete Frieda Fröhlich ihr Haus, brauchte aber eine Bleibe für ihre freien Wochenenden. So begann sie, auf ihrem Grundstück ein kleines Haus zu bauen. Und erlebte eine Überraschung, als sie entdeckte, wie übergreifend ihre werkstofflichen Kenntnisse sind und die zahnmedizinischen Erfahrungen ihr beim Hausbau zugute kommen. Sie merkt, welches Wissen sie im Laufe der Jahrzehnte im Umgang mit Materialien angehäuft hat. Und stellt mit Erleichterung fest: Es muß nicht immer so klein sein. Sie kann es auf andere Dimensionen übertragen.

„Wenn ich eine Brücke anfertige im Zahngebiet, muß ich gucken, ob die Zahnwurzeln auch wirklich noch in Ordnung sind. Halten sie diese Brückenkonstruktion? Und so muß ich beim Hausbau ein gutes Fundament machen, das ist das Allerwichtigste, und darauf nach und nach aufbauen. Das hab ich getan und zu meinem Erstaunen festgestellt: das geht. Ich kann natürlich auch mit einem Bohrer umgehen und mit einer Säge und mit einem Schleifer. Das hab ich doch alles im Mund genauso gemacht, mit rotierenden Instrumenten, das ist kein Problem. Und Verbindungen und Nut und Feder, das ist mir ein Begriff, Dübel, haben wir auch verwandt, nur in Miniatur. Wenn Handwerker und Handwerkerinnen kommen, stell ich teilweise fest, daß ich viel mehr weiß als die. Ich liebe Materie einfach. Und ich bin sehr ehrfürchtig vor Materie insgesamt."

Sind nicht auch die Kräfte, die auf die Zähne einwirken, ganz enorm? Von den Zähnen über die Zentrifugalkraft zum Zirkus. Zirkulieren und Zauber. Frieda Fröhlich ist verzaubert. Bezaubert.

„Die Muskulatur, die den Mund schließt, ist sehr stark. Das kannst du im Zirkus sehen, wenn jemand eine Gebißschiene in den Mund nimmt und daran ein Gelenk und eine Kordel und sich selbst aufhängt. Das eigene Gewicht wird über die Kaumuskulatur getragen, und wenn dann noch jemand Schwünge macht, wird es durch die Zentrifugalkraft noch verstärkt. Kenntnisse über Belastbarkeit und Eigenschaften des Materials seien also erforderlich: wie sich die Materialien im Zusammenspiel mit anderen verhalten, im wäßrigen Milieu, bei Hitze und Kälte, beim Eisessen und Teetrinken ..." Regenfluten, Frost und Sommerhitze konnten Frieda Fröhlichs neuer Bleibe nichts anhaben, während sie in der Zirkusschule neue Anregungen bekam, ihre Figuren allmählich Gestalt annahmen, sie sich in Seminaren und Straßentheaterkursen im In- und Ausland weiterbildete.

Andere Länder und Kulturen haben sie von jeher angezogen. In Berlin geboren, in Köln aufgewachsen, sucht sie als junge Frau den Sinn des Lebens, denkt viel über die sogenannte Zivilisation nach, und geht nach dem Studium „aus lauter Verzweiflung an dieser Gesellschaft" ins Albert-Schweitzer-Hospital nach Lambarene in Gabun. Getragen wird die persönliche Entscheidung, das Altgewohnte zu verlassen, auch von den Bewegungen der Zeit – Hippiebewegung, Studentenbewegung –, in denen die Ablehnung der herrschenden Gesellschaft und die Suche nach neuen Horizonten im Mittelpunkt stehen. Frieda Fröhlich behandelt und unterrichtet junge Afrikanerinnen und Afrikaner und baut im Süden des Landes eine Zahnstation mit auf. Danach gründet sie mit Gerda Mark, einer befreundeten Kollegin, eine zahnärztliche Praxis in Haiti. Die nötigen Geräte sammeln sie aus Praxisauflösungen in Deutschland. Später eröffnen beide zusammen eine Praxis in Köln, so daß sie abwechselnd immer wieder außerhalb Europas arbeiten können. Das wollen sie nicht aufgeben. Bei den Arbeitsaufenthalten im Tschad, in Gabun, in der Sahel-Zone, in Gebieten abseits des Tourismus', bekommt Frieda Fröhlich Einblicke, wie die Menschen dort leben, und fragt sich: Was brauchen wir wirklich, um glücklich zu sein?

Es sind aber therapeutische und spirituelle Reisen, die Frieda Fröhlich etwas zurückbringen, was sie verloren glaubte: Sie kann wieder Gefühle empfinden. Endlich kann sie, mit Mitte Dreißig, wieder weinen und ist stolz darauf. Und später hat sie mit diesem Lächeln begonnen, „kein lautes Lachen, das ist nicht meins", sondern ein inneres Lächeln, das Schmunzeln, das Kichern. Und je intensiver sie Clowntheater macht, desto größer ist ihre Freude an so vielem. „Besonders am Spielen, aber auch an Musik und – an meinen Hühnern."

Die Leistungsanspannung aus ihrem Zahnärztinberuf ist immer noch zu spüren, sagt sie, und erst jetzt, sechs Jahre später kann sie ermessen, was das bedeutet hat: Alle halbe Stunde eine neue, meist angespannte Patientin, ganz nah, sehr intim, eine intime Berührung in einem intimen Bereich, sehr konzentriert, das helle Licht, die Notwendigkeit, auch psychologisch auf die Patientin einzugehen. Die Verantwortung: Mache ich es auch richtig und gut? Auch das Arbeitsklima mit den Angestellten „mußte stimmen". Und die Abrechnungen. Und wenn Frieda Fröhlich selbst, vielleicht einmal alle sechs Monate, gefragt wurde, wie es ihr geht, war sie geschockt, wußte nichts darauf zu antworten. Sie war es nicht gewohnt; sie war doch immer für die anderen da.

Heute läßt sie sich selbst nicht mehr so leicht aus den Augen, achtet genau darauf, wie sie geht, wie sie Tee trinkt oder Auto fährt und was sie dabei empfindet. Sie merkt, daß es sich nicht lohnt, mürrisch zu sein. Eine andere Haltung macht es leichter. Deshalb hat sie einem Clownskurs den Titel gegeben: Die Kunst des Kicherns. „Kichern ist nach außen und innen gerichtet. Es ist gesellschaftlich weniger angesehen als Schmunzeln. Kichern tun junge Mädchen und alte Frauen."

Durch den Tod Hertas, an deren Grab Frieda Fröhlich beschlossen hat, sich anders auszuprobieren, ist ihr wieder deutlich geworden, daß auch ihr Leben nicht unendlich ist, daß auch sie einer Gesetzmäßigkeit unterliegt, die in „das Geheimnis der kosmischen Zeit eingebunden ist", und heute mißt sie vieles an dieser Endlichkeit: Wieviel Zeit verschwende ich oder habe ich verschwendet? Was ist mir wichtig, was macht mir Spaß, wo sehe ich eine Aufgabe? Warum tue ich etwas? Und wo liegt darin die Lust, die Lebenslust, die Lebenskraft, die Lebensfreude? „Ein bißchen geizig bin ich geworden mit der Zeit. Ich gucke genau, was mache ich und mit wem verbringe ich sie. Habe mehr und mehr den Mut, auch mal was abzubrechen. Frage mich vor allem: Wo ist mehr Tiefe, aber eben lustvolle Tiefe." Ob sie dabei an das tiefe philippinische Blau denkt?

Sie weiß, nichts ist statisch oder ein für allemal erreicht. Beim Seiltanz muß sie sich Schritt für Schritt voranbewegen. Je weiter sie geht, desto länger wird das Seil hinter ihr. Ihre Vergangenheit. „Das ist wie eine Bibliothek, die ich mit mir herumtrage, das finde ich ganz wunderbar." Ohne die Vergangenheit glorifizieren zu wollen und die Gegenwart auszublenden, liebt sie es, „so viel in ihren inneren Büchern lesen zu können". Sie denkt dabei an ihre Mutter, die Bibliothekarin war. Für Frieda Fröhlich ist es keine Gratwanderung zwischen Vergangenheit, Gegenwart und Zukunft, es ist eher ein Jonglieren, bei dem sie die multicoloren Fragen nach dem Geheimnis Zeit immer wieder aufwirft. „Manchmal ist Zeit auch weg, und dann ist es Glück. Es gibt kleine Glücks und große Glücks."

Diese „Glücks" tauchen unvorhergesehen auf. Bei der Gartenarbeit kann die Zeit plötzlich aufhören zu existieren, wenn sie sich durch nichts ablenken läßt, keinen Hunger und Durst verspürt. „Ganz bei der Sache sein, das ist kleines Glück. Großes Glück ist, wenn es wirklich explodiert und alle Grenzen weg sind. Es kann schon mal sein, daß ich morgens aufwache und mit meiner Teetasse im Bett sitze, und plötzlich ist es da. Oder als ich kürzlich krank war, Grippe mit hohem Fieber hatte und sich alles in der Wahrnehmung verschob. Es kamen viele Bilder und innere Reisen."

Bei ihrer Migräne erlebt sie auch Zustände der Schwerelosigkeit, wenn sie nichts hört und nichts sieht, plötzlich keinen Schmerz mehr spürt, als fiele sie in eine Bewußtlosigkeit. Und am folgenden Tag, wenn sie sich ganz leicht fühlt, wie neugeboren. Zweimal im Monat braucht sie ihre Migräne. Das muß einfach sein: Es war mal wieder alles zuviel. Sie war dabei, sich zu überschlagen. Sie sitzt mit dunkler Augenbinde im Bett, lichtscheu und reglos. Meist machen sich die ersten Anzeichen morgens bemerkbar, und sie weiß, bis drei Uhr nachmittags muß sie alles erledigt, alles vorbereitet haben, dann zieht sie sich in die Dunkelheit zurück. Auszeit bis zum nächsten Morgen. Wird sie vor einem Auftritt von einer

Migräne überfallen, bisher selten geschehen, geht sie trotzdem dahin, wo die Bühne ist, und macht ihr Spiel, bewegt sich „im Loch der Migräne", die hinter der Bühne lauert und darauf wartet, daß der Vorhang fällt.

Großes Glück erlebt Frieda Fröhlich auch bei „spirituellen Übungen". Im Laufe der Jahre hat sie „einige Wege in die Grenzenlosigkeit" kennengelernt, durch Mantras, Atemtechniken, Sufi-Tänze und andere Bewegungsekstasen. Durch tiefe Stille, Schweigen, Fasten. Oder Sexualität. Die wechseljährigen Trockenheiten von Schleimhäuten, Augen und Vagina haben ihre Lust nicht beeinträchtigt, sagt Frieda Fröhlich. Die Lust hat sich mit den Jahren verändert, das ja. Aber ob das mit der Menopause zusammenhängt? Eher mit Annemarie Ansbach, die sie zu Beginn der Wechseljahre kennengelernt hat. Beide auf dem Weg, ihre Sexualität in eine spirituelle Richtung zu lenken. Immer noch, nach einem guten Jahrzehnt, gebe es auf diesem Gebiet Neues zu entdecken. Einmal über die tantrischen Anfänge hinausgekommen, wissen sie, daß hinter den Ängsten, „diesen Barrieren, immer etwas Tolles kommt. Einfach wunderschön, faszinierend, was sich da alles für Wege öffnen und was da für Möglichkeiten sind mit dieser Kraft, die dann zu spüren ist, die im Körper zu aktivieren ist, die in mich hineinfließt und durch mich hindurchfließt, die aus mir herausfließt. Ich habe manchmal echt Sehnsucht danach, mehr und mehr davon zu erleben."

Dazu braucht es Zeit und Raum. Manchmal verabreden sie sich im Zirkuswagen, der auch Meditationsraum ist. Und gerade dann scheucht ein fremder Hund die Hühner auf, springt ein Pferd mal wieder über den Zaun der Koppel, oder die Nachbarin bringt einen Korb erster Kirschen vorbei. Wenn sie ganz ungestört sein wollen, mieten sie sich lieber für ein paar Tage in einem Frauenferienhaus ein. „Die Sexualität wird für mich geheimnisvoller, klarer, aber auch und glücklicherweise losgelöst von diesem ganzen Gewusel, was ich früher hatte, als ich unbedingt immer noch eine andere Person brauchte, die mich glücklich machte. Die Lust ist reiner. Sie ist nicht mehr so gekoppelt an Liebe suchen, nicht allein sein können, einen Spiegel brauchen. Das war ja früher ein unglaubliches Durcheinander mit den ewigen Verliebungen und Dramen und dem Leiden, das hatte mit Sexualität immer nur wenig zu tun, und kaum war die erste Nacht vorbei, kam die erste Schwierigkeit."

Meine glücklichste Zeit war in Lambarene, sagte kürzlich Gerda Mark, Frieda Fröhlichs frühere Arbeitskollegin. Für Frieda Fröhlich war diese Zeit vor dreißig Jahren gesellig und vergnüglich, aber die glücklichste Zeit in ihrem Leben finde jetzt statt, antwortete sie, ein Leben in Bewußtheit und durchgängiger Wachheit. Und das gelte für alles, für Liebesfragen ebenso wie für Kartoffeln pflanzen oder mit der Hündin spielen.

Etwas wehmütig blickt sie auf das Foto, das zwei kleine weiße West-Highland-Terrier mit schwarzen Knopfaugen und schwarzer Nase zeigt. Ihre Hündin Laura und deren Bruder Ludwig. Beim Fotografieren ließ Laura immer die Ohren hängen. Vor drei Jahren ist sie gestorben. Frieda Fröhlich hat selten über ihre Trauer gesprochen, weil die meisten Menschen nicht verstünden, daß „ein Tier ein so tiefes Loch hinterläßt. Laura war ein Sonnenschein." So einen

Hund bekommt sie nicht wieder. Das weiß sie. „Jetzt muß ich meine Sonnenscheine selber machen." Heute begleitet sie eine schwarze Schäferhündin. „Sonja ist meine Gefährtin, aber Laura saß in meinem Herzen."

Neben dem Schmerz um Laura, „so ein kleines Tier und so viel Seele", liegt der Schmerz um ihre Mutter. Als sie – siebenundachtzigjährig – vor zwei Jahren starb, blieb für Frieda Fröhlich die Welt stehen. „Ich wußte, es wird nie mehr so sein, wie es mal war. Ich war eine Mutterlose. Eine Mutterseelenlose. Mutterseelenallein." Ein Jahr lang hat sie getrauert, erstaunt darüber, wie stark diese Trauer sie ergriff. Vor dem Tod der Mutter hatte sie noch einmal einen emotionalen Zugang zu ihr bekommen. Eine Umkehrung fand statt. Frieda Fröhlich übernahm die fürsorgliche Rolle ihrer Mutter, die ihre Kinder in den Kriegsjahren allein durchgebracht hatte. Sie war eine sehr strenge, aufrechte, moralische Mutter, geprägt von der Spießigkeit der fünfziger Jahre. Diese Fassade fing mit ihrer Verwirrung an zu bröckeln, „bis sie nur noch Gefühl war, und ich bekam eine Verbindung zu ihr, die von Herz zu Herz ging." Ob darin der Sinn der Alzheimer Krankheit liegt, fragt Frieda Fröhlich, wieder wie ein Säugling zu werden, ganz weich und offen?

Als klar wurde, daß ihre Mutter nicht mehr allein leben kann, beschlossen sie und ihr Bruder, die Mutter in eine anthroposophische Geronto-Psychiatrie zu bringen. Hier fand sie, was sie in ihrer „anderen Wirklichkeit" brauchte, stellt Frieda Fröhlich im nachhinein fest. Andere Menschen, auf die sie zu Hause oft gewartet hatte. „Wo immer ein Tisch stand, im Eßzimmer, in der Küche, im Wohnzimmer, hat sie ihn gedeckt, immer erwartete sie Besuch, und wenn ich kam, dann war alles schon aufgegessen – ‚haben alles aufgegessen', darauf war sie ganz stolz. Jetzt konnte sie den Tisch decken, und immer haben sich Leute drangesetzt. Und alles aufgegessen."

Nach einem halben Jahr stirbt die Mutter. Drei Wochen lang, nach einem Halswirbelbruch. Fast bewußtlos vor Schmerzen. „Es war furchtbar. Manchmal hab ich gedacht: Kissen drauf. Es gab keinen Weg zurück, das war klar. Sie war so verkrümmt, so verkrüppelt, der Kopf stand ganz woanders, und ich wußte, daß sie so auch nicht hätte leben wollen." Nach zehn Tagen kann Frieda Fröhlich, selbst am Ende ihrer Kräfte, eine auswärtige Orthopädin überzeugen, ihrer Mutter Morphium zu geben. Von der Notbesetzung, jungen Assistenzärzten – es war um die Weihnachtszeit –, wollte keiner die Verantwortung übernehmen, man wollte sie ins Krankenhaus bringen. Doch es gab eine Patientenverfügung der Mutter gegen diesen Schritt. Kurz bevor sie stirbt, möchte sie etwas anderes anziehen. „Und das war wirklich gut gewählt." Mit dem Hemd, das ihr später vom Bestattungsunternehmen angezogen wurde, wäre sie bestimmt nicht einverstanden gewesen. Wegen der Feuerbestattung müsse es sein, wurde Frieda Fröhlich gesagt. Heute weiß sie, daß das nicht stimmt.

Es machte es leichter für Frieda Fröhlich und ihre Geschwister, daß ihre Mutter haarklein aufgeschrieben hatte – schon zehn Jahre vor ihrem Tod –, wie ihre Beerdigung aussehen sollte: Feuerbestattung, neben ihrem Otto liegen, der zwanzig Jahre früher gestorben war; welche Lieder gespielt werden sollten, welcher Pfarrer sprechen sollte – doch der war inzwischen nicht mehr im Ort –, wer von ihrem Tod benachrichtigt werden sollte. Mehr und mehr versteht Frieda Fröhlich ihre Mutter, denkt, wie klug und weise sie gewesen ist. Die Feuerbestattung hat sie allerdings nicht verstanden. „Ich habe an dem Tag noch mal einen starken Schmerz gespürt, daß sie dann so gar nicht mehr da ist. Einen scharfen Schmerz. Läuterung hin und her – es tat mir weh, und vielleicht tat es ihr auch noch mal weh."

Auf keinen Fall würde sie selbst eine Feuerbestattung wollen. Gerade jetzt nach dem tödlichen Unfall einer Freundin und der Trauerfeier, in der ihr Lesbischsein nicht mit einem Wort vorkam, muß sie ihre Wünsche unbedingt festlegen. Daß sie erdbestattet werden möchte. „Ich kann von hier aus den Friedhof sehen. Das heißt, ich könnte von da aus auch hier rübergucken. Ich fange gerade an, mich hier ein bißchen zu Hause zu fühlen."

Auch die Lieder, die gespielt werden sollen, wird sie festlegen. Die können sich immer wieder ändern, aber richtig sentimental müssen sie sein, wie Edith Piafs „Non, je ne regrette rien", oder das traurige Lied, das Miriam Makeba und Harry Belafonte über den Abschied von einem kleinen Vogel gesungen haben. „Das lockt alle Tränen hervor. Also richtig kitschig. Ich weiß, daß die Musik bei einer Trauerfeier machtvoll ist. Und danach soll es eine große Feier geben; dafür wird genug Geld übrig sein müssen."

Natürlich wird auch Akkordeon gespielt. Unbedingt. Vielleicht ein Stück von der großen französischen Akkordeonspielerin Lydie Auvrey. Dieses Instrument hilft Frieda Fröhlich, Musik zu machen. Seit zehn Jahren lernt sie es. Auf einer Geburtstagsfeier hatte sie eine Freundin spielen sehen und hören. „Ach, darf ich das auch mal in den Arm nehmen …

Und damit hab ich mich in dieses Instrument verliebt." Es hat nicht das Ansehen wie Geige, Klavier oder Querflöte, wird an keiner Musikhochschule gelehrt. Laubenpiepermusik, wird ihm nachgesagt. Vielleicht ist es genau das, was Frieda Fröhlich fasziniert. Dabei klinge es durch die Akkorde, die angeschlagen werden, umfassender als jede Querflöte, bei der sich nur eine Melodie, ein Ton durchzieht. Sind die Klänge des Akkordeons nicht auch wie Clowns, melancholisch und fröhlich zugleich? Weltweit existent, in Südamerika, Italien, Frankreich. Hört Frieda Fröhlich die Musette-Musik, sieht sie gleichzeitig die Seine fließen. Ihre hellen Augen leuchten. „Argentinien, China, Mongolei, überall gibt es wunderbare Akkordeonmusik. Manchmal sind die Instrumente klein, sechseckig, mit Knöpfen, mal haben sie Klaviertasten, aber im Prinzip ist es ein Blasinstrument. Ein tolles Instrument. Und du kannst es mitnehmen. Kannst es tragen." Damit kann sie auf den Marktplätzen der Welt spielen. Irgendwann, wenn sie sich sicherer fühlt. Bis jetzt spielt sie lieber für sich, hört dabei auf zu denken, weil sie mit links etwas anderes spielt als mit rechts und die Tasten nicht sieht. Ganz bei der Sache.

Immer wenn Frieda Fröhlich eine größere Reise antritt, besonders wenn sie fliegt, bereitet sie sich auf ihren Tod vor. In einem Testament, aber auch innerlich. Hin und wieder verändert sie das Testament. „Weil die Umstände, unter denen ich lebe, sich immer wieder verändern. Beziehungen verändern sich, Besitztümer verändern sich, Pläne, Hoffnungen." Den Gedanken, ihre Besitztümer einer Stiftung zu vermachen, hat sie wieder fallengelassen; schließlich ist ihre Lebensgefährtin vierzehn Jahre jünger und wird sie vermutlich überleben. Annemarie Ansbach ist die Haupterbin von Frieda Fröhlichs Anteil des Hofes. Aber bedacht hat sie auch ihre frühere Lebensgefährtin. Und ihre Nichte. So etwas wie ihre lesbische Tochter.

Und was ihren künstlerischen Nachlaß betrifft, die rote Nase aus der Ming-Zeit, dieses kostbare Porzellan, Großmutters Krückstock, das eine Foto oder andere Video, das hat sie nicht extra bedacht. Ihr künstlerischer Nachlaß wären auch eher die Texte in ihrem Gedächtnis, ihre Gesten und Bewegungen. Und wenn sie das mit ihrer vorherigen Tätigkeit vergleicht, bei der sie mit dem harten und überdauernden Material von Zähnen und Füllungen zu tun hatte, so lebt ihre jetzige Arbeit von dem, „was in der Wirkung fortgetragen wird."

Der Gedanke ans Sterben bereitet ihr kein Unbehagen, nachdem sie bei so manch spirituellem Erlebnis gedacht hat: Das ist wie Sterben. Sie hofft, daß es so ist. Sie glaubt es. Sie glaubt, Glaube hat etwas mit Sicherheit zu tun. Also ist sie sich ziemlich sicher, daß es so ist. „Was danach kommen wird, das weiß ich nicht. Aber wenn der Weg dahin schon schön ist, dann kann danach nicht die Hölle kommen."

Obwohl sie sich in ihrem Dorf inzwischen zu Hause fühlt – fünfmal ist sie im Oberbergischen umgezogen –, und mit Blick auf ihr Gehöft beerdigt werden möchte, meint sie, daß dies nicht unbedingt ihr letztes Zuhause ist. „Ich kann mich auch nach Berlin denken: Ich bin viel woanders gewesen, aber innen drin war es egal, wo ich war, innen drin gibt es wohl eine bestimmte Gesetzmäßigkeit, wie ich wachse und Früchte trage, und da ist es wahrscheinlich wichtig, daß es auch mal regnet und mal die Sonne scheint. Ich habe in angeblich paradiesischen Ländern ganz dunkle Seiten erlebt und in relativ engen, unmöglichen Wohnverhältnissen sehr viel Licht und Freude. Ich war von früh an schon entwurzelt. Die Hoffnung, daß ich noch mal so was wie eine Heimat finde, habe ich nicht."

Und da merkt sie den Unterschied zu den anderen Dorfbewohnerinnen, jung oder alt, die bis auf die Nachbarin alle hier geboren sind. Die haben ein anderes Verhältnis zu ihrem Land, zu ihrem Haus, zu ihrer Herkunft. Frieda Fröhlichs Verwurzelung liegt in den Verbindungen zu anderen Frauen. Die nennt sie ihre Schwestern. Die „enge Familie", das sind ihre Lebensgefährtin, die Tiere und die beiden Frauen, die mit ihren Töchtern auf dem Hof zur Miete wohnen. Die weitere Familie sind die Frauen, mit denen sie zusammen spielt, auftritt, Frauen, mit denen sie eine Liebesbeziehung verband, Frauen, die in der Umgebung wohnen, „und diese Familienangehörigen wechseln; mal sind sie mir näher, mal sind sie ein bißchen weiter weg. Je nachdem, wie intensiv ich mit ihnen zu tun habe."

Große Bedeutung in ihrem Leben haben Tiere. Auch ihretwegen hat sie das Land gewählt. Die Hunde und Katzen und Ziegen und Gänse dieses Familienanwesens können sich nicht beklagen. Alle haben Namen. Frieda Fröhlichs Vorliebe jedoch gilt den drei Hühnern, und auch sie fühlt sich von ihnen geliebt. Charlotte, Bertchen und Minchen antworten ihr morgens aus dem Hühnerstall, wenn sie sie ruft; sie hören sofort mit dem Scharren auf, wenn sie sie sehen, und kommen auf sie zugerannt. Hat Frieda Fröhlich im Garten zu arbeiten, sind sie dabei. Und laufend gibt es Überraschungen auf der Animal Farm. So die beiden Küken. Frieda Fröhlich hat sie Marie und Maria genannt, und jetzt fangen sie an zu krähen. Um die Wette. Sie sind zu nichts nütze, denkt sie, aber der bloße Anblick dieser Zwerghähne erheitert sie.

Wenn Frieda Fröhlich und Annemarie Ansbach allerdings verreisen möchten, wegen eines Auftritts oder um ein Wochenende im Frauenferienhaus zu verbringen, geht die Organisiererei los: Wer versorgt die Tiere, hütet ein auf der Animal Farm? Die anderen Frauen auf dem Hof, die Nachbarinnen, eine Freundin. Hündin Sonja ist privilegiert; sie darf meistens mit. Hin und wieder spielt sie bei Rotkäppchen die Wölfin.

Ursprünglich wollte Frieda Fröhlich mit diesem Hof eine patriarchatsfreie Zone für Frauen unterschiedlichen Alters schaffen. Auf die Sechzig zugehend, dachte sie dabei auch an ihre Zukunft: Was ist, wenn ich mal krank werde? Rentenmäßig ist sie zwar sehr gut durch die zahnärztliche Altersversorgung abgesichert, in die sie dreißig Jahre eingezahlt hat, aber krankenversichert ist sie nicht. Eine Krankenversicherung wäre rausgeschmissenes Geld gewesen, „nur ein Beitrag zu den gläsernen Versicherungspalästen". Lediglich eine Krankenhaustagegeldversicherung hat sie abgeschlossen. Das Zusammenleben verschiedener Generationen ermögliche ganz pragmatisch, sich gegenseitig zu unterstützen, entspreche aber auch ihrer Vorstellung von gemeinsamem Älterwerden. Doch ob es an den Altersunterschieden zwischen ihr und den Mitbewohnerinnen lag, die im Laufe der Jahre wechselten, oder an den verschiedenen Bewußtseinsebenen – mit der patriarchatsfreien Zone klappte es jedenfalls nicht. Dennoch gibt Frieda Fröhlich ihre Utopie nicht auf. „Ich verkriech mich jetzt nicht enttäuscht in meine Hütte und sage, nee, ich leb lieber allein."

Den Altersunterschied zu ihrer Lebensgefährtin Annemarie Ansbach vergißt sie meistens. Nur manchmal macht er sich bemerkbar, und dann denkt Frieda Fröhlich: Stimmt, so war ich auch Mitte Vierzig. Annemarie Ansbach entrüstet sich, will die Welt verbessern. Frieda Fröhlich sieht eher die Komik im Geschehen; sie hat nicht mehr die Erwartung, die Welt verändern zu können oder zu müssen. Etwas, das sie mit dem Älterwerden gelernt hat: gelassener zu sein, sich nicht unnötig aufzuregen. „Wir sehen dasselbe und doch nicht dasselbe. Mit verschiedenen Augen eben. Beide sehen wir aber, daß es besser sein könnte mit dieser Welt." Und das ist auch das, was Frieda Fröhlich in ihren Inszenierungen vermitteln möchte: zeigen, wie die Dinge sind und wie sie sein könnten.

Als sie im vergangenen Jahr ihre Lebensgefährtin allmorgendlich mit ihrer Sporttasche hat ins Fitneßstudio losziehen sehen – ein gutes Mittel gegen Depressionen hatte Annemarie Ansbach gelesen, es mache Spaß –, folgte Frieda Fröhlich ihr neugierig: Was mag das wohl sein? Tatsächlich, es machte Spaß. Immer diese Vorurteile! Also trainiert sie im Winter Rücken- und Bauchmuskeln, verausgabt sich beim Aerobic. Im Sommer gibt es genügend Bewegung bei den anfallenden Arbeiten auf dem Hof und im Garten. Und sommers wie winters streift sie mit Sonja durch die Landschaft. Überhaupt ist sie von morgens bis abends in Bewegung, bis auf ihre heilige Stunde, mit der jeder Tag beginnt. Die muß sie einhalten. „Die heilige Stunde heißt zwischen Traum und Wachsein, also beim Aufwachen. Dann koche ich mir meinen Tee, nehme die Kanne, gehe damit wieder ins Bett und sitze und gucke, oder ich mache die Augen zu und gucke nach innen. Ich nehme auch schon mal ein besonderes Buch zur Hand, das ich mir genau aussuche, weil es sehr wichtig ist, was ich als erstes in mich reinlese, oder ich schreibe was auf. Genau eine Stunde. Kürzer ist zu kurz. Aber länger wird's mir zu ruhig."

Dann muß sie raus, ihren szenischen Figuren freien Lauf lassen, in der Welt aktiv sein. Manchmal nimmt sie ihr zahnärztliches Engagement wieder auf, um in sogenannten Entwicklungsländern zu arbeiten, wie kürzlich, als sie fünf Wochen lang Schuhputzerjungen und Straßenkinder in Boliviens Hauptstadt La Paz betreute. „Ich zehre immer noch von dem, was ich da gesehen habe – wie andere Menschen leben, unter welchen Bedingungen, und ich frage mich, auf wessen Kosten wir so leben, wie wir hier leben?"

Die Auslandsaufenthalte haben Frieda Fröhlichs Leben sehr beeinflußt. Die feministischen Bewegungen haben sie geprägt; die Begegnungen und Beziehungen mit Frauen waren für sie oft, als hätte sie „einen neuen Raum betreten". Von entscheidender Bedeutung aber war die Tatsache, daß sie vor zwölf Jahren aufgehört hat zu trinken. „Das ist ein Geburtstag gewesen. Diese zwölf Jahre wiegen von der Intensität her hundertfach soviel wie das Leben davor." Auslöser für diese Entscheidung war eine Bauchspeicheldrüsenentzündung mit höllischen Qualen, bei der sie „fast draufgegangen" ist. Bereits in jungen Jahren hatte sie begonnen, Alkohol zu trinken und zu rauchen. Als Suche bezeichnet Frieda Fröhlich die Sucht. Eine Suche aus der Sackgasse, in der sie sich befunden habe, die Suche nach einer Heimat, der Versuch, in sich zu Hause zu sein.

Heute läßt sie sich jedes Jahr auf der Wanderung inspirieren, die sie mit Hündin und Schlafsack „in die Wildnis Deutschlands" macht. Sie ernährt sich vorwiegend aus der Natur, doch kommt sie an einer Dorfbäckerei vorbei, kauft sie sich auch schon mal was, und der Hund muß ja auch gefüttert werden. Den kleinen Kocher hat sie für ihre morgendliche stille Tee-Stunde dabei. „Solch eine Woche ist sehr intensiv. Da finden ganz entscheidende Erlebnisse statt." Vielleicht kommt sie hier in der Landschaft dem Phänomen Liebe näher, das nach wie vor ein Rätsel für sie ist. Sie möchte es mehr aufspüren, das Sein, das Leben, das Atmosphärische. Sie möchte das „Dazwischen" kennenlernen, das die Dinge verbindet und zusammenhält. So sei es der Abstand zwischen der Sonne und den Planeten, der ihnen die eigene Gesetzmäßigkeit gibt. Sie möchte in Verbindung kommen mit anderen Lebewesen, mit Wesen überhaupt. „Das Grün des Blattes oder das Krähen des Hahnes oder das Herz meines Hundes, natürlich auch mit Frauen, was das Allerschwierigste manchmal ist, aber ich wünsche mir, daß ich mich öfter und öfter diesem Rätsel öffnen kann."

Als wäre sie ein interessantes Insekt, so werde sie von ihrer Lebensgefährtin manchmal unter die Lupe genommen, mit Neugier und Interesse, mit Wohlwollen und Klarheit werde sie betrachtet, bisweilen aber auch mit einer Härte konfrontiert, die alles Sentimentale beiseite wische. Wenn Frieda Fröhlich zum Beispiel klagt, daß ihr Namen nicht mehr einfallen, weist Annemarie Ansbach sie darauf hin, doch bitte das Kokettieren mit dem Alter und dem Verlust von dieser und jener Fähigkeit zu lassen. Hat sie doch in Wirklichkeit ein ausgezeichnetes Erinnerungsvermögen. All ihre Stücke im Gedächtnis. Im Grunde genommen will sie auch nicht um Worte feilschen, wie jene Dreiundsiebzigjährige, die sagte, ich bin nicht alt – ich bin älter. „Ich sehe hier Frauen um mich herum, die sind vierzig, fünfundreißig, und Kinder, die sind zehn und acht. Und wenn die jung sind, dann bin ich alt."

Nichts ist so beständig wie der Wandel

Anita Feuerbach, 53 Jahre,
promovierte Sozialpädagogin, Heilerin

Asta sprintet los. Bald ist die schwarze Hündin außer Sichtweite. Eine Jagdhündin, das entdeckt Anita Feuerbach erst, nachdem sie sie aus dem Tierheim geholt hat. Bei den Probe-Ausführungen war sie brav und zahm gewesen, zog nicht mal an der Leine. Jetzt braucht Anita Feuerbach alle Kraft, um nicht mitgerissen zu werden.

Sie humpelt über den feuchten Strand. Da geht es sich besser als im trockenen Sand. Wenn überhaupt von gehen die Rede sein kann, geschweige denn von laufen. Wie sie es gern täte. Mühsam bewegt sie sich vorwärts, die Krücken bleiben im Sand stecken. Gelegenheit, sich eine Zigarette anzuzünden.

Ihre beiden Sweeties, wie Anita Feuerbach ihre Lebensgefährtinnen gelegentlich nennt, weisen sie auf das außergewöhnliche Strahlen der Sonne hin. Auch das steigert Anita Feuerbachs Laune nicht. Sie inhaliert tief. Wenn doch endlich das Möwengekreische aufhören würde! Ihre dunklen Augen blitzen.

Ausgerechnet beim Tanzen mußte es passieren. Sie grinst. Ausgelassen hat sie bei Gianna Nannini die Arme in die Luft geworfen, ist wie wild von einem Bein aufs andere gesprungen. Bis der Knöchel knackte. Nicht der von Arthrose befallene, sondern der andere. Als sei sie durch diesen Verschleiß nicht schon genug in ihrer Beweglichkeit eingeschränkt. Doch das kann sie vom Tanzen nicht abhalten. Bemerkbar macht sich der bandagierte Arthrose-Knöchel zum Glück immer erst hinterher.

Tanzen gehört zu Anita Feuerbachs Alltag. Dadurch kann sie am besten ihre Gefühle ausdrücken, ihren Übermut, ihre Freude, ihre Wut, ihre Traurigkeit und wieder in gute Stimmung kommen, wenn es ihr schlecht geht. Tanzen ist auch ein Gegenpol zu ihrer theoretischen Arbeit, am Schreibtisch.

Überhaupt ist Bewegung Anita Feuerbachs Lebenselixier, seit eh und je. Sport, Kraftsport, im Fitneßstudio bis an die Grenze kommen, ein Stückchen darüber hinaus, und ihre fünf Expander, die muß sie von Zeit zu Zeit ziehen, das muß sein, macht ihr Spaß. Auch kann sie es nicht lassen, hin und wieder etwas Schweres zu tragen oder zu heben, das tut ihr einfach gut. Sie war immer die Stärkste, nach dem Motto: „Wo steht das Klavier?" Doch heute läßt sie das Klavier schon häufiger stehen, muß sich mit diesen Kraftproben auch nichts mehr beweisen. Sie ist behutsamer geworden, will den Knorpelverschleiß nicht verschlimmern.

Anita Feuerbach pfeift Asta zurück. Es dauert eine Weile, bis sie angejagt kommt. Es wird behauptet, Hunde ähneln ihren Herrinnen. Oder umgekehrt. Und bekanntlich enthält jedes Sprichwort ein Körnchen Wahrheit. Bei Asta treffen drei Körnchen zu. Hat sie doch drei Herrinnen. Ihr abstehendes Fell am Kopf erinnert an Anita Feuerbachs Kurzhaar, das gern zu Berge steht; ihre wachsamen Augen an Susanne Palms Blick, dem nichts zu entgehen scheint; und das heftige Schwanzwedeln, bevor es nach draußen geht, an Elfie Meerwalds Ungeduld, an die frische Luft zu kommen.

Anita Feuerbach krault Astas struppigen Ziegenbart. Das Regenbogenhalsband leuchtet neu. Dabei hat nicht die Hündin Geburtstag, sondern Anita Feuerbach.

Rote Gladiolen, Sonnenblumen, gelbe Margeriten, Ginster, dreiundfünfzig Rosen, flammendes Orange auf der Geburtstagstafel. Unabhängig voneinander haben Freundinnen die Blumen in Sonnenfarben gewählt, Flair, in dem die Doppellöwin gern Platz nimmt. Sie selbst trägt diese Farben mit Vorliebe, ähnelt Pele, der hawaiianischen Feuergöttin, die auf einer Seidenmalerei, letztes Geschenk von Anitas Mutter, an der Wand prangt. Anita habe ein sonniges Gemüt, sagen ihre beiden Gefährtinnen, ein warmes offenes Herz.

Ein Schock, als Anita Feuerbach vor einigen Jahren feststellt, daß die Schmerzen im Fuß nicht etwas Vorübergehendes waren, sondern eine nicht mehr rückgängig zu machende Beeinträchtigung. Typische Alterserscheinung, diese Arthrose, so wie die Brille, die sie neuerdings zum Lesen und beim Auto fahren in der Dunkelheit braucht, dabei konnte sie sonst sehen wie eine Adlerin!

Inzwischen ist Anita Feuerbach diesen Erscheinungen gegenüber gelassener geworden, wirft einen anderen Blick auf ihre eingeschränkte Beweglichkeit. „So lerne ich den Genuß der Langsamkeit schätzen. Das kann ich zwar noch nicht so gut, aber ich denke, es kommt." Früher war sie immer schnell. Mit allem – schnell rennen, schnell radfahren, schnell arbeiten.

Körperlicher Verfall, so bezeichnet sie kurzum diesen Veränderungsprozeß im Alter. Ein seit der Hexenverfolgung, der Verfolgung der weisen Frauen in unserer Gesellschaft vollkommen tabuisierter Lebensabschnitt. Die männliche Medizin mit ihren Geräten habe dazu geführt, daß alles

Machbare gemacht wird. Alles. Menschenleben verlängert, körperlicher Verfall hinausgezögert oder „zugekleistert".

„Eine Frau in den Wechseljahren kann Hormone schlucken und bekommt ihre Tage bis ans selige Ende; sie hat dafür keine einzige Hitzewallung, kriegt aber möglicherweise Krebs. Sie kann sich ihr Gesicht liften lassen, auch wenn sie dann aussieht wie ein kleiner Zombie und von ihrer Persönlichkeit nichts mehr bleibt – Hauptsache, sie ist in den Augen der Männer weiterhin attraktiv."

Natürlich schmerze dieser Verfall, aber Anita Feuerbach will ihn nicht negieren, schließlich sei es ihr Körper, der verfällt. Ihre Krone, die herausfällt, ihr Knorpel, der knirscht. Die kleinen Falten über der Lippe prägen sich mehr und mehr aus, die Fältchen, die sie an ihrer Mutter so gemocht hat. Und die soll sie übertünchen?

Mitte Dreißig wurde sie zum ersten Mal mit dem Älterwerden konfrontiert. Über die anderen, in Seminaren, bei Veranstaltungen, im Sub. „Die werden immer jünger", sagte sie zu ihrer Liebsten. „Du wirst älter", antwortete Susanne Palm.

Auch die „Immer-jünger-Werdenden" altern. Zum Glück. Das Absterben der Körperzellen gehöre eben zum Leben. Wie der Tod. Und sei kein persönliches Versagen. Auf das Körpergefühl komme es an. Auf die Sichtweise. Wie eine mit den Alterserscheinungen lebe. Und da haben es lesbische Frauen einfacher. Dank der Frauen- und Lesbenbewegung, die in Anita Feuerbachs Generation diese Fragen ins Bewußtsein gebracht hat. „Eine sehr politische Entscheidung, all den Weiblichkeitsnormierungen, die von Marilyn Monroe über Twiggy bis Madonna reichen, nicht hinterherzujagen, sondern zu gucken, wer bin ich, wie ist mein Körper und wie fühle ich mich darin. Und das möchte ich mir auch im Alter erhalten."

Auch könnten sich Lesben eher den entwürdigenden Situationen, denen besonders ältere alleinstehende Frauen in Heterozusammenhängen ausgesetzt sind, entziehen. Die seien Freiwild. Sollen wohl noch dankbar sein, wenn sie bei Tanzvergnügen in der Kur oder im Seniorenheim von einem Mann aufgefordert werden. Sie denkt an ihre Mutter. Die war, als ihr Mann starb, in Anita Feuerbachs heutigem Alter und nicht gewohnt, allein etwas zu unternehmen – Theater, Kino, Reisen. Also blieb sie zu Hause. Auch lesbische Frauen könnten einsam sein oder in unglücklichen Beziehungen verharren, aber sie haben eine bessere Chance, sich beizeiten andere Bedingungen zu schaffen.

Ein gut eingespieltes Trio sind Anita Feuerbach und ihre beiden fast fünfzigjährigen Sweeties. Diesen Kosenamen mögen sie nicht sonderlich – erinnert so an Smarties, sagt die eine; an Liebesperlen, meint die andere; ein bißchen zu süßlich, sagen beide. Und so sehen sie wahrhaftig nicht aus, so sind sie nicht. Elfie Meerwald ist nicht auf den Mund gefallen. Als Rechtsanwältin mußte sie schlagfertig sein, mit treffenden Argumenten kommen. Sie hat immer einen flotten Spruch auf den Lippen. Und ein lautes Lachen, wenn es sein muß, ein freches. Das paßt zu ihren Hawaii-Hemden und ihrem entschiedenen Gang. Susanne Palm, ehemalige Lehrerin, äußert sich überlegter. Vorwitzig sind die Sommersprossen auf ihrem Nasenbein. Am liebsten trägt sie Jeans und Blousons aus dem gleichen Stoff. Sie ist mit ihren Einsfünfundsiebzig die größte von ihnen. An den Schläfen erste graue Strähnen in ihrem zurückgebürsteten kurzen Haar. Alle drei kennen sich seit fast zwanzig Jahren, leben und arbeiten seit fünfzehn Jahren zusammen.

Gemeinsam verließen sie damals Berlin, nachdem sich ihre beruflichen Wege unabhängig voneinander in eine spirituell-heilerische Richtung entwickelt hatten. Sie gaben ihre alten Berufe auf, um auf dem Land in Schwaben ein neues Projekt zu beginnen: Frauen und Mädchen von ihren psychischen, physischen und sexualisierten Gewalterfahrungen zu heilen. Durch Energiearbeit, Meditation, Yoga, Händeauflegen – schon als Kind, erinnert sich Anita Feuerbach, hat sie die Energie in ihren Händen fließen gespürt. Das Thema „Mißbrauch an Mädchen" fing gerade an, öffentlich benannt zu werden. Neben der Arbeit mit einzelnen Frauen gaben sie in ihrem Haus Kurse, hielten Vorträge, arbeiteten punktuell mit dem Notruf in der nächsten Stadt zusammen.

Als eine feste, aber nachgiebige Basis bezeichnet Anita Feuerbach ihre Lebensgemeinschaft. Sie kann gut auf eigenen Füßen stehen. Das weiß sie. Aber sich wohl fühlen, loslassen, das kann sie besser mit den beiden zusammen, auch wenn es gelegentlich Streß und Verletzungen gibt. Ihr Vertrauen zueinander zählt, zum Beispiel sich „gegenseitig diese Wahrnehmungsbrillen abzunehmen, die wir aufgesetzt bekommen und uns selber aufsetzen. Die Brille von Mißtrauen, die Brille von Macht, die Brille von Angst oder eine Mischung aus allem." Alle drei wissen diese Unterstützung zu schätzen, die sie sich in ihrem jeweiligen persönlichen Lebensprozeß geben, und der schließt Altern und Sterben mit ein. „Möchte ich nicht missen. Vielleicht muß ich es irgendwann missen, das weiß ich nicht. Jetzt ist es jedenfalls gut."

Anita Feuerbach ist nicht nur mit dem körperlichen Verfall, sondern auch mit dem geistigen Verfall durch ihre an Alzheimer erkrankte Mutter konfrontiert worden. Hautnah. Mit dem körperlichen Verfall konnte sie gut umgehen. Ihr den Po abputzen, sie waschen, füttern, anziehen, das war ihr kein Problem. Es war ihr manchmal lästig, aber kein Problem. Zutiefst erschüttert hat sie jedoch der geistige Verfall, die Persönlichkeitsveränderung. „Und wenn ich etwas dabei gelernt habe, ist es das, was ich eigentlich schon immer gewußt habe und wonach ich schon immer versucht habe zu leben: Nichts ist sicher."

Sie denkt an die Lava auf Hawaii, wo sie mit eigenen Augen gesehen hat, was alle wissen – daß und wie sich die Erde verändert: Etwas Gigantisches, ein neues Stück Erde entsteht aus Feuer, Wasser, Luft. Anita Feuerbach hat dort gespürt, daß selbst der Boden unter den Füßen nicht sicher ist. Er bewegt sich. Wie auch Gefühle, „wenn du dich ganz heftig verliebt hast und denkst, das ist jetzt die große Liebe, die Frau, mit der du deine Sexualität bis ins hohe Alter leben willst, dann wirst du irgendwann feststellen, daß sich das verändert. Dann ist es vielleicht noch *eine große Liebe*, wobei ich denke, es gibt nicht eine große Liebe, es gibt Liebe, und die ist, wenn sie da ist, groß. Und du merkst, du willst immer noch mit der Frau zusammensein, willst auch noch weiter mit ihr zusammen leben, zusammen arbeiten, aber du willst keine Sexualität mehr mit ihr leben. Es hat sich was verändert."

So auch die Beziehung zu ihren beiden Lebensgefährtinnen. Als sie ihr gemeinsames Heilprojekt begannen, da war aus der langjährigen Liebesbeziehung mit Susanne Palm bereits eine Freundschaft geworden, die Leidenschaft zwischen

Elfie Meerwald und ihr hingegen gerade entflammt, und seit einigen Jahren bezeichnen sie sich als „drei fröhliche Singles".

Seitdem lebt Anita Feuerbach keine Sexualität mehr. Weder mit sich selbst noch mit einer anderen. Diese Veränderung habe aber nichts mit dem Älterwerden zu tun, mit weniger temperamentvoll oder müder sein, sondern mit Meditation und Energiearbeit. Auf keinen Fall zählt sich Anita Feuerbach zu der „verknispelten Fraktion", die Sexualität „aus lauter Frust abgewählt" hat. „Ich habe gern Sexualität gelebt, ich habe viel Sexualität gelebt, ich habe sehr schöne Sexualität gelebt, ich habe sehr leidenschaftliche Sexualität gelebt. Aber diese veränderten Bewußtseinszustände in der Meditation, das ist einfach ganz was anderes, und es ist so toll, diese sexuelle Energie auf einen Energielevel zu transformieren, der sich im geistig-seelischen Bereich befindet. Also ich vermisse nichts, ich brauche auch nichts anderes mehr. Es ist unvergleichlich." Ob das nun für alle Ewigkeit so bleibt, weiß Anita Feuerbach nicht, denn: Nichts ist so beständig wie der Wandel.

Sie weiß allerdings, daß sie keine Frau für schnelle Affären ist. Sexualität ist für sie nicht dasselbe wie ein Butterbrot essen, so wie die 68er-Bewegung das propagiert habe, ein körperliches Bedürfnis eben, das zu befriedigen sei. Sexualität ist ihr ohne Liebe und Vertrauen nicht denkbar. In eine Liebesbeziehung eingebettet, ist oder war Sex für Anita Feuerbach immer „etwas sehr Heilsames, ein gehobenes Energieniveau."

Heute genügt es ihr, Frauen erotisch zu finden, ohne Sexualität mit ihnen zu leben. Sie genießt es, sie anzusehen, sie schön zu finden, mit den Augen zu blinken, gut mit einer zu reden. Obwohl Anita Feuerbach sehr freiheitsliebend ist, waren ihre Liebesbeziehungen immer von langer Dauer. Dann wurden die Geliebten beste Freundinnen. Von „Mehrfachbeziehungen", die sie auch ausprobiert hat, hält sie nicht viel. „Die Gefühle laufen nicht synchron, eine bleibt immer auf der Strecke." Leidet. Nur nicht leiden! Und um Himmels willen keine Schuldgefühle!

War sie doch, seit sie denken kann, immer an allem schuld. Der Mann ihrer Mutter, ein Nazi, kommt aus der Kriegsgefangenschaft zurück und da ist Anita, dieses Russenkind. Sie kommt irgendwann von selbst darauf: Sie ist ungefähr sechs, liegt im Bett und rechnet und rechnet, sie hört es auch aus den Gesprächen der Erwachsenen heraus und fragt später eine Schwester. „Ja, da kam immer ein Russe, der brachte Brot mit." Vier ältere Schwestern und zwei Brüder sind zu ernähren. Zum Glück gibt es den Garten, das Kleinvieh, so hat die große Familie das Nötigste zu essen, aber es reicht nicht, um sieben Kinder, die Mutter, zeitweise eine Tante und eine Oma wirklich satt zu bekommen. Anita – „der unnütze Esser", sagt der Mann ihrer Mutter – ist zuständig für die Kaninchen, die Ziegen und Hühner, die Gartenarbeit. Die kränkelnde Mutter achtet peinlichst darauf, daß alle Kinder ordentlich und sauber angezogen sind, die Strümpfe gestopft und die Kleidung geflickt. Ja nicht in den Ruf kommen, asozial zu sein. Sie, die schlesischen Flüchtlinge, heißen sowieso schon „die Pollacken" in der Siedlung in dieser rheinländischen Kleinstadt. Und an der ganzen Misere ist Anita schuld. Daß sie nicht satt werden, daß ihre Mutter oft krank ist, wenn eine Schwester die Milchflasche fallen läßt. „Den anderen ging es gut, wenn sie die Schuld am Elend jemanden zuweisen konnten." Die Mutter unterstützt Anita verstohlen, steckt ihr heimlich zum Geburtstag etwas zu. Von ihr fühlt sich Anita geliebt, das macht alles erträglicher. Sie fühlt sich minderwertig, weil sie nicht das „richtige Kind" ist und träumt von einem Ami als Vater, der sie mit einem dicken Schlitten da rausholt, wo sie nicht hingehört.

Die Zeiten wechseln, das ganze Leben ein ständiger Wechsel, Anita Feuerbach wechselt. Die *biologischen* Wechseljahre, präzisiert sie, habe sie hinter sich. Sie habe die Hitzewallungen als angenehm empfunden, über die Erkenntnis, daß sie eine reinigende Wirkung haben. Sie vergleicht diese Hitze mit der Thermotherapie, um Krebszellen abzutöten. „Wenn du Viren im Körper hast oder Bakterien, bekommst du in der Regel Fieber. Die erhöhte Körpertemperatur hat eine Funktion, sie stärkt dein Immunsystem, und ich habe einen Deibel getan, mein Immunsystem zu schwächen." Wenn ihr bei öffentlichen Auftritten, bei Vorträgen, in Seminaren die Hitze in den Kopf schoß, ging sie in die Offensive: „Ich bin grad in meiner Kraft."

Viel mehr noch echauffiert sich die engagierte Feministin, wenn sie davon spricht, daß die Frau schlechthin als die Abweichung betrachtet wird, als die Krankheit von der männlichen Norm. „Jeder Lebenszyklus wird mit Krankheit assoziiert. Menstruation, wurde zu meiner Zeit nicht drüber gesprochen, war irgendwas Dunkles, irgendwas Schmutziges, wenn du geblutet hast. Das Gebären ist unter den Fittichen der Medizin, als wäre es kein natürlicher Vorgang, sondern was Anomales, was Krankes, und mit den Wechseljahren ist es ganz genauso."

Durch die Hormonumstellung nahm sie zu. Es machte ihr etwas aus. Trotz Bewußtsein. Trotz engagierter Lesbenbewegung. Eine ganze Weile. Bis sie feststellte, daß die zwanzig oder dreißig Pfund mehr auf den Knochen sie nicht hindern am Tanzen, Radfahren, Rennen. Heute kann sie gut damit leben. Nicht die Pfunde, die grauen Haare, die Falten seien das Entscheidende, sondern eben ihr Körpergefühl. Und das sei – mit Schwankungen – gut. Seit sie erwachsen ist, damit meint sie „trocken"; seit sie offensiv lesbisch lebt, seit sie meditiert. Es hat auch mit ihren sportlichen Aktivitäten zu tun, ist also nur sehr bedingt eine Frage des Alters.

Ihr Körpergefühl war nicht immer gut. In ihrer Kindheit – ja, da hat sie sich wohl gefühlt in ihrem Körper. Weniger in ihrer Haut. Während die Mädchen in der Siedlung die Puppenwagen schieben, schiebt Anita die Mistkarre, klettert auf Bäume, ist Mittelstürmer in der Fußballmannschaft ihrer Straße. Sie prügelt sich, ist die Stärkste, wird Bandenführerin, liest am liebsten Jerry Cotton. Sie trägt Hosen. Das ändert sich, als ihre Brüste anfangen zu wachsen. Anita darf nicht mehr Fußballspielen, wird in Kleider gezwängt. Und genau so fühlt sie sich. Vor allem aber darf sie keine Bandenführerin mehr sein. Die Mädchen in der Nachbarschaft beginnen mit Jungen zu liebäugeln. Ob sie es auch mal versucht? Doch sie kennt die Jungs alle, hat alle schon verkloppt, und die wollen Anita auch nicht.

In der Schule ist sie die Beste, schüttelt die Aufsätze aus dem Ärmel. Das Drängen der Lehrerin, sie aufs Gymnasium zu schicken, stößt bei den Eltern auf taube Ohren. Anita soll Metzgereiverkäuferin werden. Sie sträubt sich vehement. Eine Tankstelle, eine Zeitungsredaktion oder ein Elektrogeschäft wären nach ihrem Geschmack. Sie wird Lehrling in einem Elektrogeschäft. In der Berufsschule ist sie wieder die Beste. Nur die Buchhalternasen hat sie nie gelernt. Wenn sie nicht gerade verkauft, ödet der Laden sie an. Lieber fährt sie mit den Elektroinstallateuren oder Technikern raus, zu einer Baustelle, auf Montage. Ihr Lehrgeld muß sie zu Hause abgeben. Sie liest viel. Die Bücher klaut sie, oder sie fährt Brötchen aus, um sie zu bezahlen. Mit Büchern kann sie dem angstbesetzten Klima zu Hause entkommen. Sie hat keine Freundinnen und Freunde. Vertieft sich ins Fremdwörterlexikon, entdeckt Sartre und Heidegger. Sartres Satz „Jeder Mensch ist das, was er aus sich macht" ist die Offenbarung, heißt, daß sie „da raus kann", wo sie jetzt ist. Sie hat alles selbst in der Hand! Sie belegt Volkshochschulkurse. Englisch, Deutsch, Literatur. Der Mann ihrer Mutter verprügelt sie, weil sie nicht direkt von der Arbeit nach Hause kommt. Doch das hindert Anita nicht. Schon lange hat sie sich abgewöhnt zu weinen, wenn sie geschlagen wird.

Wenn sie volljährig ist, mit einundzwanzig, wird sie das Haus verlassen, das schwört sie sich. Doch schon vorher wird der Mann ihrer Mutter krank. Ein Jahr lang pflegt Anita ihn. „Er ist nicht gestorben, er ist verreckt. Am Magenkrebs verhungert." Warum sie ihn, der sie immer geschlagen hat, pflegt? Ihrer Mutter zuliebe, die wäre gestorben, hätte sie es tun müssen. Und „auf einmal hat es bei mir klick gemacht. Er war nicht mehr der Mann, der mich mißhandelt und gequält hat, er war nur noch eine leidende Kreatur."

Anita wird eine erstklassige Verkäuferin. Mit knapp zwanzig Abteilungsleiterin in einem Tapeten- und Farbengroßhandel. Sie spielt die Frauenrolle gekonnt. Ihre Einsfünfundsechzig reichen ihr nicht, entsprechend hoch sind die Stöckelabsätze. Die Farah-Diba-Frisur festgesprayt, selbst der Fahrtwind im heckflossigen grünen Opel 1700 bringt sie nicht durcheinander. Tamara de Lempicka in ihrem Bugatti wäre vor Neid erblaßt. Auch ihr hatte die existentialistische Philosophie aus der Armut geholfen. „There are no miracles, there is only what you make."

Seit ihrem vierzehnten Lebensjahr trinkt Anita. Wie alle, ein Bier, einen Korn. Aus Einsamkeit, aus Minderwertigkeitsgefühl, aus Schuldgefühlen. Dann wird ihr leichter ums Herz. Und wärmer. Trinken bedeutet, erwachsen zu sein. Sie will nichts als erwachsen sein. Um frei zu sein. Wenn sie trinkt, ist sie frei. Sie tut Verbotenes. Ihre erste Beziehung zu einer Frau – mit sechzehn – hat sie von heute auf morgen abgebrochen, nachdem sie durch einen „saublöden Fernsehfilm" über Schwule mitbekommen hat, „wie abartig und pervers das ist." Halbrussin, und dann noch abartig und pervers ist einfach zuviel. Anita will normal sein. Heterobeziehungen klappen nicht, und so hat sie dann wieder eine Freundin. Ist eine Tarnlesbe. Nur mit Alkohol kann sie die Hemmschwelle überwinden, etwas derart Abartiges und Perverses zu tun. In ihrem Berufsleben ist sie erfolgreich, doch in ihrem Innenleben sieht es finster aus.

Anitas Wissensdurst und Bildungshunger sind unstillbar. Sie besucht eine Abendschule, bereitet sich auf die Begabtenprüfung vor. Ihre Mutter unterstützt sie, „wenn du das willst", nimmt ihr die Hausarbeit ab, wäscht und bügelt ihre Kleider. Alle anderen – Kolleginnen und Bekannte –, sagen, die spinnt, empfinden es als Angriff gegen sich, daß Anita „da raus" will.

Sie besteht die Prüfung, „das hat niemand in der ganzen Straße geschafft", schwebt auf Wolken. Sie kann studieren. Sie will Lehrerin werden, denkt, durch eine Veränderung des Bewußtseins werden die Ungerechtigkeiten in der Welt aufhören. Doch an der Pädagogischen Hochschule fühlt sie sich minderwertig, denkt, die mit „richtigem Abitur" seien intelligenter, wissen mehr, können sich besser ausdrücken. Andererseits fühlt sie sich absolut frei. Nach ihrer vorherigen 44-Stunden-Woche plus Abendschule und Hausaufgaben erscheinen ihr die fünfzehn Seminarstunden wie Ferien. Aber was mit der vielen freien Zeit anfangen? Die Liebesbeziehung mit einer Frau ist vorwiegend vom Alkohol bestimmt. Sie, die so viel durchgesetzt hat, alles getan hat, um frei und unabhängig zu sein, muß feststellen, daß sie alkoholabhängig geworden ist, süchtig.

Sie macht das erste Staatsexamen und steht zu Beginn des Referendariats vor der Alternative, entweder mit einer Alkoholfahne vor die Klasse zu treten oder zitternd. Ohne zu wissen, worauf sie sich einläßt, macht sie in den Ferien einen Selbstentzug. Läßt sich von einer Freundin zu Hause einschließen. Höllenqualen. Zwei Wochen lang. Sie hätte auch sterben oder wahnsinnig werden können. „Das ist so, weil du aufhörst zu trinken" – dieser Gedanke rettet sie. Und eine Schlüsselsituation: Sie kriecht ans Waschbecken, dort steht eine Flasche Gesichtswasser, sie richtet sich auf, will es trinken und sieht sich im Spiegel. Sie gießt die Flasche aus.

Dieser Entzug wird zum Wendepunkt in ihrem Leben. Der Punkt, an dem sie ihre Selbstachtung wiederfindet. „Richtige Glücksmomente, als ich zum ersten Mal wieder rausgegangen bin und mit klarem Kopf einen Wald gesehen hab oder eine Wiese oder einen Menschen. Mit klarem Kopf sehen, das kannte ich gar nicht mehr. Richtige Glücksmomente."

Mit achtundzwanzig ist sie Lehrerin. Und trocken. Sie wird „lebenslänglich verbeamtet". Hat erreicht, was sie wollte. Sechs Monate später quittiert sie den Dienst. Noch heute ist ihre Abneigung gegen jegliche Art von institutioneller und hierarchischer Begrenzung ausgeprägt. „Im Lehrerkollegium war sie eine kritische, problembewußte und mit Engagement auf Problemlösung bedachte Mitarbeiterin" steht in ihrem Zeugnis, und das heißt soviel wie rebellisch, läßt nicht locker, bis sich was verändert hat. Anita Feuerbachs Liebste kündigt ebenfalls. Gemeinsam gehen sie aus dem rheinländischen Dorf, wo sie an derselben Schule unterrichtet haben, nach Berlin, lösen aber vorher ihre mehrjährige Liebesbeziehung, denn: Wenn es dort andere gibt wie sie, wollen sie auch andere kennenlernen.

Sub, Frauenzentrum, Demonstrationen eröffnen Horizonte. Anita Feuerbach kann die Diskriminierungen und Ungerechtigkeiten in einen politischen Zusammenhang stellen und aktiv werden, ihre eigene Situation und die anderer Lesben, Frauen und Mädchen sichtbar machen und verändern. Sie erlebt Solidarität unter Lesben, trotz aller Schwierigkeiten, persönlichen Vorlieben und Abneigungen. Sie bewegt sich in einem Netz von aktiven Frauen. Alles in allem eine Befreiung.

Sie bietet Selbsthilfegruppen und Seminare zu „Frauen und Sucht" an, promoviert mit diesem Thema in Sozialpädagogik.

Dr. Anita Feuerbach bekommt Lehraufträge an der Freien Universität und gutbezahlte Forschungsaufträge vom Senat. Die theoretische und analytische Arbeit über strukturelle Gewalt reicht ihr bald nicht mehr; im Zusammenhang mit Meditationserfahrungen wendet sie sich der praktischen Heilarbeit zu. „Das brachte mich der energetisch-spirituellen Dimension des Lebens näher." Sie erwirbt den Heilpraktikerschein, um den Begriff Heilen künftig professionell benutzen zu können. Mit Susanne Palm und deren langjähriger Mitbewohnerin Elfie Meerwald entsteht die Idee zu dem Heilprojekt außerhalb Berlins. Die neun Jahre in dieser Stadt hat sie ausgeschöpft. Wieder einmal löst Anita Feuerbach ihre Wohnung auf, trennt sich von ihren geliebten Bücherwänden. Sie verkauft und verschenkt. Und – verliebt sich in Elfie Meerwald. Die beiden packen ihren Rucksack und machen kurzentschlossen eine Weltreise.

In ihren kühnsten Jerry-Cotton-Zeiten hätte sich Anita Feuerbach das nicht träumen lassen: sie im Death Valley in Kalifornien mit echten Cowboystiefeln, aus einem Leder, das der kräftigste Klapperschlangenzahn nicht durchdringt. Sie steht da, als wäre sie gerade zu Hause angekommen. An der kalifornischen Küste sieht sie zum ersten Mal Seeotter. Anita Feuerbach entdeckt ihr Faible fürs Reisen. Beim Reisen fühlt sie sich am wohlsten in ihrer Haut. Frei. Vor allem entdeckt sie Hawaii. Hier hat sie Luft, Wärme, Vulkane. Feuerenergie. Die Schönheit tut ihr gut. „Sie ist weich und stark." Diese Insel wird Anita Feuerbachs Traumort. Er inspiriert sie zu mancher Phantasiereise: Hier erscheint ihr ihre Großmutter väterlicherseits, Kirma aus Karelien, der Gegend Rußlands, die an Finnland grenzt. Eine rundliche Frau mit grauschwarzem

Haar, braunen Augen, brauner Haut, Anita Feuerbach sehr ähnlich, nur eben älter, und sagt zu ihr: Du kommst aus schamanischer Tradition. Die Enkelin überlegt, ob sie sich in Kirma umbenennen soll.

Anita Feuerbachs Arbeitsthemen sind immer auch ihre Lebensthemen. So wie „Frauen und Sucht" lange ihr Thema war, ging es in dem Heilprojekt vorwiegend um Gewalterfahrungen. Anita Feuerbach weiß, wovon sie spricht, es gab nicht nur die Schläge und das Gewaltklima in ihrem Elternhaus, auch sexuelle Übergriffe der Freunde ihrer Schwestern. Und vage erinnert sie sich an die Nacht, als sie sich – sie ist sechs – im Bett an ihre Lieblingstante kuschelt und ihr dabei „etwas Unrechtes" geschieht. Allmählich steht das Thema „Gewalt" nicht länger im Mittelpunkt von Anita Feuerbachs Leben und dem ihrer Gefährtinnen. „Wenn du dann daran weiterarbeitest, bist du nicht mehr gut." Alle drei wollen aber ihre Arbeit gut machen. Auch eine Frage des Alters, sagt Anita Feuerbach, und die Themen verändern sich mit der Zeit. Nach dreizehn Jahren neigt sich das Heilprojekt dem Ende zu. Das Thema Sterben rückt näher. Möglicherweise sei sie kurz davor, zumindest habe sie die erste Lebenshälfte weit überschritten. Anita Feuerbach grinst. „Hundert werde ich nicht, ich bin im letzten Drittel, kann ich sagen."

So hat ihr derzeitiges Arbeitsthema mit Krankheit, Alter, Tod zu tun. Aber auch mit Leben und Heilung. Anita Feuerbach und ihre Gefährtinnen sind dabei, ein Buch über Brustkrebs zu verfassen. Durch Freundinnen und eine Schwester Anitas sind sie mit dieser Krankheit konfrontiert worden. Ein Thema, das mit dem weiblichen Körper zu tun hat. „Die

Brust ist nicht der Darm. Bei Brustkrebs steht in dieser patriarchalen Gesellschaft deine Identität als Frau auf dem Spiel." Die schulmedizinischen Ansätze und die Forschung auf diesem Gebiet machen Anita Feuerbach zornig. Über alternative Ansichten und Heilmethoden gebe es noch zu wenig Informationen. Sie möchte mehr darüber wissen. Lernen. Und das kann sie am besten von den brustkrebskranken Frauen selbst. Mit ihnen machen Anita Feuerbach und ihre beiden Freundinnen also Interviews, sie führen Gespräche, besuchen Kongresse und Seminare, sammeln Fakten und Argumente. Da ist Anita Feuerbach in ihrem Element, das fordert den Intellekt heraus. „Die persönliche Erfahrung theoretisch zu verarbeiten war ja auch das Anliegen der Frauenbewegung: Das Persönliche ist politisch." Und da für sie zur Theorie immer auch die Praxis gehört, arbeiten sie zeitweise als Sterbebegleiterinnen in einem Hospiz.

Die meisten Frauen allerdings wollten nichts von Krankheit, Sterben, Tod hören; sie verbänden damit nur Griesgram und Trauer, sagt Anita Feuerbach. Sie wünscht sich ihr Sterben als ein Abenteuer, wie so vieles in ihrem Leben sehr abenteuerlich war, ein ständiges Überschreiten von Grenzen: als Mädchen in die Jungenrolle zu schlüpfen, als Wissensdurstige den Rahmen zu sprengen, der ihr von ihrer Familie und als Mädchen vorgegeben war, durch die Sucht ihre eigenen Grenzen überschritten zu haben, und die Meditation bedeute eine Überschreitung von Denkmustern. Der Tod werde eine weitere Grenzüberschreitung sein. Darüber möchte sie etwas erfahren. Sie möchte im Grunde genommen das Leben verstehen. Und dazu gehöre auch, das Sterben zu verstehen. „Und wenn ich etwas verstehen will, muß ich es akzeptieren."

Anita Feuerbach blinzelt in die Sonne. Alles, was sie bisher leben wollte, hat sie gelebt. Die Vergangenheit ist vorbei, die Zukunft ist eine Idee. „Du kannst dich nur auf das besinnen, was du hast, und das ist die Gegenwart. Mehr als die Gegenwart hat keine." Anita Feuerbach weiß das, spürt das. Doch das gut leben zu können ist etwas anderes. Momentan möchte sie lieber auf der anderen Seite der Weltkugel sein. Doch das geht aus bestimmten Gründen nicht. Und da sie nicht gern leidet – „Leiden ist etwas sehr Passives, Entwürdigendes und verbreitet schlechte Laune", das hat sie mit ihrem Selbstentzug, mit ihrer Entscheidung zu leben, abgewählt –, macht sie das Beste daraus. Gleich hinterm Deich. Nutzt die Vorteile des Ortes, wo sie ist. Sieht die Schönheiten. Die Sonnenaufgänge über der Wiese. Die Weitläufigkeit der Landschaft. Ausflüge zum Meer, in den Garten. Asta rennt auf den Stock zu, den Anita geworfen hat. Weit. Das Haus ist geräumig. Platz genug für Freundinnen. Anita Feuerbach kann sich hier bewegen, wie sie will. Sie kann so laut Musik hören, wie sie will. Die Mitbewohnerinnen werden nicht gestört, die Nachbarn nicht. Die Callas singt, ihre Lieblingssängerin. So laut sie will. „Die ist zart, kraftvoll. Und schön." Sie tut gut. Lavendelduft durchdringt den sonnigen Raum – „wegen des Rauches ist immer die Duftlampe an."

Anita Feuerbach ist in ein Interview vertieft. Immer schon war sie eine Frühaufsteherin, das hat sich mit dem Alter nicht geändert. Sie braucht wenig Schlaf. Im Sommer hat sie ihre besten Arbeitsphasen bei Sonnenaufgang. Kann glasklar denken. Alles ist noch ruhig, kein Mensch wach, es wird langsam hell, Frühnebel hängen über der Wiese. Verräucherte Kneipen und durchzechte Nächte hat sie in ihrer Alkphase zur Genüge gehabt. Die sind ihr heute ein Greuel. Genauso wie der Großstadtlärm. Hin und wieder wünscht sie sich aber doch das kulturelle Angebot von Berlin, ein paar gestandene Lesben in der Nachbarschaft, mehr intellektuelle Herausforderungen. Quadratur des Kreises. Also reist das Trio. Aus Neugier. Zum Auftanken. Powert sich in einer Großstadt nonstop aus und ergreift die Flucht vor dem Zuviel. Zu viele Menschen, zuviel Aggressivität, zu viele Aktivitäten, zu viele Termine, zu viele Eindrücke, zu viele kulturelle Angebote. In norddeutscher Luft atmen die drei wieder auf, lassen die Reise Revue passieren und fragen sich manchmal, in welcher Welt sie leben. Lesbisch und Feministin zu sein ist für sie immer noch eine politische Kategorie.

Generationsunterschied, Modeerscheinung, Zeichen der Zeit, neue Denkstrukturen – woran liegt es, wenn junge Lesben das Wort Feminismus als altmodisch empfinden? Die Frauenstudien und Lesbenseminare an den Universitäten durch Gender Studies und Queer Theory ersetzt werden? Anita Feuerbach entrüstet sich über die jung-dynamischen Wissenschaftlerinnen, die das Geschlechterverhältnis nicht als ein Gewaltverhältnis sehen. „Entpolitisierung, Backlash und Verschleierung." Ist ihre eigene jahrzehntelange Arbeit, das Engagement einer ganzen Generation etwa für die Katz? Zorn packt sie: „Eine Vergewaltigung ist eine Vergewaltigung, und da gibt es nichts mehr auszudifferenzieren. Und sexuelle Übergriffe auf Mädchen und Jungen sind eine Form von Gewalt, die überwiegend von Männern ausgeübt wird, und da gibt es auch nichts mehr auszudifferenzieren."

Die Männergewalt gegen Frauen und Mädchen habe nicht abgenommen. Sie sei öffentlicher geworden, und es gebe mehr

Hilfsangebote, mehr Möglichkeiten für Frauen, sich zu wehren. „Doch durch Videos und Internet hat die Gewalt eine andere Dimension bekommen, ist ein organisiertes Verbrechen geworden. Daß auch Männer menschliche Wesen sind, das mag ja sein, aber das müssen sie durch ihr Handeln und ihr Tun erst mal unter Beweis stellen."

Ebenso vehement widerspricht sie den Tendenzen und Strömungen, die Spiritualität als geschlechtsneutral betrachten. Ungeheuerlich für Anita Feuerbach, spirituelle Theorien zu benutzen, um die gesellschaftlichen Ungerechtigkeiten, Widerwärtigkeiten, Gewalttätigkeiten auf Erden zu legitimieren. „Ich lebe hier auf dieser Erde, in dieser Gesellschaft. Und das hat seinen Grund. Da kann ich nicht so tun, als sei ich schon im Himmel. Ich bin noch hier. Und die anderen Frauen auch. Ich bin auf dieser Erde und bemühe mich, den Klarblick zu behalten." Seit ihrem Entzug ist der Klarblick ein Maßstab auf Anita Feuerbachs Lebensweg geworden. Sie ist sich sicher, daß sie nicht das erste Mal auf Erden weilt, und hofft, es ist das letzte Mal.

Die Zeit vergeht so selbstverständlich, daß Anita Feuerbach oft eine ihrer Lebensgefährtinnen fragen muß: Wann war das noch mal? Anfang des Jahres. Und je nachdem, worum es geht, sagt sie: „Was, so lange ist das schon her?" oder „Als wäre es gestern gewesen ...". Und wenn es heißt, daß die Zeit im Alter schneller vergeht, so sei das relativ. „Wenn ich jetzt auf meiner geliebten Südseeinsel säße und der Urlaub würde sich dem Ende nähern, dann würde ich sagen, wie ist die Zeit verflogen. Wenn ich aber hier sitze und mir eigentlich wünsche, endlich woanders zu sein, dann dauert es mir zu lange."

Ob sie morgen noch hier sitzen und in die Sonne blinzeln wird, weiß sie nicht. Die letzten Jahre haben sie die Unberechenbarkeit des Lebens gelehrt. Zur Genüge. Deshalb stützen sich die Freundinnen auf die Berechenbarkeit von Dingen. Sie haben ihr Testament gemacht, sich gegenseitig zu Erbinnen eingesetzt, mit der Auflage, dafür zu sorgen, daß alles weiter in Frauenhand bleibt. Sie haben auch einen Trennungsvertrag abgeschlossen. Seit fünfzehn Jahren hat jede ihre Energie, all das, was sie besitzt, in das Trio gegeben. Mit dem Unterschied, daß Anita Feuerbach weniger Geldenergie einbringen konnte. Wenn sie sich trennen oder getrennt werden, bekommt aber auch sie ihren Anteil vom Hab und Gut. Zuerst wollte sie von solch einem Vertrag nichts wissen, dachte, wenn wir uns trennen, dann trennen wir uns im Guten. Auf vertragliche Regelungen zurückgreifen zu müssen bedeutete für sie Streitigkeiten. Dann wollte sie lieber nichts. Sechshundertfünfzig Mark Rente hätte sie auf jeden Fall, vielleicht gäbe es „wohlwollende Frauen" um sie herum, und wenn sie Glück habe, Frauen, die sie lieben. Inzwischen sieht sie die vertragliche Regelung anders. „Es kann ja durchaus sein, daß von uns mal eine verwirrt wird, wie meine Mutter. Und die anderen in diesem Zustand rausschmeißt ..." Und da sei es gut, Vorsorge zu treffen.

Was die Unberechenbarkeit der Zukunft betrifft, hätten sie nie im Leben gedacht, daß die Zeit in ihrem Traumhaus, gleich hinterm Deich, so schnell ablaufen würde – dem Haus, das sie vier Jahre zuvor nach sommerlangem Suchen im Minibus quer durch Europa entdeckt und vom Erbe Elfie Meerwalds gekauft haben. Hier wollten sie, nachdem ihnen die süddeutsche Luft zu stickig geworden war, ihr politischspirituell-feministisches Heilprojekt weiterführen und um das Ausdrucksmittel Tanz erweitern. Sie renovierten und ließen sich nieder. Und mußten feststellen, daß ihre Kurs- und Seminarangebote, ihre individuelle Heilarbeit nicht mehr so gefragt waren wie zuvor. So wie sie es wünschten, auch um davon leben zu können. Ihre Arbeit endete in einer Sackgasse. Lag es auch an der Mentalität der Frauen in dieser kulturellen Einöde? Nichts schien in diesen Jahren zu klappen. Städtische Institutionen oder Bildungsträger waren selten an Kursen interessiert. Zeitweise hatte Susanne Palm einen Honorarjob als Lehrerin in einer sozialen Einrichtung. Davon konnten sie nicht leben. Das Wohnen mit zwei weiteren Frauen wurde zum Albtraum. Belastete Anita Feuerbach ungeheuer. Und die fortschreitende Krankheit ihrer Mutter erschütterte ihr ganzes Sein.

Ein halbes Jahr lebt die Mutter bei ihnen, wird gepflegt. In einem klaren Moment entscheidet sie sich für ein Altenheim. Nicht daß Anita Feuerbach ihre Mutter mit Unterstützung ihrer beiden Lebensgefährtinnen nicht noch länger gepflegt hätte. Aber wie lange sie es noch gekonnt hätte, weiß sie nicht. Ein Jahr, diese Zeit hat sie sich gesetzt. Länger nicht. Es hätte keinen Raum mehr für ihr eigenes Leben gegeben. Zudem geht es ihrer Mutter trotz des gemeinsamen Energieaufwands emotional nicht besser. Ihre Angstzustände und Aggressionen nehmen zu. In ihrer Verwirrtheit meint sie, ausgenutzt zu werden, nicht genügend zu essen zu bekommen, nur die Reste, und beklaut zu werden.

Anita Feuerbach besucht ihre Mutter regelmäßg im Altenheim. Fünfhundert Kilometer entfernt. Begleitet sie schließlich beim Sterben. Ihre Ausbildung als Seniorentanzleiterin kommt ihr zugute. „Ich hab bis zum Schluß mit ihr getanzt. Einen Sitztanz. Nur noch mit den Händen, nach Intuition haben wir beide Walzer miteinander getanzt, und ich hatte immer guten Augenkontakt mit ihr. Sie hat mich erstaunlicherweise auch immer erkannt. Dann wollte sie, daß ich mit ihr bete, ‚Gegrüßet seist du, Maria‘.“

Danach fragt sie ihre Tochter, was mit ihr los sei. Anita Feuerbach antwortet, daß sie sehr krank sei, daß die Hälfte ihrer Seele im Himmel und die Hälfte auf der Erde sei. Sie tanzen noch eine Weile den Händewalzer, bevor Anita Feuerbach nach Hause fährt. Kaum angekommen, weiß sie, sie muß sofort zurück. Sie spürt, daß ihre Mutter eine Entscheidung getroffen hat.

Die elementaren Körperfunktionen nicht mehr regulieren zu können sei furchtbar für sie gewesen. „Ich sehe meine Mutter noch vor mir, wie sie aufs Klo will, es nicht mehr schafft und sich in die Hose scheißt. Und wie sie dann dastand mit diesem Gesicht – sie hat es sehr wohl mitbekommen; es war ihr so peinlich, und ich denke, daß kann uns allen passieren. Da bin ich meiner Mutter sehr dankbar, daß sie in einem lichten Moment die Entscheidung getroffen hat, so will sie nicht mehr leben, und aufgehört hat, zu essen und zu trinken. Und damit ihren Sterbeprozeß selbst bestimmt hat. Das fand ich beeindruckend. Diese Kraft und diese Stärke, die sie noch mal aufgeboten hat, um in Würde zu sterben.“

Es kann noch vier Wochen dauern, sagt der Arzt. Anita Feuerbach richtet sich im Zimmer ihrer Mutter ein. Susanne Palm und Elfie Meerwald unterstützen sie; auch die Geschwister sind da. Es ist hilfreich, daß die Mutter zu gesunden Zeiten ein Patiententestament unterschrieben hat. Sie will nicht an Maschinen angeschlossen werden. So können Anita Feuerbach und ihre Geschwister dafür sorgen, daß sie vom Altenheim nicht noch ins Krankenhaus geschafft wird. „Auch dazu gehört Kraft – diesen Weg zu unterstützen."

Ihre Meditationserfahrungen und die Bereitschaft der Sterbenden ermöglichen Anita Feuerbach, ihre Mutter durch die verschiedenen Räume der veränderten Bewußtseinszustände weitgehend zu begleiten. „In dem ersten war sie klar; da hat sie mich angeschaut, und sie war wie eh und je, aber gesprochen hat sie nicht. In dem zweiten hatte sie Angst; ich nehme an, das hing mit ihrer Aggressivität während der Krankheit zusammen, unaufgearbeitete Flucht-, Kriegs- und Vertreibungserlebnisse. Im dritten Zustand war sie schon weg, lebte nicht mehr hier in dieser Dimension. Und in diesem Wegsein gab es auch noch mal eine Phase von Angst."

Das Sterben ist völlig anders, als Anita Feuerbach es sich vorgestellt hat. „Still und friedlich eingeschlafen, wie es in Traueranzeigen steht, das stimmt einfach nicht. Bis dahin ist es ein langer Prozeß. Zehn Tage hat meine Mutter noch gekämpft; der Körper hat gekämpft, will leben, immer, weil auch die Angst da ist, was passiert, wenn du den Körper verläßt."

Nie hätte Anita Feuerbach gedacht, daß sie sich während des Sterbens ihrer Mutter so überfordert fühlen würde, so hilflos und verzweifelt. Total verzweifelt darüber, mitzubekommen, was ihre Mutter alles noch mal durchleben muß. Das habe sie nicht verdient. Aber wer habe das schon verdient? „Wenn du so fragst, stellst du die falschen Fragen.

Warum gerade ich? Warum gerade meine Mutter? Das ist nicht die Frage. Das ist das Leben, und das Leben ist unter anderem unerbittlich. Die Unerbittlichkeit des Seins, das ist ein Punkt, der mich schmerzt, der mir auch angst macht."

Ihre Selbstachtung und ihre Würde zu verlieren, davor hat Anita Feuerbach Angst – weniger davor, alt und krank zu werden oder vor dem Tod. Obwohl sie weiß, was sie will, weiß sie auch, daß sie das durch keine äußere Absicherung bekommen kann. Weder durch zehn Lebensversicherungen noch durch die Anwesenheit von Freundinnen. Auch nicht durch ihre beiden Lebensgefährtinnen. „Die können vor mir sterben. Oder ich kann geistig verfallen. Ich kann nur meine innere Stärke leben und entwickeln. Das hat meine Mutter sogar noch gekonnt in ihrer Verwirrtheit, und das hat was damit zu tun, wie du gelebt hast. Und das hat was damit zu tun, wie du liebst. Es war Herzensstärke, und das ist keine intellektuelle Entscheidung. Herzensstärke, die kommt nicht vom Denken, die kommt vom Leben. Die kommt vom Leben und vom Lieben. Und da arbeite ich dran."

Was den würdevollen Abschied vom Leben betrifft, ist ihre Mutter ihr ein großes Vorbild. Ansonsten hat Anita Feuerbach keine Vorbilder. In ihrer Jugend hätte sie welche gebraucht – andere Lesben, einfach um zu wissen, daß sie nicht die einzige ist und ihre Freundin „die zweite auf der ganzen weiten Welt". Ein Vorbild in dem Sinne, so werden zu wollen wie eine andere, hatte sie nie. Zeitweise Lehrerinnen, das ja. Wie Ayya Khema, die Meditationslehrerin. Anita Feuerbach kann Autoritäten sehr wohl anerkennen, bezeichnet sich aber eher als „Schülerin des Lebens". Sie hat viel von

Frauen gelernt. Alles Wichtige. Der Austausch ist ihr wichtig. Sie muß aber immer überprüfen, wie und wohin ihr eigener Atem fließt. Und würde sie, was sie sich manchmal wünscht, der „großen alten Weisen" begegnen, die ihr alles erklärt und den Weg weist, würde das keine zwei Tage gutgehen. Anita Feuerbach muß eben alles selbst erfahren. Und kann deshalb auch „Guras" nichts abgewinnen – „oder wie sich das in der weiblichen Form schimpft; das will ich gar nicht wissen, weil ich nicht will, daß es das in der weiblichen Form gibt. Über- und Unterordnung ist nicht das, was ich für Frauen und Lesben möchte."

Weise möchte sie sein. Weisheit, meint sie, kann eine mit dem Alter erreichen, aber sie muß schon etwas dafür tun. „Ich glaube, ich bin davon noch ein ganzes Stück entfernt. Weisheit hat für mich etwas damit zu tun, das Leben zu verstehen. Ich denke, jede hat ihre Chance, das Leben als das zu begreifen, was es für sie tatsächlich im Inneren bedeutet, und das kann sehr unterschiedlich sein. Aber es geht eben nicht ohne Klarblick, Wärme und Herzensstärke."

Anita Feuerbach bemüht sich um diese Eigenschaften. Sehen, was um sie herum ist, und in erster Linie sich selbst sehen, wie sie ist und wo sie ihre Ängste hat und ihre Schwächen, aber auch ihre Stärken und Fähigkeiten, und vor allem und immer wieder, wo sie noch dazulernen kann.

Früher hatte sie die Vision, mit vielen Frauen auf einem großen Gelände zu leben, wo es warm ist, vielleicht in der Südsee, kleine Bungalows mit einem gemeinsamen Swimmingpool und einem Fitneßcenter – das muß sein –, einem Whirlpool und einer Sauna, Gemeinschaftsräumen, aber jede hat ihr eigenes Häuschen. Doch nach den Erfahrungen der letzten Jahre hat diese Vision an Attraktivität verloren. Ihre jetzige Lebensform zu dritt ist für sie zum Nonplusultra geworden.

Mit neuen Freundschaften ist Anita Feuerbach zurückhaltend geworden. Im Augenblick bezieht sie sich lieber auf Frauen, die sie schon lange kennt. Oder beläßt es bei kurzen Begegnungen. Späßchen haben, mit den Augen blinken. *Just for fun.* Frauen treffen, die trotz ihrer Schwierigkeiten und Brüche im Leben den Humor nicht verloren haben. Humorlosen Frauen geht sie lieber aus dem Weg. Und ihre kreative Seite, meint Anita Feuerbach, habe sie noch nicht zur Genüge zum Ausdruck gebracht, das würde sie gern mit anderen Lesben tun: Kabarett machen, Texte schreiben. Und gleich fallen ihr wieder Arbeitsgruppen ein – Arbeit ist aus ihrem Leben nicht wegzudenken –, in denen feministische Gesellschaftstheorien diskutiert werden oder erörtert wird, wie man „in Würde sterben, in Würde altern" kann. Aber leben, „leben möchte ich mit den beiden – den beiden Sweeties!" sagt Anita Feuerbach mit breitem Lachen und schiebt gleich hinterher: „Das heißt nicht, daß sich das eines Tages nicht ändern kann. Es sagt eher etwas über die Begrenzungen meiner momentanen Vorstellungsmöglichkeiten aus."

Das, was auf sie zukommt, kann sie schließlich nicht wissen. Aber sie kann ihre Reaktion auf das, was kommt, bestimmen. Und das lernt sie auf dem Meditationskissen. Auch als eine Achtsamkeitsübung bezeichnet sie die Meditation. Seit ihrem Entzug übt sie sich darin. Ist in der Salatsoße Essig? Kirschwasser im Käsefondue? Sie riecht den versteckten Alkohol. Kein Tiramisu. Kein Mon chéri.

Wenn Zukunft eine Idee ist, so hat sie die Idee von einem kleinen Sommerwohnsitz in Europa, und den Winter könnte sie gut auf der anderen Seite der Weltkugel verbringen. Peles Funken sprühen in ihren Augen. Aber planen tut sie ihr Leben nicht. Nicht umsonst ist sie aus der lebenslänglichen Verbeamtung ausgestiegen. Sie will sehen, was sich entwickelt, und achtgeben, daß sich das entwickelt, was gut für sie ist.

Übereinstimmend merken die drei, jede für sich: Die Zeit gleich hinterm Deich ist abgelaufen. Sie bieten ihr Traumhaus zum Verkauf an, die neu angeschafften Betten, Schränke und Kommoden. Wieder einmal packen sie ihre persönlichen Dinge in Kartons. Für alle drei der Zeitpunkt, nach Neuem Ausschau zu halten. In der Provence? Oder in der Toskana? An der holländischen Küste oder im Rheinland? Gar zurück nach Berlin? Auch Gestirne laufen retrograd.

Sechs Monate später eine E-Mail aus der Südsee: Elfie Meerwald und Susanne Palm sind verliebt. Sie sind ein Paar! Anita Feuerbach amüsiert sich über die beiden Turteltauben. Sie selbst ist auf dem Sprung. Auch sie hat es erwischt. Sie wird gleich abgeholt. Von ihrer Neuen. Rothaarig und siebzehn Jahre jünger.

Nichts ist so beständig wie der Wandel.

Die Deutsche Bibliothek – CIP-Einheitsaufnahme
Bührmann, Traude:
Faltenweise – Lesben und Alter
Traude Bührmann
Berlin: Krug & Schadenberg, 2000
ISBN 3-930041-22-7

Heimstraße 19, 10965 Berlin
Tel. (030) 694 12 43
Fax (030) 694 12 31
krug.schadenberg@t-online.de

Originalausgabe
1. Auflage 2000

Lektorat: Andrea Krug, Berlin
Satz und Gestaltung: Dagmar Schadenberg, Berlin
Coverfoto: Heyde & Pausch, Berlin
Druck: Clausen & Bosse, Leck

 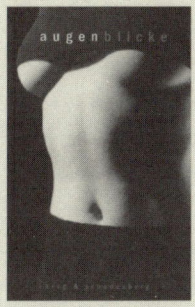